山东省社会科学规划研究青年项目：15DLSJ01
聊城大学学术著作出版基金资助

丛振 著

敦煌游艺文化研究

中国社会科学出版社

图书在版编目(CIP)数据

敦煌游艺文化研究/丛振著. —北京:中国社会科学出版社,2019.1
ISBN 978-7-5203-4005-2

Ⅰ.①敦… Ⅱ.①丛… Ⅲ.①敦煌壁画—研究②文娱活动—文化史—研究—中国—古代 Ⅳ.①K879.414②G249.29

中国版本图书馆 CIP 数据核字(2019)第 018500 号

出 版 人	赵剑英
责任编辑	陈肖静
责任校对	李 莉
责任印制	戴 宽

出　　版	中国社会科学出版社
社　　址	北京鼓楼西大街甲 158 号
邮　　编	100720
网　　址	http://www.csspw.cn
发 行 部	010-84083685
门 市 部	010-84029450
经　　销	新华书店及其他书店
印刷装订	北京君升印刷有限公司
版　　次	2019 年 1 月第 1 版
印　　次	2019 年 1 月第 1 次印刷
开　　本	710×1000　1/16
印　　张	18.25
插　　页	2
字　　数	229 千字
定　　价	78.00 元

凡购买中国社会科学出版社图书,如有质量问题请与本社营销中心联系调换
电话:010-84083683
版权所有　侵权必究

目 录

绪论 ……………………………………………………………（1）
    第一节　游艺释名及研究范畴界定 ……………………………（1）
    第二节　研究意义与方法 ………………………………………（8）
    第三节　研究史回顾 ……………………………………………（10）

第一章　敦煌游艺的文化背景 ………………………………（22）
    第一节　游艺活动的起源与发展 ………………………………（22）
    第二节　敦煌游艺的地域背景 …………………………………（29）
    第三节　敦煌游艺的价值 ………………………………………（32）

第二章　敦煌武功技艺类游艺 ………………………………（36）
    第一节　狩猎 ……………………………………………………（37）
    第二节　射箭 ……………………………………………………（63）
    第三节　角抵与相扑 ……………………………………………（71）
    第四节　橦技 ……………………………………………………（88）
    第五节　小结 ……………………………………………………（99）

第三章　敦煌岁时节日类游艺 ………………………………（101）
    第一节　上元节观灯 ……………………………………………（105）
    第二节　寒食、清明节中的游艺 ………………………………（124）

第三节　端午、七夕节中的游艺 …………………………（138）
　　第四节　其他节日中的游艺 ……………………………（158）
　　第五节　小结 ……………………………………………（168）

第四章　敦煌博弈类游艺 ……………………………………（170）
　　第一节　樗蒲 ……………………………………………（171）
　　第二节　双陆 ……………………………………………（182）
　　第三节　围棋 ……………………………………………（190）
　　第四节　藏钩 ……………………………………………（205）
　　第五节　小结 ……………………………………………（212）

第五章　敦煌儿童类游艺 ……………………………………（214）
　　第一节　骑竹马 …………………………………………（215）
　　第二节　趁猧子 …………………………………………（221）
　　第三节　聚沙成塔 ………………………………………（232）
　　第四节　打弹弓、木偶戏、翻筋斗 ……………………（238）
　　第五节　小结 ……………………………………………（248）

第六章　敦煌游艺的特点 ……………………………………（250）
　　第一节　敦煌游艺的娱乐属性 …………………………（250）
　　第二节　敦煌游艺的儒家特征 …………………………（253）
　　第三节　敦煌游艺中的文化内涵 ………………………（262）

结语 ……………………………………………………………（265）
主要参考文献 …………………………………………………（267）
图版来源 ………………………………………………………（278）
表2.1　莫高窟壁画中的狩猎形象　图版来源 ……………（282）
后记 ……………………………………………………………（283）

插图索引

图 2.1　狩猎图 ·· (40)
图 2.2　战国狩猎纹铜豆 ······································ (42)
图 2.3　汉代狩猎砖画 ·· (44)
图 2.4　彩绘狩猎砖画 ·· (45)
图 2.5　狩猎图 ·· (51)
图 2.6　狩猎图 ·· (56)
图 2.7　狩猎图 ·· (56)
图 2.8　狩猎出行图 ··· (57)
图 2.9　狩猎出行图 ··· (57)
图 2.10　太子射鼓图 ··· (66)
图 2.11　太子射箭图 ··· (66)
图 2.12　相扑图 ··· (83)
图 2.13　相扑图 ··· (85)
图 2.14　相扑图 ··· (86)
图 2.15　相扑图 ··· (87)
图 2.16　橦技图 ··· (94)
图 2.17　橦技图 ··· (95)
图 2.18　橦技图 ··· (96)
图 2.19　橦技图 ··· (96)
图 2.20　橦技图 ··· (97)

图 2.21	樗技图	(98)
图 3.1	燃灯树	(122)
图 3.2	燃灯树	(123)
图 3.3	斗鸡图	(136)
图 3.4	斗鸡图	(137)
图 3.5	童子采花图	(146)
图 4.1	樗蒲五木	(176)
图 4.2	樗蒲彩数组和	(177)
图 4.3	博戏图	(178)
图 4.4	博戏图	(178)
图 4.5	博戏图	(179)
图 4.6	博戏图	(179)
图 4.7	唐代双陆棋盘	(187)
图 4.8	唐代双陆棋子	(188)
图 4.9	双陆图	(189)
图 4.10	贵妇弈棋图	(193)
图 4.11	寿昌出土棋子	(195)
图 4.12	弈棋图	(196)
图 4.13	弈棋图	(197)
图 4.14	弈棋图	(197)
图 4.15	弈棋图	(198)
图 4.16	围棋图	(199)
图 5.1	骑竹马	(219)
图 5.2	骑竹马	(220)
图 5.3	双童图	(225)
图 5.4	唐人宫乐图	(226)
图 5.5	簪花仕女图	(226)
图 5.6	童子聚沙图	(238)

插图索引

图 5.7　布袋木偶图 …………………………………………（245）

图 5.8　倒立图 ………………………………………………（246）

图 5.9　筋斗图 ………………………………………………（246）

图 5.10　嬉戏图 ……………………………………………（247）

附表索引

表 1.1　古代游艺活动分类……………………………………（6）
表 2.1　莫高窟壁画中的狩猎形象……………………………（46）
表 2.2　先秦至唐五代角力名称………………………………（72）
表 3.1　敦煌岁时节日主要活动及相关文书 ………………（103）
表 4.1　五木排列组合 ………………………………………（176）

绪　论

第一节　游艺释名及研究范畴界定

一　游艺释名

"游艺"一词,在中国古代经典著作中即有出现,但与今人所理解之含义颇有不同。通过比较古人与今人对游艺进行的不同阐释,可以比较清晰地把握人们对游艺活动内涵和外延的认识,有助于读者理解本文对古代游艺活动范畴的划定。

(一) 古代经典著作中对游艺的阐释

"游艺"一词,最早见于《论语·述而》:"子曰:志于道,据于德,依于仁,游于艺。"① 自此,中国历代经典著作中(尤以儒家为多),有较多内容涉及对游艺的阐释,从中可以了解所谓的儒家正统对游艺的认识。

《说文解字》中把"游"解释为:"旌旗之流也。"② 段玉裁注曰:"引申凡垂流之称,如弁师说冕弁之斿是。又引申为出游、嬉游。俗作'遊'。"③ 朱熹《四书集注》则称:"游者,玩物适

---

① 杨伯峻译注:《论语译注》,中华书局1980年版,第67页。
② 许慎撰:《说文解字》,中华书局1963年版,第140页。
③ 段玉裁:《说文解字注》,上海古籍出版社1981年版,第311页。

情之谓。"① 由此可知"游"字在古代是带有娱乐内涵的。"艺"字，据何晏《论语集解》解释为"礼、乐、射、御、书、数六艺"②。"六艺"中的"乐"固然带有艺术的成分，但其主要目的是熟练掌握射、御之类的各种技能，并强调这种掌握之中所获得的自由感。因此，朱熹进一步解释为："艺则礼乐之文，射御书数之法，皆至理所寓，而日用不可阙者也。"③

对于"游于艺"的内涵，朱熹论证道：

  朝夕游焉以博其义理之趣，则应务有余，而心亦无所放矣。此章言人之为学当如是也，盖学莫先于立志，志道则心存于正而不他，据德则道得于心而不失，依仁则德行常用而物欲不行，游艺则小物不遗而动息有养。学者于此有以不失其先后之序，轻重之伦焉，则本末兼该，内外交养，日用之间无少间隙，而涵泳从容，忽不自知其入于圣贤之域矣。④

由朱子之言，可知"游于艺"的目的即是"小物不遗"，从而"动息有养"，在"涵泳从容"之间，达到"圣贤之域"的儒家之最终目标。清人周象明辑《事物考辩》卷10"游艺"条亦云：

  《木钟集》或曰："从事六艺，所以格物致知也。《论语》言游艺乃在志道、据德、依仁之后，何耶？"曰："格物谓穷乎物之理，游艺谓玩适乎艺之事，穷极其理讲学之先务，玩适其事德盛之余功，二者有初学成德之分。盖此是德盛仁熟之后，等闲玩戏之中，无非滋心养德之助，如孔子钓弋是

---

① 朱熹集注，陈戍国标点：《四书集注》，岳麓书社2004年版，第107页。
② 皇侃义疏，何晏集解：《论语集解义疏》，中华书局1985年版，第87页。
③ 朱熹集注，陈戍国标点：《四书集注》，岳麓书社2004年版，第107页。
④ 同上。

也，从心所欲不逾矩，乃其境界欤！"①

此段论述道破游艺在儒家中的附属地位，即以道德仁义为优先，等到德盛仁熟之后，才能从事等闲玩戏的游艺活动。

对古代经典著作中游艺思想的解读，可得知游艺活动是儒家生活，特别是精神生活中的一个重要方面。儒家知识分子们力图通过游艺活动培养他们生活所需的艺能，并且能自如于这些技艺才能当中，涵养生命高尚的情操。这也注定了古代游艺活动深受儒家礼乐文化的影响，呈现出鲜明的儒家特征。

（二）今人对游艺的理解

近代以来，中国社会经历了巨大的变革，传统观念与西方思想的冲突与融合使得人们看问题的视角更加多元化。尤其是随着人性的解放和人们对自由生活的追求，对于"游艺"的理解不再仅仅局限于"道德层面"，而是注重从"文化娱乐层面"对其讨论，同时把其纳入学术研究之中，不同领域的学者纷纷提出各自见解。儒学研究方面，钱穆在《论语新解》中把"游于艺"解释为："游，游泳。艺，人生所需。孔子时，礼、乐、射、御、书、数谓之六艺。人之习于艺，如鱼在水，忘其为水，斯有游泳自如之乐。故游于艺，不仅可以成才，亦所以进德。"② 钱氏把人之游艺比作如鱼在水，于是有游泳自如之乐，可以适当地调适生活。美学家李泽厚、刘纲纪则认为："游于艺的'游'固然包含有涉历的意思，同时更带有一种自由感或自由愉悦的含意，其中当然也包含有游息、观赏、娱乐的意思。"③ 民俗学者乌丙安把游艺纳

---

① 四库全书存目丛书编纂委员会：《四库全书存目丛书·子部·第98册》，齐鲁书社1995年版，第447页。
② 据作者序言，可知此书成稿于20世纪60年代初。钱穆：《论语新解》，生活·读书·新知三联书店2002年版，第170页。
③ 李泽厚、刘纲纪主编：《中国美学史·第一卷》，中国社会科学出版社1984年版，第120—121页。

入民俗学领域，他提出："（游艺）在近代才发展成'游乐艺术'的意思，它泛指了各种娱乐活动，我们借用他来做民俗学有关这方面的专有名称是比较贴切的。"①

其实在20世纪40年代，游艺已经作为一门独立的研究领域而被学者所关注。杨萌深在《中国游艺研究》开篇中讲道："游艺就是游戏的艺术，并没有含着什么深奥的意义。其词或源于孔子'游于艺'（论语述而）一语。"②作为中国近代游艺研究的开篇之作，杨氏对游艺的定义为后世提供了范本参考，随着研究的深入，对游艺含义的解释越来越趋向一致。王永平《唐代游艺》一书中认为："游艺，顾名思义，就是娱乐、游玩。通俗一点讲，就是玩耍。"③崔乐泉在《忘忧清乐——古代游艺文化》一书中则提出："游艺，顾名思义，就是游戏的艺术，是各种游戏或娱乐活动的总称，是人们以娱怀取乐、消闲遣兴为主要目的的一种精神文化活动。"④王、崔二氏对游艺内涵的认识基本上是相近的。台湾学者陈正平把游艺定义为："悠游、沈浸、涵泳在各项游戏、娱乐、或艺术（技艺、才艺）领域之中，可以让人们以娱怀取乐、消闲遣兴，达到放松、调适身心、增加生活乐趣为主要目的的一种精神文明活动。"⑤陈氏观点可谓集各家之长，对游艺的内涵做出了较为准确、全面的叙述，笔者对此观点持赞成态度。

从上述古代经典著作对游艺的阐释和今人的论著中，可以对游艺的内涵有了较为清楚的理解，基于此，本书对敦煌游艺的释名为：古代以敦煌为代表的河西民众，在满足了基本的生存需要

---

① 乌丙安：《中国民俗学》，辽宁大学出版社1985年版，第318页。
② 杨萌深：《中国游艺研究》，世界书局1946年版，第1页。
③ 王永平：《唐代游艺》，西北大学出版社1995年版，第1页。
④ 崔乐泉：《忘忧清乐——古代游艺文化》，江苏古籍出版社2002年版，第1页。
⑤ 陈正平：《唐诗所见游艺休闲活动之研究》，博士学位论文，台中东海大学，2006年，第6页。

之后，在岁时节日、筵座饮宴及日常生活等闲暇时间进行的，形式多样、内容丰富的，以愉悦身心、休闲娱乐为主要目的的精神文明活动。这些游艺活动主要记录在敦煌莫高窟壁画、藏经洞出土文献、河西墓葬壁画（砖画）以及其他传世史料和出土文物之中。

二 研究范畴界定

（一）游艺的研究范畴

对于游艺研究范畴的界定，一直以来是学界所讨论的热点，对游艺内容的认定和分类标准的划分多有争论，但从相关研究中具有代表性的观点和论著中可以相对完善地划定其研究范畴。

杨萌深在其著作中谈论到古代六艺："在现今看来，除音乐尚可称为游艺之一外，其余都不属于游艺范围之内的。所以我们以为游艺一词或者源于孔子'游于艺'，而游艺的范围却是古今大不相同的。"① 对于游艺具体的范围，他直接指出："这样看来，游艺有戏剧说唱杂技三者，但戏剧与说唱，根本是一种俗文学，他们除表演说唱外，还有文学的价值，我们以为他们应当有他们的独立性，不能包括在游艺范围之内。惟有杂技表演既不似戏剧，也无所谓说唱……所以此种杂技，实可称为真正的游艺。也因为游艺是游戏的艺术，除了游戏以外（亦即朱熹论语集注所谓玩物适情），实在没有什么其他意义可说的。否则游艺的范围未免太广，游艺简直就是全部的艺术了。不过除了杂技以外，还有两种我们应当把它们包括在游艺范围之内的，即一为弈棋，二为博戏。"② 由此可知，杨氏把游艺归纳为三类，即杂技、弈棋和博戏，在其论著中他也主要论述了这三部分内容。王永平对游艺的

---

① 杨萌深：《中国游艺研究》，世界书局1946年版，第1页。
② 同上书，第2页。

分类较之杨氏则更加宽广，除了最初的三类之外，他又增加了口头文学、民间音乐与舞蹈、戏剧、球戏、武术及儿童游戏、宴集游艺、节日游艺活动等内容。① 乌丙安指出："凡是民间传统文化娱乐活动，不论是口头语言表演还是动作表演的、或用综合的艺术手段表演的活动，都是游艺民俗。当然，游戏、竞技也不例外。"② 崔乐泉的分类似更加合理，他把游艺活动主要分为百戏杂艺、技艺竞技、益智赛巧、休闲雅趣、童趣嬉戏和民俗游艺几个部分，③ 但笔者认为其中民俗游艺的概念过大，如改为岁时游艺或节日游艺或许更恰当。其他论著中有关游艺的范畴界定和王、崔之论大同小异，这样看学界目前对游艺的范畴认定基本上包括了古代人民日常娱乐休闲生活中的方方面面，当然，根据特定的研究对象，界定范围有所侧重。不过需要指出的是，诸如绘画、书法等艺术形式因其有专门的研究领域，故而大都未纳入游艺的研究范畴之中。笔者参考陈正平对唐人游艺休闲活动项目的分类标准，④ 制作了一个游艺分类的简表，见表1.1。

表1.1　　　　　　　　　　古代游艺活动分类

游艺活动大类	游艺活动小项	备注
技艺竞技类游艺	狩猎、武术、角抵、相扑、摔跤、击鞠（打马球）、蹴鞠、踢球、捶丸（步打球）、抛球	10项
岁时节日类游艺	傩戏、观灯、泼寒胡戏、春游踏青、龙舟竞渡、乞巧、登高、赏花、赏月	9项
百戏杂技类游艺	戴竿、走索、跳丸剑、俳优与谐戏、幻术、舞马、舞狮、木偶戏、胡旋舞、踏歌、剑舞、舞剑器、斗鸡、斗狗、斗蟋蟀、马戏、大象戏	17项

---

① 王永平：《唐代游艺》，西北大学出版社1995年版，目录页。
② 乌丙安：《中国民俗学》，辽宁大学出版社1985年版，第318页。
③ 崔乐泉：《忘忧清乐——古代游艺文化》，江苏古籍出版社2002年版，目录页。
④ 陈正平：《唐诗所见游艺休闲活动之研究》，博士学位论文，台中东海大学，2006年，第17—18页。

续表

游艺活动大类	游艺活动小项	备注
益智雅趣类游艺	围棋、象棋、弹棋、赛戏（格五）、长行、六博、双陆、樗蒲、投壶、藏钩、射覆、垂钓	12项
儿童游戏类游艺	竹马戏、纸鸢（放风筝）、弹弓、斗草、荡秋千、捉迷藏、玩沙土、打围、击壤	9项

当然，以上五大类的分类标准，是基于项目性质的相似和研究上的方便。因此，有些项目虽划入某一大类，但其并不仅仅属于该类，大类之间不可避免地会出现交集的情况，如拔河既可以放到百戏杂技类，亦可以归入岁时节日类；又如蹴鞠既可以看作技艺竞技游戏，又与岁时节令相关。再如：拔河游戏、秋千游艺既是节令游艺类，又属于技艺竞技游艺类，因此在分类上必会有所选择。此表列出了57项游艺活动，但这肯定不是中国古代游艺活动的全部，只是较为详细地罗列出来大部分内容，以便读者对游艺活动的分类有直接的感受。从表1.1中可以看到，中国古代的游艺活动如此丰富多彩，形式多样，融入在人们的日常生活之中。

（二）敦煌游艺的研究范畴

陈寅恪在《陈垣〈敦煌劫余录〉序》中指出："一时代之学术，必有其新材料与新问题。取用此材料，以研求问题，则为此时代学术之新潮流。"① 敦煌学的建立和发展正是得益于藏经洞的出土文献以及莫高窟壁画、雕塑等遗存。敦煌文献和莫高窟壁画堪称古代的"百科全书"，敦煌游艺文化的研究也有赖于记录于其中的材料。敦煌游艺，以古代敦煌一地为中心，辐射整个河西地区的游艺活动，河西墓葬画及其他出土文物中的游艺资料都纳入本研究的视阈中，这也使得敦煌游艺门类齐全，基本上涵盖了前文对古代游艺分类的大部分，并且由于敦煌地处丝绸之路重

---

① 陈寅恪：《陈垣〈敦煌劫余录〉序》，《金明馆丛稿二编》，上海古籍出版社2001年版，第266页。

镇，并且是古代少数民族杂居区，使得其游艺文化更带有西域特征和民族风情。基于此，本研究把敦煌游艺的范畴定为武功技艺类游艺、岁时节日类游艺、博弈类游艺及儿童游戏类游艺四个主要方面，并探讨敦煌游艺的社会背景、活动模式、特点及价值。

  在这里，有必要就敦煌游艺和敦煌体育的异同进行简要分析。20世纪80年代以来，敦煌体育研究得到敦煌学界和体育史学界的关注渐多，无论是对敦煌体育的综合研究，还是对敦煌体育中的专题研究，都取得了较为丰硕的研究成果。[①] 笔者硕士所就读的专业方向即为敦煌体育文化研究，业师在该领域取得了较多的研究成果。正是在对这些成果分析、吸收的前提下，笔者认为敦煌游艺与敦煌体育之间存在着"同源而不同流"的关系。就研究的主要对象而言，二者都是以莫高窟壁画和藏经洞出土文献中的相关资料为主；就研究的视角而言，敦煌体育主要是从体育史的角度探寻某项活动的源头（亦即体育的早期雏形），以现代体育学的角度分析某项活动的身体形态，而敦煌游艺研究则是以游艺活动带给人的精神享受为切入点，从活动发生的时代背景、物质基础、参与人群、游艺消费、文化交流、游艺价值等方面进行讨论。

第二节　研究意义与方法

一　研究意义

  近代学者林语堂曾说："若不知道人民日常的娱乐方法，便不能认识一个民族"[②]，这里所指的娱乐即是游艺活动。敦煌游艺

[①] 丛振：《敦煌体育史研究回顾与述评》，《2012年敦煌学国际联络委员会通讯》，第108—123页。

[②] 林语堂：《吾国与吾民》，世界新闻出版社1940年版，第411页。

绪　论

由于受其独特的地理位置和时代背景的影响，具有自身发展的特殊轨迹，无疑是了解和弘扬敦煌文化和传统游艺文化不可缺少的组成部分。因此，对敦煌游艺文化的研究有着重要的理论和实际应用价值。

一是丰富中国传统游艺之内容。古代敦煌作为四大文明体系的汇流之处，有着独特的文化传统。在游艺史研究的论著中，可以得知很多游艺项目都是通过丝绸之路，由西域等地传入中原，并不断演变发展。各种游艺项目的源头，已经很难去追寻，但在敦煌壁画和文献中，却保留了较为丰富的游艺图像和文字资料。目前中国的游艺研究多集中于中原或南方等领域，而西北地区，尤其是游艺活动交流频繁的敦煌地区却未得到应有关注。因此，对敦煌游艺的研究，可以丰富中国传统游艺研究之内容，并为研究中西文化交流提供新材料。

二是开启敦煌民俗研究之新视角。张士闪从学科整合的角度，提出游艺对艺术学、美学等人文学科的重要性。① 在敦煌学百年的研究历程中，国内外学者对莫高窟壁画和藏经洞出土文献进行了多学科、立体性的探讨。敦煌民俗研究列于其中也取得了较为丰硕的研究成果，但作为民俗研究一个重要组成部分——敦煌游艺民俗，却始终未得到敦煌学界应有的重视，以研究敦煌游艺文化为主题的论文甚少，尚未出现一部对敦煌游艺文化进行全面系统研究的专著，因此本研究课题将为敦煌民俗开拓一个新的研究视角，使敦煌学的研究领域更为宽广。

三是古为今用，发挥游艺在社会主义精神文明建设中的正能量。研究敦煌的游艺活动，不仅可以了解古代敦煌民众的娱乐生活，还可以为继续研究和发扬有益身心的游艺活动提供理论和资

---

① 张士闪：《游艺民俗：当代科际整合研究趋势中一个不可忽视的支点》，《民俗研究》1997年第3期。

料参考，使之成为我国精神文明建设中重要的文化资产。另外，敦煌游艺活动中有很大一部分内容是值得去积极开发，并转化成为旅游资源的，使游客进行体验式旅游，对古代敦煌人的休闲娱乐生活也能感同身受，在参与中去体会敦煌文化的魅力与神奇，对敦煌旅游业有着重要的意义。

二　研究方法

一是以传统文献学的研究方法，就敦煌文献中的基本材料进行爬梳整理。按卷普查，将已出版的各国所藏敦煌文献图版中涉及游艺的内容辑出，并按不同的项目进行分类整理；二是敦煌文献与石窟图像的结合法，即是运用图像分析的方法，对莫高窟壁画中的游艺图像按照项目的不同进行分类，并对藏经洞出土的文献进行释读，从中找出有关游艺的资料，以文释图；三是敦煌资料与传世史籍的结合法，即以敦煌资料为出发点，结合其他传世文献资料和今人研究成果进行研究。在此基础上通过图像、史籍、论著的相互印证，达到"三重证据法"之效，实现研究的图文并茂。当然，因为敦煌游艺活动属于社会生活方面的内容，在研究过程中还要综合运用多学科交叉等社会史研究方法。

第三节　研究史回顾

一　古代游艺研究回顾

对游艺文化研究史的回顾，有利于读者对中国传统游艺文化的研究现状有一个整体的认识，能更好地把握敦煌游艺在传统游艺中的地位和所起的作用，故而对传统游艺的研究史进行简略的回顾。

中国古代的正史资料中，并无对游艺的系统性地专门记载，

绪　论

只是零星地附属于正史之"艺文志""礼志""乐志"等史料中，当然也没有对此的专门研究。近代以来，尚秉和在《历代社会风俗事物考》卷40中，论及了古代的各种游戏，可谓游艺研究的先驱之作。① 把游艺提升到学术研究的高度，则当属1943年杨荫深所著《中国游艺研究》一书，该书资料丰富，分类详尽，有系统地叙述多种传统游艺活动的历史渊源与流变，为后学的研究提供了范本参考。但该书局限于对各项游艺的泛论，属于通论性质的资料汇编。② 继之而起，台湾学者李建民著《中国古代游艺史——乐舞百戏与社会生活之研究》，此书虽题名为中国古代游艺，实则只是对汉代的乐舞百戏与社会生活的方式进行了较为深入的分析和论述。③ 大陆方面，王永平以其硕士论文《唐代游乐活动研究》为底稿，著《唐代游艺》一书，对唐代所盛行的游艺活动进行了论述。④ 此后，王氏又以之为基础，撰《游戏、竞技与娱乐——中古社会生活透视》，此书有50余万字，内容详尽，较为全面地对中古社会的游艺进行了研究。⑤ 崔乐泉《忘忧清乐——古代游艺文化》在对游艺的分类、论述及附图说明上，也比较翔实，应属游艺研究的代表之作。⑥ 台湾学者陈正平另辟蹊径，其博士论文《唐诗所见游艺休闲活动之研究》对以游艺活动为主题的唐诗进行了专题的研究，为游艺研究提供了诸多唐诗中的资料。⑦ 此外，张仁善所著《中国古代民间娱乐》⑧，郑重华、

---

① 尚秉和：《历代社会风俗事物考》，江苏古籍出版社2002年版，第351—370页。
② 杨荫深：《中国游艺研究》，世界书局1946年版。
③ 李建民：《中国古代游艺史——乐舞百戏与社会生活之研究》，台北东大图书公司1993年版。
④ 王永平：《唐代游艺》，西北大学出版社1995年版。
⑤ 王永平：《游戏、竞技与娱乐——中古社会生活透视》，中华书局2010年版。
⑥ 崔乐泉：《忘忧清乐——古代游艺文化》，江苏古籍出版社2002年版。
⑦ 陈正平：《唐诗所见游艺休闲活动之研究》，博士学位论文，台中东海大学，2006年。
⑧ 张仁善：《中国古代民间娱乐》，商务印书馆1996年版。

刘德增所著《中国古代游艺》①，王宏凯所著《中国古代游艺》，②殷伟所著《女子游艺》③，祝良文著《红楼游艺》④，陈业新编著《鱼龙百戏——长江流域的游艺与竞技》⑤等书，对游艺、民间娱乐等方面均进行了论述，但以资料的收集整理为主，研究的成分不多。另外，部分有关中国古代各朝代社会生活史及民俗史的著作中，也有部分涉及游艺的内容，因篇幅所限，在此不一一列出。⑥

前文对游艺研究的主要著作进行了回顾，除此之外，有关游艺研究的论文也取得了较为丰硕的成果。为了便于读者掌握该领域最新的研究动向和走势，在此仅就20世纪90年代以来，具有代表性的研究论文进行简要介绍和评述，意为学界提供相关资料。90年代早期对游艺的研究，还是侧重于对游艺的学科属性的认识。如于学岭撰文介绍了杨荫深《中国游艺研究》一书，对杨氏书中游艺的分类进行了详尽分析，充分肯定了该书的开创之功，但同时指出该书只是泛谈，引前人著述较多，自己的判断则相对较少。⑦针对于氏的观点，赵善性提出在杨氏之前，已有游艺刊物问世，如1915年《游艺》杂志等。⑧笔者查阅了赵氏所提及的这几本杂志，认为它们皆为知识性读物，无论研究层次和深度都无法与杨氏之书相比。张士闪把游艺与艺术的起源问题联系起来进行讨论，认为透过游艺项目可以远眺原始艺术萌芽时期的

---

① 郑重华、刘德增：《中国古代游艺》，山东教育出版社1997年版。
② 王宏凯：《中国古代游艺》，中国国际广播出版社2010年版。
③ 殷伟：《女子游艺》，文物出版社2003年版。
④ 祝良文：《红楼游艺》，齐鲁书社2008年版。
⑤ 陈业新：《鱼龙百戏——长江流域的游艺与竞技》，武汉出版社2006年版。
⑥ 社会生活史及民俗史方面涉及游艺内容的著作，代表性的系列丛书有：《中国古代社会生活史书系》，中国社会科学出版社1998年版；《中国风俗通史》，上海文艺出版社2001年版；《中国民俗史》，人民出版社2008年版。
⑦ 于学岭：《先行者的足迹——〈中国游艺研究〉介绍》，《体育文史》1992年第5期。
⑧ 赵善性：《关于"游艺"的补充》，《体育文史》1993年第2期。

绪 论

诸多文化背景。① 张氏是利用游艺来考证艺术的起源，而崔乐泉则是借助考古学的方法来考察游艺自身的起源问题，并从发生学的角度提出，中国传统游艺活动可追溯到人类社会初期，可分为生产、祭祀等间接发生和娱乐、消遣等直接发生两大类。② 除了对游艺的学科属性的讨论，研究者的侧重点还在于对史料中游艺活动的探究。邓浩分析了《突厥语大辞典》中所记载的游艺民俗资料，值得注意的是其中所提供的古代西域地区的相关资料。③ 刘玉红以王建的大型组诗《宫词》为主，对唐代宫廷中的游艺生活进行了探讨。④ 与此类似，杨子华论述了《水浒》中的游艺民俗。⑤ 黄宇鸿利用《说文解字》来阐释古代游艺活动，颇具新意，并且给研究者提供了新的资料和方法。⑥ 从游艺在古代中国的兴衰发展来看，汉魏时期是研究者所关注的热点。聂济冬对东汉士人的游艺风气进行了论述，并认为游艺开始在士人的综合修养中占据一定的位置。⑦ 王子今、周苏平则对汉代儿童的游艺生活进行了探讨。⑧ 对魏晋游艺的讨论多与赋相结合，侯立兵、郑云彩以严可均《全上古三代秦汉三国六朝文》为基本文献，整理出33篇游艺赋，并指出通过这些游艺赋可探究游艺的具体规则和操作

---

① 张士闪：《游艺民俗与艺术的起源》，《民间文化》1999年第2期。
② 崔乐泉：《游艺起源的考古学观察》，《体育文化导刊》2003年第9期。
③ 邓浩：《从〈突厥语词典〉看古代维吾尔族的游艺民俗》，《语言与翻译》1995年第1期。
④ 刘玉红：《从王建〈宫词〉看唐代宫廷游艺习俗》，《贵州文史丛刊》1999年第4期。
⑤ 杨子华：《〈水浒〉与宋元的游艺民俗》，《郧阳师范高等专科学校学报》2007年第2期。
⑥ 黄宇鸿：《〈说文解字〉与古代游艺民俗文化——〈说文解字〉汉字民俗文化溯源研究之八》，《广西社会科学》2008年第12期。与此类似，魏红梅、刘家忠在其著作第四章有"从王筠《说文》著述，看古代祭祀与游习俗"之内容，参见魏红梅、刘家忠《王筠〈说文〉著述中的民俗物象解读》，中国社会科学出版社2011年版，第291—344页。
⑦ 聂济冬：《东汉士人的游艺风气》，《民俗研究》2008年第3期。
⑧ 王子今、周苏平：《汉代儿童的游艺生活》，《中国史研究》1999年第3期。

方式。①杨朝蕾提出游艺风俗推动了论体文的创作与传播；以游艺风俗为题材的论体文，将"艺"上升至"理"的境界，促进了游艺理论水平的提高。②

通过对中国传统游艺文化相关论著的探讨，可以看出有关游艺的研究已经从前期的整体把握转向专题论述，对材料的运用已不再局限于二十四史等正史资料，而是广泛从诗歌、笔记小说等文献中探寻资料，可以说游艺研究呈现出题材多样化、资料多元化的特点，研究的领域也更深入、更细致。总的来说，这为敦煌游艺提供了更多的资料和方法，有助于本课题研究的顺利进行。

二　敦煌游艺研究述评

与传统游艺文化由整体到局部的研究模式不同，敦煌游艺文化的研究目前尚未有专著出现，更多的是对某类游艺具体项目的讨论。敦煌游艺应属于民俗学的领域，因而在敦煌民俗学的专著中作为附属而出现；又因敦煌游艺与敦煌体育存在不同程度的项目重合，故敦煌体育史的研究论著中也涉及了部分敦煌游艺资料。

（一）涉及敦煌游艺的著作

就学科分类的角度，一般说来敦煌游艺应纳入敦煌民俗学的视野，这点在有关敦煌民俗学的研究论著中也得到了证实。较早注意到敦煌民俗资料的学者，当属高国藩，1983年其在《敦煌民俗学简论》一文中提出"敦煌民俗学"的命题，并得到多数学者的认可，敦煌民俗学作为敦煌学的一个分支学科得以成立。此后，高氏陆续出版有关敦煌民俗学的专著，并在其中或多或少涉及了敦煌游艺的内容。如《敦煌民俗学》一书的"导言"中，高

---

① 侯立兵、郑云彩：《汉魏六朝游艺赋的文化意蕴》，《武陵学刊》2010年第1期。
② 杨朝蕾：《魏晋游艺风俗与论体文勃兴之关系》，《南通大学学报》2011年第5期。

绪　论

氏把敦煌民俗分为七类，其中第七类即为游艺风俗类，包括舞蹈、娱乐、体育三个部分，并在该书的第二十八章"民间娱乐风俗"、第二十九章"民间舞蹈风俗"中谈及了部分游艺项目，但诚如作者本人所说"只是大致的概括"，并未深入探讨。① 紧接着在其《敦煌古俗与民俗流变》中，高氏又论及了敦煌的游览风俗，这也是敦煌游艺活动中的一项重要内容。② 在其《敦煌俗文化学》第八部分"敦煌民俗与汉代画像石"中，高氏论及了汉唐蹴鞠体育俗文化之比较和汉唐投壶古俗③，这种比较式的研究更加充分地利用了敦煌文献，使之为传统游艺文化研究服务。通过对高氏以上几本著作的研读，可以看到高氏在敦煌民俗的研究过程中对敦煌游艺文化确有所关注，并进行了初步探讨，但没有进行系统的整理。谢生保《敦煌壁画中的民俗资料概述》中把敦煌游艺分为体育武术和乐舞百戏两个部分，并进行了简要分析。④ 敦煌民俗研究的另一代表人物谭蝉雪则对敦煌的儿童游戏有所触及，在其《敦煌民俗——丝路明珠传风情》中简要列举了诸如藏钩、弹弓等儿童游戏。⑤

敦煌游艺中的部分项目与敦煌体育的内容相重合，这也使得敦煌体育研究的著作中涉及了敦煌游艺研究的部分内容。李重申、李金梅多年来着力于敦煌体育研究，并颇有建树，其代表作《敦煌古代体育文化》《忘忧清乐——敦煌的体育》《丝绸之路体育图录》以及他们所在的兰州理工大学丝绸之路文化研究所编著的《丝绸之路体育文化论文集》《丝绸之路体育文化论文集

---

① 高国藩：《敦煌民俗学》，上海文艺出版社1989年版，"导言"第1页，正文第506—535页。
② 高国藩：《敦煌古俗与民俗流变》，河海大学出版社1990年版，第477—481页。
③ 高国藩：《敦煌俗文化学》，上海三联书店1999年版，第231—245页。
④ 谢生保主编：《敦煌民俗研究》（一），甘肃人民出版社1995年版，第176—180页。
⑤ 谭蝉雪：《敦煌民俗——丝路明珠传风情》，甘肃教育出版社2006年版，第270—274页。

（续）》等著作，① 以及陈康编著的《敦煌体育研究》一书中，② 都有涉及敦煌游艺的部分，但多集中于对某些游艺项目身体化、竞技化的讨论。

台湾敦煌学者在敦煌社会生活史研究中对敦煌游艺也有所触及。罗宗涛《敦煌变文社会风俗事物考》一书把敦煌俗文学中的内容分类排比出来，在书中的第十二章"娱乐"中论述了敦煌变文中的娱乐游艺，罗氏的论证应属对敦煌娱乐活动的较早研究。③ 中国文化大学的林艳枝在其博士论文的第五章第二节研究了敦煌的击球、角抵与各种武术、百戏杂技、音声乐舞以及博弈赌胜的游戏等娱乐活动，但没有深入讨论。④

另外，对于敦煌游艺材料的使用日益为学者所重视，如王永平在《游戏、竞技与娱乐——中古社会生活透视》一书中使用了部分敦煌游艺材料，王氏书中敦煌材料，所占比重较小，多为对中古游戏娱乐活动的补充说明。⑤ 新近出版的由敦煌研究院胡同庆、王义芝所著《敦煌古代游戏》一书，从竞赛类、自娱娱他类、文字游戏类三个方面论述了敦煌古代游戏，其中部分内容涉及了游艺活动，此书对各类游戏活动以介绍性为主，但为本研究提供了一定的理论参考。⑥

---

① 李重申：《敦煌古代体育文化》，甘肃人民出版社2000年版；李重申、李金梅：《忘忧清乐——敦煌的体育》，甘肃教育出版社2007年版；李金梅、李重申：《丝绸之路体育图录》，甘肃教育出版社2008年版；兰州理工大学丝绸之路文史研究所：《丝绸之路体育文化论集》，中华书局2005年版；兰州理工大学丝绸之路文史研究所：《丝绸之路体育文化论集（续）》，甘肃教育出版社2008年版。

② 陈康：《敦煌体育研究》，中国社会科学出版社2012年版。

③ 罗宗涛：《敦煌变文社会风俗事物考》，台北文史哲出版社1974年版，第159—168页。

④ 林艳枝：《敦煌文献呈现之社会生活研究》，博士学位论文，台北中国文化大学，1998年，第145—159页。

⑤ 王永平：《游戏、竞技与娱乐——中古社会生活透视》，中华书局2010年版。

⑥ 胡同庆、王义芝：《敦煌古代游戏》，甘肃少年儿童出版社2012年版。

（二）敦煌游艺研究的论文

有关敦煌游艺文化的研究论文，已经取得了一定的研究成果，基本上是对不同游艺项目的个案研究，初步完成了资料的整理和分析。就其内容而言，主要集中在对敦煌壁画中的百戏、儿童游戏以及敦煌文献中的棋经等方面的研究。

从整体层面论述敦煌游艺文化的文章较少，李重申、李金梅《论敦煌古代的游戏、竞技与娱乐》一文记录了敦煌古代人民节日欢娱、民间游戏等世俗生活的信息，认为敦煌古代的游戏、娱乐带给人们的是一种积极健康的生活态度，一种对活动的愉悦和审美体验产生互动回应的生活方式。但这篇文章基本上是对他们敦煌体育著作中的精华的总结，论证的角度没有完全超脱体育史的范围。① 从民俗角度谈及游艺活动的文章，如何春环、何尊沛《论敦煌曲子词的民俗文化特征》一文对敦煌曲子词中的岁时节日民俗（踏青郊游、乞巧节）以及斗花、斗草等民俗活动进行了论述。② 马燕云硕士论文《唐五代宋初敦煌社会消费问题研究》中涉及了不同阶层在娱乐百戏方面的消费，这对本文的研究是一个启发，可以尝试对敦煌游艺消费情况进行探讨。③ 石小英硕士论文《唐五代宋初敦煌妇女在家庭中的地位研究》则对敦煌女子部分游艺活动进行了论述，但其主要目的是借此说明敦煌妇女可以同男子一样进行娱乐活动，进而反映敦煌女子的地位较高。④

敦煌游艺中的儿童游戏得到了学者较多的关注。高德祥对敦煌壁画中的童子形象进行了分类研究，其中就有反映儿童游戏的

---

① 李重申、李金梅：《论敦煌古代的游戏、竞技与娱乐》，《南方文物》2010 年第 3 期。
② 何春环、何尊沛：《论敦煌曲子词的民俗文化特征》，《宁夏大学学报》2007 年第 1 期。
③ 马燕云：《唐五代宋初敦煌社会消费问题研究》，硕士学位论文，西北师范大学，2007 年，第 27—34 页。
④ 石小英：《唐五代宋初敦煌妇女在家庭中的地位研究》，硕士学位论文，西北师范大学，2005 年，第 23—25 页。

"百戏伎",通过这些图像可以看到儿童的各种形态的形体动作。①骑竹马历来是儿童所喜欢的游戏,王义芝、胡朝阳专门就敦煌壁画中的儿童骑竹马形象进行了论述,并认为此幅图像为国内目前所见最早的儿童骑竹马图。②对敦煌儿童游戏进行综合研究的论文中,具有代表性的有路志峻《论敦煌文献和壁画中的儿童游戏与体育》,王义芝、胡朝阳《敦煌古代儿童游戏初探》和余欣《重绘孩提时代——追寻儿童在中古敦煌历史上的踪迹》,其中前两者所用材料较少,论述稍显单薄,而后者综合运用敦煌文献和其他正史资料,生动还原了敦煌儿童的游戏场面,并对儿童的游戏天性进行了讨论。③

百戏活动是敦煌游艺文化中的一个重要方面,相关的研究论文数量较多。倪怡中在《敦煌壁画中的百戏图》一文中描述了敦煌壁画中的角抵、竿木和马术表演,并认为佛教寺院是百戏表演的场所,敦煌壁画中描摹了许多百戏表演的场景也就很自然了。④《敦煌古代百戏考述》一文,作者把敦煌壁画和文献中的百戏史料分为杂耍与乐舞两大类:杂耍主要有橦技、角抵、倒植、筋斗、舞马、走索等;乐舞大体可分为两类,一类是天宫伎乐、飞天、伎乐天、菩萨、药叉的舞蹈,另一类是礼佛、娱佛的舞蹈场面,并认为敦煌古代百戏技艺不仅是人体文化的展现,而且是身体、技巧、力量、心理、能力、动律的显示。⑤《敦煌壁画文献中所见的古代百戏》作者通过结合传世文献分析第61窟、第290窟、第175窟中的三幅描绘了角抵全过程的图;第61窟须大拏太子习武

---

① 高德祥:《敦煌壁画中的童子伎》,《中国音乐》1991年第2期。
② 胡朝阳、王义芝:《敦煌壁画中的儿童骑竹马图》,《寻根》2005年第4期。
③ 路志峻:《论敦煌文献和壁画中的儿童游戏与体育》,《敦煌学辑刊》2006年第4期;王义芝、胡朝阳:《敦煌古代儿童游戏初探》,《寻根》2007年第6期;余欣:《重绘孩提时代——追寻儿童在中古敦煌历史上的踪迹》,《敦煌写本研究年报》2009年第3号。
④ 倪怡中:《敦煌壁画中的百戏图》,《炎黄春秋》1998年第1期。
⑤ 李金梅、李重申、路志峻:《敦煌古代百戏考述》,《敦煌研究》2001年第1期。

图中非常精彩的马术表演图；第 149 窟的胡人倒立、两腿回旋至头顶图等，认为敦煌壁画是佛教艺术，但它不可能超越现实去凭空地传移摹写，佛国世界里的百戏图正是世俗生活里百戏大兴的写照。①《百戏在六朝的流行及隋唐的极盛》认为敦煌唐五代壁画保存了许多百戏表演图画，如马术、狮舞、载竿、杂耍等。其中载竿表演形式也十分生动、也最为精彩。如第 72 窟、第 9 窟、第 85 窟、第 156 窟等，都绘有百戏载竿图。敦煌壁画中还保存了有表演百戏时的即兴歌舞和宴饮中的"对舞"。②《敦煌壁画和文书中的马文化》一文主要描绘了莫高窟五代第 61 窟的"佛传故事屏风画"中精彩的马术表演。③ 敦煌壁画中的橦技场景出现较多，因而也得到了专门的论述，如李金梅、丛振《敦煌橦技小考》收集了全部的橦伎图像，并结合文献进行探讨。④ 总体来说，对敦煌百戏的已有研究成果基本上是利用了敦煌壁画中的百戏图像，并且大多集中在 61 窟等个别石窟中，重复研究的情况有所存在。

敦煌游艺中博弈类活动，尤其是围棋活动引起较多关注，原因是敦煌文献中发现有《棋经》一文，它是世界上唯一记载中国最古老棋艺的孤本。郝春文、许福谦首先对《敦煌写本围棋经校释》进行了校录和解释，并断定这个卷子的书写年代是在吐蕃统治敦煌时期，即建中二年（781）至大中二年（848）之间。⑤ 成恩元对敦煌《棋经》和张拟《棋经》进行了比较研究。他认为在形式方面，两《棋经》文体风格和篇章结构差异很大，内容方面重点讨论了敦煌《棋经》所独具的战略、战术、法则、术语不见

---

① 倪怡中：《敦煌壁画文献中所见的古代百戏》，《图书馆理论与实践》1999 年第 1 期。
② 马兴胜、王志鹏：《百戏在六朝的流行及隋唐的极盛》，《敦煌研究》2006 年第 2 期。
③ 石江年、魏争光：《敦煌壁画和文书中的马文化》，《安徽体育科技》2003 年第 4 期。
④ 李金梅、丛振：《敦煌橦伎小考》，《敦煌研究》2010 年第 4 期。
⑤ 郝春文、许福谦：《敦煌写本围棋经校释》，《敦煌学辑刊》1987 年第 2 期。

于张拟《棋经》者约有六十四条。故而作者认为张拟根本没有看到过这部敦煌《棋经》,两《棋经》之间不存在传承关系。① 李金梅等在《敦煌〈棋经〉考析》一文中,从围棋的行棋技术和规则方面对《棋经》中的七个篇目进行了考证,认为其对围棋的理解已具备了高度的学术性和科学性,② 但李氏在结论中提出敦煌《棋经》与张拟《棋经十三篇》之间有传承和发展关系的观点,此与成氏观点相悖,可惜文中没有给出具体的根据。日本学者渡部通义认为敦煌《棋经》意义重大,不仅标志着十九道棋盘已经出现,而且其运用臻于精深,绝非刚刚产生,应有一个演绎进步的过程。③ 敦煌寿昌以盛产进贡围棋子而出名,高勇、陈康在《敦煌围棋史料述略》提到唐代寿昌县古城遗址中发现的 66 枚围棋棋子,并通过安西榆林窟第 31 窟《维摩诘经变》中的棋弈场面,说明了敦煌地区围棋活动的普及和流行程度。④

通过上文的论述,我们可得知目前敦煌游艺文化的研究主要集中在两个方面:一部分是敦煌体育文化中有相关的游艺内容;另一部分存于敦煌社会生活研究领域。具体来说,较为深入研究敦煌游艺项目的内容之中,马球、围棋、百戏等项目的研究文章较多,取得了较好的成果,其他诸如射猎、儿童游戏、岁时节日等游艺活动,虽亦有学者进行了初步的探讨,但文章较少,可以继续深入挖掘蕴含在这些游艺项目中的文化内涵。

另外,在对已有的敦煌游艺的研究成果的整理分析中,可以看到在对某些史料的分析过程中存在值得商榷的地方。如以敦煌史料为实证材料或运用敦煌史料和其他文献相互印证时,只选取

---

① 成恩元:《敦煌写本〈棋经〉与宋张拟〈棋经〉的比较研究》,《敦煌学辑刊》1989 年第 2 期。
② 李金梅、李重申、马德福:《敦煌〈碁经〉考析》,《社科纵横》1994 年第 5 期。
③ [日]渡部通义:《敦煌〈棋经〉与孙吕遗谱——古代中国围棋源流浅谈》,蒋学松、李行译,《四川文物》1996 年第 1 期。
④ 高勇、陈康:《敦煌围棋史料述略》,《西北民族大学学报》2004 年第 6 期。

绪　论

有利于证明自己观点的局部材料，而没有把所选取的材料放到整体材料中做深入分析，有断章取义之嫌。也就是说在使用古代文献时，不能只是搜罗古人的只言片语，而是要对材料做整体分析，力图恢复其历史本来面目。对敦煌游艺项目的分析，也要尽量避免用现代人对游艺的认知思路来探讨问题。总而言之，大凡中国中古时代的游艺文化，大都可利用敦煌游艺材料来填补和丰富，本研究也正是在先贤学者的基础上，对敦煌游艺资料重新进行系统性整理和研究，以期为灿烂的中国游艺文化提供极富价值的新材料。

第一章 敦煌游艺的文化背景

敦煌游艺活动作为一种社会现象，其价值不仅在于解除人们生理上的疲劳，而更多的则在于实现文化的创造。在游艺的过程中，游艺的参与者历经审美的、道德的、超越的、创造性的生活方式，力图达到功利性与超功利性、自律性与他律性、合规律性与合目的性的高度统一，实践着精神的自由，而进入一种从容自得的境界。需要指出的是，同任何其他社会文化现象一样，敦煌游艺文化不可能脱离当时的社会现实而单独存在，它的形成与发展受到敦煌社会政治、经济、文化等方方面面的影响和制约。从宏观角度来看，敦煌游艺文化的形成与演变主要受到三个大的因素的制约，一是传统游艺文化对其的影响；二是敦煌社会政治、经济的繁荣为其提供物质保障；三是敦煌地区多文明、多民族交融的文化背景，使得敦煌游艺文化的发展既遵循传统游艺活动的一般发展规律，又受到中西文化交流的辐射，从而呈现出鲜明的地域色彩。

第一节 游艺活动的起源与发展

一 游艺活动的起源

学者们在探讨某一种社会现象或活动时，往往比较喜欢追溯其源头，起源问题似乎是任何社会学科所研究的社会现象都要回

第一章 敦煌游艺的文化背景

答的首要问题。当然,这样的好处是可以更清晰地认清其发展演变的脉络,但也容易陷入无休止的争论中去。关于游艺活动的起源,贾斌主编的《游艺大全》中曾论述道:"国内外许多学者从生理学、心理学、运动学、文艺学、教育学乃至哲学等不同角度进行研究,产生种种理论,众说不一,概括起来有以下几种说法:①本能说,认为游艺起源于人的行为本能;②精力过剩说,认为游艺起源于人的精力过剩;③休息说,认为游艺起源于人的休息需要;④锻炼能力说,认为游艺起源于人类锻炼能力的需要。"[①] 贾氏提到的以上几种游艺起源学说,其实在探讨体育、舞蹈、戏曲等活动的起源问题时都可以应用,并没有给出特别明确的解释。因此,笔者认为单纯地将游艺这样一个古老而复杂的社会文化现象的起源,简单地归结于任何一个一般意义上的社会现象,是不符合游艺发生与发展的历史逻辑过程的。在人类最初的活动中,游艺、艺术、游戏、娱乐、体育等活动是交融在一起,这些活动其实可以分别被看作几块泥巴,这些泥巴被摔打在一起,重新变成为一块泥巴,便形成了你中有我,我中有你的局面。因此,按照所谓的"现代学科分类标准"去严格区分这些活动的最初源头,其实既没有意义,更没有必要。

当然,对于游艺萌芽阶段的具体情况还是要进行认识的。在这方面,崔乐泉曾做出过有益的探讨,他从"原始图腾歌舞""一个女孩的随葬品""从原始娱乐到嬉戏游艺"三个部分论述了游艺起源阶段的情况。[②] 由崔氏之论可以看出,游艺活动在中华民族有着悠久的历史,在人类诞生的原始社会初期即已产生,在其形成初期,便与社会生活紧密相连,正如近代美学家朱光潜在其《文艺心理学》一书第十二章"艺术的起源与游戏"中所说:

---

① 贾斌主编:《游艺大全》,甘肃人民出版社1986年版,第12页。
② 崔乐泉:《忘忧清乐——古代游艺文化》,江苏古籍出版社2002年版,第5—18页。

"艺术和游戏都是要在实际生活的紧迫中发生自由活动,都是为着享受幻想世界的情趣和创造幻想世界的快慰,于是把意象加以客观化,或成为具体的情境。"① 基于以上理论,笔者认为在游艺产生的最初阶段,可以从间接游艺和直接游艺两个方面去探究其最初形态。所谓间接游艺,是指游艺活动或是附属在图腾崇拜、神灵祭祀等信仰仪式中;或是依存于采摘、狩猎、逃避野兽等生活方式中;或是受制于抢占地盘和食物等氏族战争中,这些活动一般有着厚重的文化底蕴和生活根基,他们其中带有娱乐性质的部分慢慢演变成游艺活动。相对而言,直接游艺活动,即是原始先民在闲暇之余纯粹为了消遣、娱乐、竞赛对抗或者教育后代等因素而有意识地直接创造出来的活动。从发生学的角度来说,这些有意识地娱乐活动标志着中国传统游艺活动的出现,并从此以后深深地影响着中华民族的游艺生活。

二 游艺活动的发展与演变

如果我们对中国古代的游艺活动做一番历史长镜式的巡视,就会发现在其漫长的发展过程中,形成了看似相互矛盾,其实并行不悖的两个特征:一是继承性与连续性,亦即较为永恒的稳定性;二是变异性与创新性,不断注入新的活力和因素。二者相辅相成,对立统一于游艺文化整体中。可以说,正是这两种特征,使古代游艺文化既能获得稳定的自我,展示其深厚长远,同时又能不断接受外来文化的影响,保持其旺盛的生命力。对不同时期游艺活动的略述,可以了解其发展演变的特点,更重要的是认清其在社会变化和外来文化影响下所表现出来的传承性和创新性。因此,下文将对中国古代不同时期的游艺活动及其时期特点进行归纳式叙述,这对研究处于中外交流文化中的敦煌游艺是非常有帮助的。

---

① 朱光潜:《文艺心理学》,复旦大学出版社2009年版,第177页。

第一章 敦煌游艺的文化背景

春秋战国时期是我国古代史上的重要变革时代,政治上诸侯分立,社会上农业、手工业和商业有所发展,思想上学术的空前活跃,这些都在客观上对当时的社会风尚产生了巨大影响。这种影响同样体现在游艺活动中,当时各诸侯国经济、文化得到了初步繁荣,促进了游艺活动的开展,诸如木鸢、六博、斗鸡、投壶、秋千、龙舟竞渡等活动深受欢迎。《史记》卷69《苏秦列传》记载:"临淄甚富而实,其民无不吹竽、鼓瑟、弹琴、击筑、斗鸡、走狗、六博、蹴鞠者。"① 此段史料反映出了当时游艺活动的种类已经较为丰富,并且和临淄相类似的城市还有很多,因此,临淄地区开展的游艺活动绝不是一个孤立的现象,而是当时都市游艺娱乐活动较为兴盛的缩影。②

秦汉三国是我国历史上继往开来的重要发展时期,特别是秦汉政治上出现大一统局面,经济持续发展,人民生活相对稳定,为游艺的进一步发展创造了有利条件。这一时期的游艺活动在继承先秦游艺的基础上,有所扬弃,一些新的游艺项目陆续产生,基本上形成了后世游艺的主要格局。这一时期游艺活动的节日化开始出现,诸如"人日"郊外踏青、寒食节蹴鞠、端午节竞渡、重阳节登高等渐成定式;某些类别的游艺活动,如"导引""百戏"等已初步自成体系;专用于游艺活动的场地,如鞠城、上林苑等已开始出现。特别需要指出的是中原与其他地区(尤其是西域各

---

① 司马迁:《史记》,中华书局1959年版,第2257页。
② 有关春秋战国时期的游艺研究可参见李生龙《孔子"游于艺"思想阐微》,《湖南师范大学社会科学学报》2006年第4期;范广军《古代射礼渊源考略》,《档案》2011年第6期;郑健、丁保玉《春秋战国时期的武文化研究》,《当代体育科技》2011年第4期;艾军、李繁荣《齐鲁早期体育娱乐活动的文化探索》,《烟台职业学院学报》2010年第4期;王明俊、王玲《春秋战国时期军中射箭训练的发展》,《南京体育学院学报》2007年第6期;谢幼春、吕利平、郭成杰《漫话春秋战国时期的手搏与举鼎》,《体育文化导刊》2006年第6期;蔡锋《论春秋战国时期礼俗世风的变化》,《山西师范大学学报》1991年第4期;崔加秀、王其慧《拔河的起源和发展》,《武汉体育学院学报》1984年第3期。

国）的游艺文化交流频繁起来，既有南方民族传入的"都卢寻橦、冲狭燕濯"，又有北方游牧民族的马术、戏车，还有从西域传来的"鱼龙曼延"，可以说出现了中国游艺史上的第一次交流高潮。①

两晋南北朝时期是中国历史上战乱频仍、分裂割据的时代，长期混乱不安的局面不利于游艺活动的开展。这一时期经济重心的南移，南方相对北方较为安定，使得游艺活动表现出不均衡发展的特征。门阀世族是这一时期的主要统治阶层，他们对各种球类游艺不感兴趣，而是热衷于围棋、樗蒲、握塑、弹棋、投壶、斗鸡等游艺活动，并且赋予它们浓厚的赌博色彩，这一方面提高了这些活动的整体水平，观赏性游艺活动开始增多；另一方面却又使得它们呈现一种畸形化的繁盛现象。民族大迁徙和民族大融合，使得多民族之间的游艺有了直接交流的机会，像樗蒲、握塑等从少数民族地区传入的游艺得到了中原民众的欢迎，并且被加以改造，使这些项目具备了更加鲜明的地域特色。总体来说，两晋南北朝游艺活动作为汉唐两大盛世之间的过渡，上承秦汉，下启隋唐，为隋唐时期游艺文化的繁荣奠定了基础。②

---

① 秦汉三国时期的游艺研究情况，可参考邓陈亮、罗刚林、余乔艳《秦汉社会风尚变更对我国古代体育运动的影响》，《军事体育进修学院学报》2010年第2期；梁慧刚《秦汉时期角抵的发展与运用》，《兰台世界》2010年第11期；徐畅《秦汉夜间娱乐杂考》，《南都学坛》2009年第2期；罗时铭《试论秦汉时期中国体育的对外交往》，《体育科学》2009年第10期；邓霞《南阳汉画像所反映的汉代体育文化》，硕士学位论文，河南大学，2006年；左成《秦汉时期的杂技艺术》，《史学月刊》1995年第4期；罗时铭《秦汉两晋时期投掷运动拾零》，《江苏学院学报》1981年第4期。

② 两晋南北朝时期游艺的研究情况，可参考黄友军《三国两晋南北朝棋类体育博戏小考》，《百色学院学报》2011年第4期；李世宏《两晋南北朝体育地区差异研究》，《体育文化导刊》2010年第6期；杨宝春《丰富完善中的综合性伎艺表演——魏晋南北朝时期的散乐百戏研究》，《戏剧研究》2009年第3期；张丽君《魏晋南北朝赌博研究》，硕士学位论文，江西师范大学，2009年；刘爱文《论魏晋南北朝大地主集团的休闲娱乐消费》，《邵阳学院学报》2005年第1期；旷文楠《两晋南北朝武术的娱乐性发展》，《成都体育学院学报》1994年第4期；鲁崇久《两晋南北朝养生术成因初探》，《贵州师范大学学报》1986年第4期；谭华《两晋南北朝民族融合对体育发展的影响》，《体育文史》1983年第2期。

第一章 敦煌游艺的文化背景

隋唐五代时期，尤其是隋唐时期是中国封建社会的上升期，社会稳定、经济繁荣，统一的多民族国家具有强烈的开拓和进取精神。正是受此影响，与传统的陶冶性情、注重礼仪的游艺不同，隋唐时期的游艺充满着对抗色彩，一系列竞技类的项目如马球、角抵、拔河等深受喜爱。可以说，隋唐作为中国古代游艺发展史上的鼎盛时期，其项目之多，内容之丰富，规模之大，可谓空前。从节日游艺到宴饮游艺，从益智游艺到各种博弈，大凡前代流传下来的各种游艺，在这一时期都有充分的发展。更为重要的是，游艺文化为社会各阶层所广泛接受，进一步深入到整个社会文化生活中去，尤其是女子游艺有了显著发展。国内各民族之间，中国与邻近各国之间的游艺交流也取得了空前的发展，很多游艺项目传播到日本、朝鲜等国，至今仍深深影响着他们。总之，隋唐五代时期游艺在多样化、定型化和普通化等方面取得了长足进步，为后世游艺的发展做出了不可磨灭的贡献。①

宋辽金元时期，虽然民族矛盾和阶级矛盾比较尖锐，但是以工商业为主的城市经济获得较大的发展，庞大的市民阶层兴起，他们对娱乐文化的需求日益扩大和提高，这有利地促进了市民游艺的勃兴，使游艺活动更加社会化和大众化。其主要体现在：一是游艺娱乐社团的专门化和职业化，如"齐云社""斗草社"等

---

① 隋唐五代时期的游艺研究已有相当丰硕的成果，此处择其代表性的供参考王永平《宗教节俗与唐人的休闲娱乐生活——以三元节、佛诞日与降圣节为中心》，《山西大学学报》2011年第4期；许灿《唐代娱乐活动探析》，硕士学位论文，河北师范大学，2011年；成松柳、彭琼英《唐代娱乐文化与唐传奇演变》，《舟山学刊》2011年第1期；于海博《唐代球类运动与诗歌研究》，硕士学位论文，河北师范大学，2010年；薛廷利、李金梅《论唐代多元化女子体育》，《北京体育大学学报》2010年第4期；周侃、李楠《唐代乐舞、百戏观演场所考察》，《兰州学刊》2009年第3期；王建国《略论隋唐长安禁苑的休闲娱乐作用》，《西安欧亚学院学报》2009年第3期；刘阳、夏宇、曾玉华《多民族融合对唐代体育文化发展的影响》，《长春师范学院学报》2007年第6期。

社团组织的出现，使得游艺活动更加规范化，有利于游艺水平的提高；二是游艺场所的大量出现，以"瓦舍"为代表的娱乐场所，不仅有供观赏的艺术表演，在其外面则有各种娱乐设施，游人可以参与到众多游艺项目中去。这一时期不同民族的游艺文化得到较大程度的融合发展，一部分民族游戏传入中原后逐渐成为全国性游艺活动，而汉族的游艺，如马球、蹴鞠等活动则深受契丹、女真等少数民族的喜爱。另外，一些对游艺的总结之作也纷纷出现，诸如《打马图经》《谱双》《投壶新格》《丸经》等书籍，标志着游艺活动的理论素养上升到了一个新的高度。①

　　明清两代是中国历史上最后的两个封建王朝，此一时期封建经济从相对发达到崩溃，中央集权在高度集中后走向衰败，这也使得游艺活动在经历了明朝和清朝前期的快速发展后，慢慢走向衰落。中国古代千百年流传下来的游艺传统，到明清时基本已经"定型"。相比明代人游艺活动的多样性，清王朝的统治者则提倡本民族的滑冰、骑射等游艺活动，客观上使得各种球类、博戏类游艺不被重视，处于停滞和衰退状态；程朱理学的思想也在一定程度上限制了游艺的自由发展，这点在其束缚了妇女从事游艺的权力上体现得更为明显。1840 年以后，伴随着列强对中国的入侵，西方近代游艺活动开始传入中国，古代游艺逐渐退出历史舞

---

① 宋辽金元时期的游艺研究情况，可参考韩颖《宋代休闲生活初探》，硕士学位论文，山东师范大学，2011 年；刘刚《宋辽时期足球与马球运动之比较》，《赤峰学院学报》2011 年第 8 期；魏跃进《从宋代陶模造型管窥宋代游戏风俗》，《中原文物》2010 年第 1 期；刘畅《生者的狂欢——从宋代寒食、清明习俗看当时社会之现世心态》，《中国社会历史评论》2009 年第 10 卷；张连举、周玲《元杂剧中的智力游戏习俗》，《湛江师范学院学报》2008 年第 5 期；宋旭《宋代市民体育休闲生活的社会学分析》，《成都体育学院学报》2008 年第 6 期；杨绍猷《元上都的体育和娱乐活动》，《民族研究》1998 年第 6 期；赵杰《论辽朝击球、射柳之社会本质》，《昭乌达蒙族师专学报》1995 年第 4 期；旷文楠《辽、金、西夏及元代武术的发展》，《成都体育学院学报》1994 年第 1 期。

台，中国游艺进入近代发展阶段。①

第二节 敦煌游艺的地域背景

一 社会和经济的持续发展

游艺活动的正常开展离不开社会经济的持续发展，墨子曾言："食必常饱，然后求美；衣必常暖，然后求丽；居必常安，然后求乐。"② 也就是说休闲娱乐活动必须要有深厚的物质基础作保障，敦煌游艺活动的盛行，正是得益于敦煌地区比较繁盛的经济状况。敦煌比较发达的商业经济是敦煌游艺活动进行的另一有利条件。作为丝绸之路上的商贸重镇，敦煌的商业化气息在唐五代更加浓厚，商业意识渗透到社会生活的各个方面，游艺作为一种消费服务开始在市场上出现，以谋生和盈利为目的的游艺活动在岁时节庆、迎神赛社及酒肆中已相当普遍。典型的例子即是敦煌的"音声人"，S.8655v《年代未详（约10世纪）户王道员等地子籍》载："户田义信，音声，受田伍拾捌亩"③，原卷中，"音声"二字用朱笔标出，其下未列交纳地子数额。据池田温推测，该户是具有特殊才能的音声户，所以才免除其赋役。④ 此则材料

---

① 明清时期游艺的研究情况，可参考梁艳、汤仁长《论明清徽商与古徽州民俗体育的发展》，《山东体育学院学报》2011年第9期；张志云《从娱乐狂欢到节日经济：明清端午之消费问题初探》，《湖北民族学院学报》2010年第4期；兰绍英《明清时期岁时民间体育考略》，硕士学位论文，山东大学，2008年；方立红《明清时期京畿地区文体娱乐风俗变迁》，《历史档案》2006年第3期；王晓、周西宽《明清西学东渐时期中西体育文化交流不畅的原因分析》，《体育文化导刊》2006年第3期；江霞《明清至近代武汉游憩地研究》，硕士学位论文，武汉大学，2004年；刘秉国《明清时期体育衰落的原因》，《西安体育学院学报》1985年第3期。

② 吴毓江撰，孙启治点校：《墨子校注·佚文》，中华书局2006年版，第980页。

③ 图版见《英藏敦煌文献》第12卷，四川人民出版社1995年版，第174页。

④ 池田温：《敦煌における土地税役制をめぐって》，日本唐代史研究会报告（Ⅶ）《東アジア古文書の史的研究》，日本刀水书房1990年版。

反映了具有游艺才能的人可以免除赋役,这也从侧面说明了敦煌游艺的商业化。加之归义军上层人物对游艺活动的喜爱,如P.2568《南阳张延绶别传》记载张议潮的侄子张延绶:"又善击球,邠帅莫敌。会昌时邠州节度使张君绪能对御打球。"① 正所谓上行下效,统治者的支持,使敦煌这一时期的游艺文化得以继续发展。

二 多文明的交流碰撞

社会学理论认为:"由地质地貌、气候水文、物产资源等构成的地理环境,是一个民族的最重要的生存环境,它不仅制约着一个民族的生存手段和生活方式,而且与一个民族的鲜明性格和文化有着紧密联系。"② 自汉唐至宋元,敦煌都是一个具有独特文化传统的地区。作为中国、印度、希腊和伊斯兰四个文化体系汇流的唯一地方③,敦煌也就成为"北中国保存汉族文化最多又是接触西方文化最先进的地区"④,敦煌游艺的蓬勃发展在很大程度上得益于中西文化的相互交流与融合。

汉唐时期,西域传入中原的音乐舞蹈、角抵百戏、幻术杂技等游艺活动对中原人民的精神文化娱乐生活产生了较大的影响,而敦煌在中西游艺文化的交流过程中则起到了很好的中介作用,很多游艺活动都在敦煌留下了深深的烙印。比如风靡唐朝的中亚胡旋舞,在莫高窟壁画中就有所表现;又如深受唐朝贵族仕女和儿童喜爱的猧子狗,其原产地在拂菻,途经康国、敦煌传入中原,在敦煌文献中也能寻觅到它的踪影。

可以说,正是多种文明在敦煌的交流碰撞,使得敦煌游艺

---

① 图版见《法藏敦煌西域文献》第16册,上海古籍出版社2001年版,第27页。
② 朱启臻主编:《社会心理学》,中国农业出版社2007年版,第240页。
③ 季羡林主编:《敦煌学大辞典》,上海辞书出版社1998年版,第19页。
④ 范文澜:《中国通史简编》修订本第二编,人民出版社1964年版,第343页。

第一章　敦煌游艺的文化背景

文化既受到中原传统游艺的影响，中原盛行的大部分游艺项目在敦煌游艺中都有出现，又和西域游艺活动紧密联系，在某些游艺活动中呈现出西方文化特征，这也造就了敦煌游艺的地域特征。

三　多民族的融合贯通

敦煌自古以来就是一个多民族杂居的地区，汉、羌、匈奴、乌孙、粟特、吐蕃、回鹘等民族都曾在这一带留下足迹，"每一民族文化的发展都不可能是封闭的，而要或多或少地受到其他民族文化的影响，或是以某种特殊的方式去影响别的民族的文化。"① 因此，敦煌游艺文化形成的重要背景之一便是敦煌地区各民族之间游艺活动的频繁交流。

敦煌的少数民族大都是游牧民族，他们的游艺活动多以骑射和马术为主，带有明显的草原文化特色，这对农耕文明下的汉族产生了较强的影响，很多敦煌汉人具有高超的马术技能。同样地，敦煌汉族的节日游艺习俗也为少数民族所接受，如S.381《龙兴寺毗沙门天王灵验记》载："大蕃岁次辛巳（801）润（闰）二月廿五日，因寒食，在城官寮（僚）百姓，就龙兴寺设乐。"② 寒食本是汉族节日，而在吐蕃统治时期的敦煌照例进行设乐游艺，由此可见敦煌地区不同民族彼此的游艺接受程度是很深的。

当然，"一个共同文化的特征在于这种选择是自由的"，③ 敦煌不同民族之间的游艺文化是在相互影响和吸收过程中去进行平等交流的，不存在一种文化对另一种文化绝对的占有或者强制。

---

① 张文勋、施惟达、张胜冰：《民族文化学》，中国社会科学出版社1998年版，第158页。

② 图版见《英藏敦煌文献》第1卷，四川人民出版社1990年版，第166页。

③ [英]雷蒙德·威廉斯：《文化与社会》，吴松江、张文定译，北京大学出版社1991年版，第416页。

正是这种同等地位下的交流，使得敦煌游艺文化呈现出比中原游艺更多的民族特征，充满了异域色彩。

第三节　敦煌游艺的价值

"文化自觉不是虚无缥缈的存在，而是一种文化认知，更是一种文化实践与责任担当。"[①] 中国古代游艺的形成，是华夏文化与西域文化多重融合的结果。已有对古代游艺的研究大都以中原地区为主，较少涉足边缘地区，这直接影响到研究成果的完整性。因此，把游艺研究的视野拓展到敦煌和丝绸之路，将极大丰富中国传统游艺的内容。生产劳动和地理环境来帮助我们找出文化类型，再从社会结构、生活习惯、宗教信仰、语言系属以及民族的融合迁徙来了解文化的传承特征，使我们多元地认识游艺在不同时期、不同地域的发展历程，以阐明游艺文化是各种传统不断迁回与不断改变的历史。我们还从敦煌游艺的研究中加深了对中西游艺文化差异的认识。从中外游艺文化交流的历史事实来看，相互吸收融合占据着主导地位，但碰撞冲突也经常不断发生。

在对古代游艺文化的研究中，敦煌游艺能够发挥出不可替代的作用，为中国游艺史的补充完善提供了大量的第一手材料。这其中，最为重要的当属敦煌文献 S.5574《碁经》的出土，改变了北宋关于张拟《碁经十三篇》是中国围棋现存的最早数据之说，提供了以往文献中从未提到过的围棋原理、原则、战略战术、棋法规则和术语等；证实了我国在 1500 余年前，围棋学术理论已达到较高的水平，同时已制定了较全面的竞技法规。[②] 除此之外，

---

① 张兆林、束华娜：《基于文化自觉视角的非物质文化遗产保护与新文化创造》，《美术观察》2017 年第 6 期。

② 李金梅、李重申、马德福：《敦煌〈碁经〉考析》，《社科纵横》1994 年第 5 期。

第一章　敦煌游艺的文化背景

敦煌游艺还能给中国体育史研究提供绝佳的材料。就射箭、舞蹈、相扑、摔跤、武术、棋弈、马术、马球、高尔夫球、体操、技巧、竞走等均有许多新材料。例如，马球起源于吐蕃，高尔夫球源自中国的捶丸，蹴鞠等体育项目就发生形成在中国，但由于受封建制度和文化的影响，始终未能发展为公平竞争的竞技体育运动。敦煌文献，可补充和修正中国体育史，为编纂《中国体育通史》提供大量的新材料。[1] 李重申、韩佐生通过分析莫高窟壁画和藏经洞出土文献中有关古人具体运动形式的物证，认为敦煌体育文物，为后人保存了大量魏晋、隋唐、宋元体育萌芽形状的视觉形象数据，这些数据将凝固了千余年的敦煌体育历史文化展现开来，有可能发现更多前人所未能发现的东西，弥补史料记载的不足，同时有助于研究了解当时体育的嬗变演进，也有助于了解西域体育文化和中原体育文化之影响关系。[2] 李建军、司璞在《出土文献与体育史学研究》一文中提到：对敦煌出土文献的研究，发现了中国古代的游戏、娱乐、军事、养生中的体育观和竞争观；发现了狩猎等体育活动阶级的分化，因大多狩猎活动只限于国王、太子等上层人士；发现了古代女子参加体育运动的事实；发现了宗教和体育之间的关系，等等。[3]《追寻敦煌壁画上的"奥运项目"》作者通过"河西秋射堪比奥运射箭""曲棍球的源头：步打球""马戏到马术""从角抵到摔跤柔道""闻所未闻的跳马跳驼"五个方面，把敦煌壁画里的古代体育项目和现代奥运会的比赛项目进行了模拟分析，并认为敦煌古代体育壁画一方面证明了中国古代体育的兴盛；另一方面也说明，古老的敦煌壁画和现代的一些奥运比赛项目之间有着传承关系。[4] 易绍武论证了

---

[1] 李金梅、李重申：《敦煌文献与体育史研究之关系》，《敦煌研究》2002年第2期。
[2] 李重申、韩佐生：《敦煌体育文物概述》，《体育文化导刊》1992年第1期。
[3] 李建军、司璞：《出土文献与体育史学研究》，《体育文史》2001年第3期。
[4] 王文元：《追寻敦煌壁画上的"奥运项目"》，《传承》2008年第8期。

在榆林窟第 3 窟千手观音佛画中绘有刀、枪、剑、棍、斧、戟、叉等各种武术器械，而且有冶铁、锻造的具体场面，加之此窟系西夏时期所建，因此更显珍贵。它对研究古代武术器械的发展演变，以及少数民族对武术的贡献，都是不可多得的形象数据。①敦煌古代体育对现代体育也有着直接的贡献。徐时仪在《敦煌民间体育文化考略》举例：由崆峒派武术第十代掌门人燕飞霞传授的花架拳就是由崆峒派始祖飞虹法师根据壁画中的形象动作编成的。甘肃武术馆也根据莫高窟壁画中有关武术动作的形象描绘和在西北地区流行的地方拳种的风格特点，创编了敦煌武术的刀、枪、剑、棍、拳、气功等套路。这套武术中的飞天散花、天神托马、太子比武、阿修撩腿、摩诘献书、反弹琵琶等典型动作皆采自敦煌壁画中的形象，在首届中国丝路节上表演获一举成功。②

另外，敦煌古代游艺体现了人类对生命的敬畏，表达对自然和人类生命的钟爱和执着，表现对生命本质之动态过程的审美意识，凝聚着生命观念。尤其是我们对敦煌游艺活动本体的追求，正是对于游艺文化的一种正本清源，一种文化寻根；也就是对于游艺作为敦煌传统文化形式的"本质""本源"，作为一种独特的文化"存在"的价值和意义进行具体的论证。例如，敦煌的礼乐文化具有极大吸附作用，敦煌游艺正是以"乐"为核心吸附了多种体育的因素才造就出后世成熟的形式。这里所指的"乐"，并非现代艺术形态学意义上的音乐之谓，也不仅指乐器、乐谱、乐舞，而是一种乐的精神和体制，它既是一种古老的文化样式，又是一种精神传统的体现。所以，"乐"原本就体现为一种综合的表演形态。从娱神祈福禳灾歌功颂德、娱乐王公贵族，进而在勾

---

① 易绍武：《敦煌壁画中所见的古代体育》，《敦煌学辑刊》1985 年第 1 期；谢生保主编：《敦煌民俗研究》，甘肃人民出版社 1995 年版，第 289 页。
② 徐时仪：《敦煌民间体育文化考略》，《喀什师范学院院报》1999 年第 1 期。

第一章　敦煌游艺的文化背景

栏瓦肆里蔓衍成丰富多彩的百戏杂耍以娱乐大众，从神巫之乐、寺庙之乐发展到世俗之乐，一直保持着一种综合表演的特质。正是从"乐"开始，逐渐与"争""胜""赢"等融合，形成了敦煌游艺的形式，并体现出一种特有的民间喜乐的色彩和突出世俗娱乐的特点。

由此可见，莫高窟壁画和敦煌文献中所见的游艺资料，从一定程度上对中国游艺史某些断裂空白之处作了有益的弥缝与连缀。为探寻和梳理中国游艺文化的发展脉络，提供了宝贵的新环节，从而大大推进了对中国古代游艺文化的认识和重构，为中国游艺文化研究开拓了广阔的新领域。

第二章　敦煌武功技艺类游艺

　　武功、技艺类游艺以狩猎、射箭、角抵、相扑、橦伎等各种动态活动为代表，对参与者的身体、技术有着较高的要求，与人类的生产、生活息息相关，具有悠久的历史。这一类游艺活动的起源可追溯到原始社会时期，当时的人们为了保护自己的生命安全和获取食物，不但要躲避和猎取自然界的飞禽走兽，还要进行氏族间的搏斗和征服，因而必须具备很强的武功技术。随着生产力水平的不断提高，畜牧业的发展使得人们获取食物的手段越来越容易，并且社会秩序也趋于安定，武功技艺活动逐渐脱离其最初的生产、军事目的，被赋予了更多的娱乐色彩。最直接的体现即是由狩猎、射箭等武功类游艺向角抵、相扑、橦伎等技艺类游艺活动的转变。对此，也可以理解为把武功技艺中表现人体力量、运动技巧及应变特征加以消化吸收，从而创作出各种游艺表现形式，成为中国古代游艺活动中的重要一类。

　　敦煌游艺中的武功、技艺类活动主要包括狩猎、射箭、角抵、相扑、橦伎等，它们在莫高窟壁画与敦煌文献中都有体现。本章试图通过对这些活动进行释读和分析，探讨此类游艺活动在敦煌频繁出现的社会背景及其与汉魏墓葬砖画、壁画中所见的此类活动的异同点，从而丰富武功、技艺类游艺活动的文字和图像资料，并探寻敦煌武功、技艺类游艺活动与古代敦煌经济、文化等社会生活的关系所在。

第二章 敦煌武功技艺类游艺

第一节 狩猎

弓箭的发明与应用,在人类文明史上有着重要的地位,美国民族学家摩尔根(Lewis H. Morgan)对此曾论述道:"这一值得注意的发明,继矛及战斗用的棍棒而起,出现于野蛮时代的末叶,给狩猎上以第一种致命的武器。这一发明,曾用来标志野蛮高级状态开始。它在古代社会向上的进展上,必会给以有力的影响。在它对于野蛮时代之关系上,恰如铁制刀剑之对于开化时代,火器之对于文明时代之关系一样。"① 弓箭最初的用途在于射猎动物为食,但随着农业立国后,食物来源趋于稳定。自周朝开始,射猎逐渐衍生为一种社会风俗,自天子、诸侯到平民百姓皆以狩猎作为娱乐活动,对此,郭沫若说道:"可以列于渔猎一项的问句最多,然猎者每言王出马,而猎具有用良马之类,所猎多系禽鱼狐鹿,绝少猛兽,可知渔猎已成为游乐化,而畜牧已久经发明。"②

敦煌壁画中的狩猎图像资料十分丰富,跨越的时间界限较长,是研究狩猎发展演变的绝佳材料。学界的研究也较多,主要集中在对射猎画面的描述,并由此引申出对古代西北地区的游牧狩猎生活的讨论。③ 对于敦煌壁画中狩猎图像的研究,以往的论者偏重狩猎生活或射猎场景的再现。但正所谓"牵一发而动全身",笔者认为对壁画中狩猎图像的研究,其前提是对它所处的场景进行整体的了解,不能脱离它所在的语境。因此,在利用这

---

① [美]列维·亨利·摩尔根:《古代社会》,杨东莼、马雍、马巨译,上海三联书店1957年版,第22页。
② 郭沫若:《中国古代社会研究》,人民出版社1977年版,第29页。
③ 对敦煌壁画狩猎图像的研究,参见李金梅、路志峻《古代西陲地区的弓箭文化》,《体育文史》1999年第2期;金强《论敦煌壁画中的西北武术与中国传统文化》,《通化师范学院学报》2010年第4期。

些图像研究世俗生活前,应首先对隐含在其中的思想有所了解;继而把莫高窟壁画、河西地区岩画、魏晋古墓砖画中的狩猎图像重新整理,结合敦煌文献和其他史籍中狩猎和射猎的相关材料,构建出作为休闲娱乐的狩猎游艺活动。

一 狩猎图像的演变

狩猎图在中国古代传统绘画作品中是一个常见的主题,在莫高窟狩猎壁画之前,其已在史前岩画、先秦青铜器、汉画像石以及魏晋墓葬砖画和壁画等绘画艺术中大量出现,[①] 并且就绘画的题材和表现手法而言,它们之间呈现出一种比较明显的继承和延续关系。当然,它们之间也存在着一定差异,最为明显的便是通过狩猎图所表现出的不同象征意义。在已有的研究基础上,[②] 对狩猎图从岩画到壁画中的演变进行探讨,将有助于理解不同时期的狩猎图像所表现的内涵,从图像学角度认识狩猎图从生产活动向娱乐活动的转变。

(一)狩猎图渊源

狩猎图具有悠久的历史,在中国北方早期的岩画中即是一种非常流行的题材,其数量非常之多,盖山林曾论证:"在已发现的岩画中,具有狩猎画面的约占半数以上。"[③] 这从侧面说明了狩猎活动作为主要的谋生手段和经济手段,在远古时期的北方民族

[①] 本部分主要讨论莫高窟壁画出现之前的狩猎图,故而魏晋之后艺术品中出现的狩猎图像不作为论述的重点。

[②] 对于狩猎图像的研究,参见徐中舒《徐中舒历史论文选辑》中的"古代狩猎图像考""弋射与弩之渊源及关于此类名物之考释",中华书局1998年版,第225—293、447—481页;王天军《西域岩画与古代狩猎文化》,《西安体育学院学报》2003年第3期;崔凤祥《贺兰山岩画与古代狩猎文化》,《武汉体育学院学报》2005年第4期;宋兆麟《战国戈射图及戈射渊源》,《文物》1981年第6期;刘静《战国两汉狩猎图探析》,硕士学位论文,中央美术学院,2006年;张广达《文本图像与文化流传》中的"唐代的豹猎——文化传播的一个实例",广西师范大学出版社2008年版,第23—50页;张金龙《北魏政治史》中的"北魏狩猎图及其渊源",甘肃教育出版社2008年版,第76—101页。

[③] 盖山林:《中国岩画学》,书目文献出版社1995年版,第95页。

曾长期存在。对于狩猎图在岩画中大规模出现的原因，岩画学界倾向于用"狩猎巫术"来解释。所谓的"狩猎巫术"，刘锡诚是这样理解的："从原始人的立场而不是现代人的立场来说，狩猎岩画是巫术思维的产物，既在客观上反映了原始人狩猎活动和狩猎巫术，又对真实的狩猎发生着巫术的影响力"；"他们认为自己所画的图画具有某种魔力和生命，因而对它们进行膜拜和祭祀。他们的目的是希望从画上获得一种力量，这是推动原始狩猎者去绘画的动力……他们画了狩猎的岩画，便获得了捕杀野兽的信心和力量。"① 也有学者对"狩猎巫术说"提出质疑，认为狩猎图像所要表达的其实是生殖文化内涵，猎人手中的弓箭具有生殖寓意，目的是祈求部落和牧畜的丰产。② 岩画中的狩猎图像所刻画的猎手、猎物以及周围的环境形象都非常简单，多采用线条式描绘，但猎物的种类非常繁多，以甘肃黑山（图2.1）、宁夏贺兰山和内蒙古阴山岩画中的行猎对象为例，即有"狼、狐、豹、野马、野猪、马鹿（赤鹿）、白唇鹿、梅花鹿、狍子、驯鹿、北山羊、岩羊、盘羊、羚羊、羚牛、野骆驼、野牛、黑熊、兔、麋鹿、大角鹿、黄羊、牦牛、驼鹿、鸵鸟等，弋射的飞禽则有草原鹰等。"③ 多类型的狩猎对象也说明，刻画这些动物形象时完全是从狩猎的实际需要出发，不曾有意识地选择。从上述狩猎岩画已有的研究成果来看，无论是狩猎岩画的"巫术说"还是"生殖说"，皆说明此一时期的狩猎图像与狩猎经济紧密相连，所表现出来的也只是作为一种生产活动的狩猎，在其中看不到休闲娱乐的特征。

继岩画之后，狩猎图像在先秦时期的青铜器中再次大批量地

---

① 刘锡诚：《中国原始艺术》，上海文艺出版社1998年版，第313页。
② 持此观点者，参见牛克诚《生殖巫术与生殖崇拜——阴山岩画解读》，《文艺研究》1991年第8期；户晓辉《岩画与生殖巫术》，新疆美术摄影出版社1993年版；刘学堂《新疆史前宗教研究》，民族出版社2009年版，第334—372页。
③ 盖山林：《中国岩画学》，书目文献出版社1995年版，第95页。

图 2.1　狩猎图　甘肃黑山岩画

出现,① 其内涵已不再仅局限于对经济活动的追求,而是拓展到政治军事、祭祀礼仪等方面。② 有关青铜器中的狩猎图像,我们以 1981 年在河北平山县穆家庄鲜虞中山国贵族墓中出土的祭祀狩猎纹铜鉴和狩猎宴乐图铜豆盖为例(图 2.2),陈伟对此两件青铜器中的狩猎图像进行过详细的描述:"(铜鉴)狩猎祭祀图中的祭祀是在一座大庄院建筑的院内和高大的殿堂内进行的……院墙外不远森林处正在展开大规模的围猎活动,一狩猎者头戴伪装饰物,张弓射猎野牛,另有二猎者,前者在树后搭箭射猎,后者持

---

① 关于青铜器上的狩猎纹出现的时间,学者们比较一致地认为大致在春秋战国之交,盛行于战国时期。参见刘静《战国两汉狩猎图探析》,硕士学位论文,中央美术学院,2006 年,第 5 页。

② 郭宝钧曾以"田猎"为名目对青铜器上的狩猎图像进行了说明,参见郭宝钧《中国青铜器时代》,生活·读书·新知三联书店 1963 年版,第 159—163 页。

箭以供前者使用。此外还有车猎的大型狩猎场景，描绘了猎车两辆：一为三马车，正在由左向右追赶猎物……另一辆为驷马车，正在由右往左追射猎物……御（驭）手站立在车厢里一手挥鞭，一手抖缰，其后站着一个女射手，正在张弓射猎，车厢上插有箭及树枝"；"（铜豆）器盖上是两组相同的狩猎宴乐图……铜豆腹部亦铸有两组相同图案的狩猎图。每组图中有猎人十四个，大多数为半裸体男性，他们手持长矛、戈、短剑、棍棒、弓箭等武器，正在与野兽肉搏，有的跃于野猪背上刺杀，有的将戈刺入兽胸，有的正和野牛格斗，有的引逗犀牛伺机用戈或剑刺杀，有的手持长矛正在追捕鹿、麋等……画面中的人和动物无一不在激烈地厮杀和跑动，人奔兽跑，真是难得的一幅射猎大场景。豆柄座上则为两组相同的采集和狩猎图，豆盖捉手上亦有一组狩猎图。整个铜豆共有人物90个，野兽63只，雁26只，鱼6条。"①通过上述对两件青铜器中狩猎图像的叙述，可得知其所刻画出来的狩猎人物和场面，相比岩画中的狩猎图像更加复杂，最主要的是从中能够发现此时的狩猎已经带有祭祀和宴乐的色彩。事实上，在战国之前狩猎就已经逐渐脱离单纯的经济目的，被赋予休闲娱乐的色彩，《诗经》中就有反映当时狩猎文化的篇章。②对于狩猎活动性质的转变，王京龙曾论断道："周代的统治者接受东夷地区的狩猎习俗，既是文化吸收的需要，也是军事统治的需要。同时，由于当时的社会生产力水平已经发展到相当的高度，社会统治者所占有的生活资料已经不需要通过自身的劳作来获得。在这样的社会条件下，狩猎活动势所必然地从生活资料的获取方式转化成

---

① 陈伟：《对战国中山国两件狩猎纹铜器的再认识》，《文物春秋》2001年第3期。
② 《诗经》中狩猎文化的研究，参见刘兴林《〈齐风〉狩猎诗与齐俗尚武再认识》，《管子学刊》1990年第3期；黄林斌《论〈诗经〉中的狩猎诗》，《黔东南民族师专学报》2000年第2期；王志芳《〈诗经〉中生活习俗研究——文献记载与考古发现的综合考察分析》第三章第二节"狩猎习俗"，博士学位论文，山东大学，2007年，第74—87页；陈朝鲜《〈诗经〉中的狩猎文化研究》，《农业考古》2010年第4期。

了休闲娱乐活动方式。"①

图 2.2　战国狩猎纹铜豆　现藏河北省博物馆

  狩猎图像在汉代画像石中又达到了一个新的高潮，在全国各地发现的汉代画像石中几乎都存在着狩猎的场面，学者们对此问题也颇为关注。② 对于狩猎图在汉画像石中出现的意义，俞伟超在《汉画像石概论》中指出："汉画像石中又多见狩猎图。这既可理解为是表现庄园中有山林，也可理解为是庄园中依附农民在农闲时的习武活动，又可能是表现墓主的打猎娱乐。原意究竟是什么，还有待于继续推敲。"③ 张欣则认为："在大多数情况下，狩猎图像只是一种常规配置，未必反映墓主的真实经历。"④ 巫鸿对战国青铜器和汉代画像石中的狩猎图进行了比较分析："战国

---

① 王京龙：《齐文化与中国早期体育》，齐鲁书社2009年版，第94页。
② 有关汉画像石中狩猎图像的研究，参见原田淑人《漢代の騎射狩獵圖紋に就いて》，《史林》1928年第13卷第1号；江上波夫《第三章　漢代の狩獵・動物圖樣》，《アジア文化史研究〈論考篇〉》，山川出版社1967年版，第93—111页；康兰英《画像石所反映的上郡狩猎活动》，《文博》1986年第3期；艾延丁、李陈广《试论南阳汉画像中的田猎活动》，南阳汉代画像石术讨论会办公室编《汉代画像石研究》，文物出版社1987年版，第219—226页。
③ 俞伟超：《古史的考古学探索》，文物出版社2002年版，第233页。
④ 张欣：《规制与变异——陕北汉代画像石综述》，朱青生主编《中国汉画研究》第2卷，广西师范大学出版社2006年版，第292页。

第二章 敦煌武功技艺类游艺

时代青铜器上的纹饰常常描写了人与兽或兽与兽之间激烈的格斗，其规模和激烈的气氛都给人以深刻印象。野兽既是被猎取的对象，也向狩猎者进攻，短促劲健的线条更突出了斗争的激烈紧张。汉代的狩猎场面则以流畅的线条强调狩猎者的优雅姿态，画中再没有大规模格斗的痕迹，而像是在上演一场优美的戏剧……这种贵族狩猎不是在野兽出没的荒野中进行，而大多是在封闭的皇家猎园中展开……在如此神奇环境中的狩猎，定然可以满足皇帝贵族们置身祥瑞世界中的愿望。与此同时，狩猎也为汉朝廷提供了一个展示富有和奢华的机会。"① 与岩画和青铜器相比，汉画像石狩猎图中猎手和猎物的形象发生了较大的变化，猎手的衣着和神态刻画更细致和饱满；猎物种类和数量则大幅度减少，虽然也有鹿、虎、野猪等动物，但更多的却变成了龙、凤、飞马、飞兔等各种神异的超自然动物，从而使汉画像石中的狩猎图像带有了浓重的祥瑞色彩（图2.3）。刘静认为这些狩猎图中的祥瑞动物代表着神性力量，它们与猎人之间形成了一种和谐的氛围，这是对当时社会"天人感应"信仰的反映。② 从上述论述中可以看出，汉画像石中的狩猎图反映出了狩猎活动风行于汉代贵族阶层，并且狩猎场面非常奢华，极具享乐与夸耀的成分，充分说明了狩猎在汉代已经成为一种休闲娱乐活动。

与岩画、青铜器及汉代砖画中狩猎图像的流行情况相较，魏晋南北朝时期有关狩猎之遗迹则大幅减少。以北魏为例，"截至目前，所能知道的北魏墓葬壁画或棺板画中的狩猎图共有五幅。"③ 对于此种现象之原因，白适铭认为："为何南北朝时期狩猎图数目会突然减少，或者其制作目的、表现意涵是否继承了东

---

① 巫鸿：《三盘山出土车饰与西汉美术中的"祥瑞"图像》，《礼仪中的美术——巫鸿中国古代美术史文编》，生活·读书·新知三联书店2005年版，第157—158页。

② 刘静：《战国两汉狩猎图探析》，硕士学位论文，中央美术学院，2006年，第42页。

③ 张金龙：《北魏政治史》，甘肃教育出版社2008年版，第76页。

图2.3　汉代狩猎砖画　陕西神木县大保当出土

汉传统等问题，仍有许多不明之处。"① 相对而言，高句丽和河西地区墓葬砖画中狩猎图像的出现则较为集中。"高句丽诸王都喜田猎，乃至田猎之风在高句丽王公贵族中间大盛……反映在壁画中，田猎的内容也是相当丰富的。据初步统计集安二十座高句丽的壁画墓葬就有七座墓中绘有狩猎图……充分表现了高句丽贵族在国家政治、经济发展时期的生活情趣和精神面貌。"② 河西地区自古以来即有狩猎的传统，作为魏晋时代河西地区日常生活情景的真实记录（图2.4），狩猎就必然地要在墓葬画中反映出来："画像砖中表现狩猎的画面中……狩猎者中既有汉族，又有少数民族；既有达官显贵，又有黎民百姓，还有一些中产阶级。说明狩猎在当时的河西地区是一种非常普遍的社会活动。"③ 从传承关系上看，魏晋时期墓葬壁画中的狩猎图显然受到汉代砖画的影响，带有明显的象征意义，其主要表达了墓主人希望生

---

① 白适铭：《彰显王权——盛唐〈射虎图〉的政治军事意涵与萨珊波斯王朝美术之关系》，李砚祖主编《艺术与科学》第9卷，清华大学出版社2009年版，第40页。

② 耿铁华、李淑英：《高句丽壁画中的贵族生活》，《博物馆研究》1987年第2期。

③ 林少雄：《古冢丹青：河西走廊魏晋墓葬画》，甘肃教育出版社1999年版，第70—71页。白洁曾对嘉峪关魏晋墓葬砖画中的近30幅狩猎图进行了列表介绍，并做简要分析，参见白洁《嘉峪关魏晋墓葬体育彩绘砖画研究》，硕士学位论文，兰州理工大学，2010年，第12—16页。

前的种种享乐生活会在死后继续跟随自己的愿望,当然它从另一个方面有利于我们去认识当时的社会生活,尤其是贵族们的狩猎娱乐。

图 2.4　彩绘狩猎砖画　嘉峪关魏晋 1 号墓

　　以上对狩猎图像在不同时期和不同载体中形象演变的讨论,其目的即是借助狩猎图像所反映出来的不同内涵及其变化趋势,阐明狩猎从最初经济性质的生产活动逐渐发展成为娱乐性质的游艺活动的过程。同时,"比较而言,中国传统绘画狩猎图影响佛教相同题材绘画的可能性似乎更大。"① 基于此,对狩猎图像渊源的探讨亦有助于对敦煌莫高窟壁画中狩猎图的整体把握和认识。

　　(二) 莫高窟壁画中的狩猎图

　　狩猎图像在莫高窟壁画中是比较常见的题材之一,从西魏到宋代的壁画中都有反映。这些狩猎图像大多出现在经变画中,因此与佛教思想有着较为密切的联系,下面列表对莫高窟壁画中的主要狩猎图进行简要分析,便于对其有更加直接的认识。

---

① 张金龙:《北魏政治史》,甘肃教育出版社 2008 年版,第 83 页。

表 2.1　　　　　　　　莫高窟壁画中的狩猎形象

序号	时期	狩猎形象	位置及内容
1	西魏		此图位于第249窟窟顶北披,是狩猎图中的经典之作,多为线描、绘画等美术书籍所引用,下文中将进行详细讨论
2	西魏		此图位于第285窟窟顶东披下部,图中猎手追赶一赤红色野牛,野牛跃起前蹄登山逃跑,似非常惊恐
3	西魏		此图位于第285窟南壁上层,山岭间一猎人手持弓箭做跪射野鹿状,与所在主旨"五百强盗成佛图"无联系,疑为渲染山间环境
4	北周		此图位于第290窟窟顶东披,处于佛传故事之中,图中一猎手骑马弯弓,正在追逐射猎奔跑的猎物

第二章 敦煌武功技艺类游艺

续表

序号	时期	狩猎形象	位置及内容
5	北周		此图位于第296窟窟顶东披，背景为"善事太子入海品之四"，表现太子看到猎户弯弓射狩，造设陷阱，兽类不得解脱，故而其布施之心
6	北周		此图位于第299窟窟顶北披，背景为"睒子本生"故事，图中的狩猎场面为国王在山中打猎，并误伤睒子时情景
7	北周		此图位于第301窟南披，背景为"萨埵太子本生"故事，描绘了太子进山打猎时的场景，画面中有三人骑马射猎，当为太子三兄弟
8	北周		此图位于第301窟窟顶北披，背景同第299窟狩猎场面，亦为"睒子本生"故事。图中射手引弓骑射，野鹿四处逃散

续表

序号	时期	狩猎形象	位置及内容
9	隋		此图位于第419窟窟顶西披，背景为"萨埵太子本生"故事。画面中太子及其兄弟呈围猎状，对猎物进行射捕
10	初唐		此图位于第321窟主窟南壁，为"十轮经变"情节之一。画中一群猎手张弓驰马，猎取狐兔，另有一猎人徒手捕幼鹿，此场景表现比丘居于荒野修行
11	中唐		此图位于第358窟南壁西侧，背景为"观经变"，表现的主题是禁父母缘中的逐兔场景。图中一猎手弯弓做射猎状，另一猎手在下方，追逐逃跑的兔子
12	晚唐		此图位于第18窟西壁，画面中一猎人骑马对一奔逃的兔子紧追不舍，并瞄准射猎

第二章　敦煌武功技艺类游艺

续表

序号	时期	狩猎形象	位置及内容
13	晚唐		此图位于第85窟南壁，背景为"金毛狮子坚誓"故事，图中猎师手持弓箭对准迎面而来的金毛狮子进行射猎
14	晚唐		此图位于第156窟东壁南侧，背景为"张议潮出行图"，表现了狩猎活动在当时敦煌的统治阶级和贵族出行游乐中是非常流行的
15	五代		此图位于第61窟屏风后背，画面中一名猎手骑马追赶一只野鹿，并引弓射箭
16	五代		此图位于第98窟背屏后面，是单幅故事画，画中一猎手红巾抹额，在山中张弓追猎一鹿

· 49 ·

从表 2.1 所列出的 16 幅狩猎图中，可以看出它们大都出现在特定的佛教故事场景中，这就与之前的狩猎图有了明显的区别。因为狩猎的本质就是杀生，而杀生则有悖于佛门五百五十戒之首的杀戒，不符合佛教慈悲为怀的一贯主张。狩猎图在敦煌莫高窟这一佛教圣地中大量出现，似乎背离沙门清净之法，这对于佛教徒而言，显然是不可思议的。因此在利用这些狩猎图研究世俗生活之前，有必要对隐含在其中的佛教思想内涵进行探讨，阐释狩猎图背后所折射出来的佛教属性和不杀生戒律。

笔者认为狩猎图在莫高窟壁画中的出现，与佛教戒律方面的不律仪有关，此类内容即佛门常说的不律仪变相。[①] 所谓不律仪，既指佛教徒生于不律义家，依其家法行杀生等恶法时，所生起的无表色，亦指生于余家为求活命，操杀生等恶业时，誓心所生起的无表色，佛教典籍中常以猎兽之人作喻。北本《大般涅槃经》卷29《师子吼菩萨品》第十之三举出的16种不律仪中记载："（1）为利喂养羔羊，肥已转卖；（2）为利买羔羊屠杀；（3）为利喂养猪豚，肥已转卖；（4）为利买猪豚屠杀；（5）为利喂养牛犊，肥已转卖；（6）为利买牛屠杀；（7）为利养鸡令肥，肥已转卖；（8）为利买鸡屠杀；（9）钓鱼；（10）猎师……"[②]《大方便佛报恩经》卷6《优波离品第八》亦记载："十二恶律仪者：一者屠儿，二者魁脍，三者养猪，四者养鸡，五者捕鱼，六者猎师，七者网鸟，八者捕蟒，九者咒龙，十者狱吏，十一者作贼，十二者王家常差捕贼，是为十二恶律仪人。"[③] 其他佛经中有关不律仪内容的表述虽然也略有差异，但"伺捕禽兽以利其生"的猎师却都有出现，

---

① 笔者此观点受梁尉英和刘克二文的启发，参见梁尉英《莫高窟第249、285窟狩猎图似是不律仪变相》，《敦煌研究》1997年第4期；刘克《南阳汉画像与生态民俗》第六章"汉画像石中早期佛教的生态智慧"，学苑出版社2008年版，第258—260页。
② 昙无谶译：《大般涅槃经》，上海古籍出版社1991年版，第162页。
③ 《大方便佛报恩经》卷6，高楠顺次郎《大正新修大藏经》第3册，台北新文丰出版公司1983年版，第161页。

第二章 敦煌武功技艺类游艺

或者说在佛教典籍中,猎师这个形象已经成为一切杀生者的典型代表。

图 2.5 狩猎图 莫高窟第 249 窟窟顶东披

莫高窟第 249 窟中有一幅非常生动的狩猎图,画面色彩鲜明,猎人、猎物以及周围景物的刻画非常传神,仅以此为例进行讨论。这幅图中有两处狩猎场景:画面上方三只矫健的鹿并排向前狂奔,后有一名猎人跨马疾驰,穷追不舍,并手举标枪,做投射状。鹿从来都是狩猎的好对象,其在狩猎图中出现的频率非常高,《大般涅槃经》卷 5《四相品》第七之下云:"譬如群鹿怖畏猎师,既得免离,若得一跳,则喻一归,如是三跳,则喻三归。以三跳故,则受安乐。众生亦尔,怖畏四魔、恶猎师,故受三归依。"[①] 当然,这里是以鹿为代表来泛指猎师所射杀的一切动物,其逃命奔跑之三跳,"又喻众生为脱离尘世的各种烦恼和生死轮回之苦而应向佛门三归依。"[②] 画面左下方是射虎的场面,猎人与猛虎之间似乎在一番追逐周旋之后,到了决胜的时刻,猎人转身回首,劲弓满张,蓄势待发,身后一猛虎

[①] 法显:《大般涅槃经》,上海佛学书局 1996 年版,第 191—192 页。
[②] 梁尉英:《莫高窟第 249、285 狩猎图似是不律仪变相》,《敦煌研究》1997 年第 4 期。

飞身前扑，场面十分紧张。在整幅图中，两名猎师无疑是不律仪者的象征，"譬如猎师及旃陀罗、捕鱼网鸟诸恶人等，狗见惊吠兽见奔走。"① 狩猎图像的出现正是意在劝人勿杀生，"若有男子女人杀生凶弊极恶饮血。害意着恶，无有慈心于诸众生乃至昆虫。彼受此业，作具足已身坏命终必至恶处生地狱中。来生人间寿命极短。"② 佛教的这种不杀生观念，被画工按照自己的理解绘制成情节类似的狩猎图，这也是莫高窟壁画中狩猎图数量繁多的主要原因。③

对于狩猎图所蕴含的佛教不律仪思想的讨论，有助于加深对莫高窟壁画中狩猎图的认识。当然，画匠绘制这些狩猎图时在很大程度上会受到当时狩猎活动的影响，这为研究敦煌的狩猎文化提供了比较直观的材料，下面将借用这些图像资料及敦煌文献对敦煌的狩猎生活进行讨论。

二 敦煌的狩猎游艺

敦煌在历史上是一个少数民族聚集地区，羌、匈奴、乌孙、吐蕃等民族都在这里留下过足迹，这些民族很多都是以游牧经济为主，这种生活方式对敦煌汉民也产生了很大的影响。因此，狩猎在敦煌的生产生活中占有重要地位，在敦煌文献中即有众多与狩猎活动相关的文字记录，把这些材料与壁画中的狩猎图像相结合讨论，有助于认识敦煌的狩猎生活。

（一）狩猎弓箭之来源

弓箭是进行狩猎活动所必需的装备，根据敦煌文献中的相关资料记载，笔者认为敦煌地区的弓箭主要来源于官府所辖的弓、

---

① 《大乘入楞伽经》卷8，《大正藏》第16册，第623页。
② 《中阿含经》卷44，《大正藏》第1册，第705页。
③ 壁画中的狩猎图并不是都具有不律仪的思想，有学者认为其带有"末法"思想，如王惠民《敦煌321窟、74窟十轮经变考释》，《艺术史研究》第6辑，中山大学出版社2004年版，第325页。

第二章　敦煌武功技艺类游艺

弩、箭等手工制作业和节度使等官员的赠予。① 就敦煌地区的官府来说，对于弓箭的制造，有专门的弓匠和箭匠。② 如，P.2032v《净土寺食物等品入破历》载："粟壹斗，与弓博士用。"③ S.1398v《壬午年酒破历》载："支弓匠令狐押衙。"④ S.2474《油麦破历》载："供衙内造作箭匠十人，早上各面一升，午时各胡饼两枚，供肆日，食断，计用面八斗。"⑤ P.4640v《归义军己未至辛酉年布纸破用历》载："十月九日，支与箭匠董飈飒母助葬粗纸两帖。"⑥ 敦研三六九《归义军衙府酒破历》亦记载："（五月廿八日）同日，箭匠酒伍升……（六月）廿日，支弓匠酒贰斗。"⑦ 从这几则材料可以看出，官府对制作弓箭的工匠们需要支付一定的物资，并且与弓匠们的交往比较频繁，这也说明当时敦煌弓箭制造业是较为发达的。

弓箭的另外一种来源方式便是节度使等官员的赠予。P.3041《谢赐驼马弓箭状样式》记载："某乙弯弧效薄，举矢功微。伏蒙阿郎恩慈，特赐弓箭，下情无任感激。"⑧ 与之类似，S.5643《诸杂相贺语》之《谢赐弓箭》载："某乙弯弧伎薄，伏剑功微，伏蒙阿郎恩慈，特赐弓箭，下情无任荣戴。"⑨ 无独有偶，唐人于邵《代人作昭应猎谢赐弓箭状》中亦载："右中使某至，伏蒙赐前件弓

---

① 这里需要说明的是，无论是官府还是民间所制造的弓箭肯定不是全部用于狩猎，但是狩猎活动所使用的弓箭应是来源于此。
② 弓匠亦称弓博士，郑炳林、马德、陆离等曾对敦煌手工业中的弓博士进行过论述，参见郑炳林《唐五代敦煌手工业研究》，《敦煌学辑刊》1996年第1期；马德《敦煌工匠史料》，甘肃人民出版社1997年版，第61页；陆离《敦煌文书中的博士与教授》，《敦煌学辑刊》1999年第1期。
③ 图版见《法藏敦煌西域文献》第2册，上海古籍出版社1994年版，第47页。
④ 图版见《英藏敦煌文献》第3卷，四川人民出版社1990年版，第12页。
⑤ 图版见《英藏敦煌文献》第4卷，四川人民出版社1991年版，第87页。
⑥ 图版见《法藏敦煌西域文献》第32册，上海古籍出版社2005年版，第265页。
⑦ 图版见段文杰主编《甘肃藏敦煌文献》第2卷，甘肃人民出版社1999年版，第167页。
⑧ 图版见《法藏敦煌西域文献》第21册，上海古籍出版社2002年版，第139页。
⑨ 图版见《英藏敦煌文献》第8卷，四川人民出版社1992年版，第246页。

箭，跪捧殊私，抃跃无地。伏以彤弓出韣，利镞离弦。月满星流，皆承御物；摧刚服猛，便假天威。惭无矫控之能，庶尽追擒之状。"① P.3041 和 S.5643 中的材料作为常用的书仪样式而存在，从侧面也能反映出节度使等官员向普通人赠予弓箭，在当时作为一种礼仪交往的手段是比较流行的。从上述材料可以得知，敦煌当时官方的弓箭储备都是比较充裕的，这也为狩猎活动提供了物质保障。

（二）狩猎与占卜

狩猎与占卜在原始社会后期就已经结合在一起，在原始人的观念中，占卜对狩猎的成功与否起着至关重要的作用。进入奴隶社会后，狩猎与占卜的联系更加紧密，钟柏生曾撰文对殷商时期狩猎出发前、进行中的占卜情况进行了论述，包括卜问成果、卜问狩猎所用马匹以及卜问狩猎日期等内容。② 敦煌文献中有大量的占卜类资料，其中即有涉及狩猎的内容。例如，P.3281《卜筮书》中所记载的两则材料："射猎吉，系者无罪，神所在。""射猎吉，杀生战死入学吉。系者无罪，神所在。"③ P.3782《灵棋卜法一卷》之"三上四中"载：

韩卢逐兔，飞鹰捕雉，无往不得，其获足视。注曰："志乃得矣。初大后小，大吉也。"颜渊曰："以三阳居二阴之表，内外相制，顺序之卦。骋骏执鹰，以从（纵）禽乎。无往不再获哉。其卦偏玄。田猎飞禽坠隼于高墉，亦得时之所利哉。"④

从占卜的结果看，这则卦是"必得卦"，预示着狩猎必能取得丰收。狩猎占卜类文书在敦煌文献中的多次出现，反映出其在

---

① 董诰等编：《全唐文》，中华书局1983年版，第4336页。
② 钟柏生：《卜辞中所见殷代的军礼之二——殷代的大蒐礼》，《中国文字》新16期，艺文印书馆1992年版，第41—164页。
③ 图版见《法藏敦煌西域文献》第23册，上海古籍出版社2002年版，第25、28页。
④ 同上书，第46页。

当时是得到有规模传抄的，这也能够说明占卜是敦煌狩猎活动的一个重要组成部分。

（三）作为游艺活动的狩猎

当狩猎不再以单纯的经济活动为目的，而转向追求精神生活的愉悦时，它便具有了休闲娱乐的性质。P.3715《类书》有云："嬉游之适，驰逐之娱，猎也。田猎之法，三驱而止，禽自前来，不得逆射。"① 把追逐猎物的过程作为游戏，在射杀猎物的刺激中得到快乐，决定了狩猎的游艺属性。P.2552＋P.2567《唐人选唐诗》之《行行［且］狩猎篇》云：

> 边城儿，闲不读一字书，游猎夸轻趫。胡马秋肥宜白草，骑来蹑影何矜骄。金鞭拂雪挥鸣鞘，半酣呼鹰出远郊。弯弓满月不虚发，双鹖迸落连飞髇。海边观者皆辟易，勇气英风振沙碛。儒生不及征战人，白首垂惟（帷）复何益。②

李白的这首诗歌虽然带有儒生的牢骚之情，却生动地描绘了戍边将士闲暇之时狩猎的场面。除此之外，该写卷中的《蓟（蓟）门五首》亦记载："幽州多骑射，结发重横行。一朝事将军，出入有声名。纷纷猎秋草，相向角弓鸣。"③ Дх.01360＋Дх.02974《敦煌马太守后庭歌等诗》中有云："［骑］将猎向城南隅，腊日射杀［千年狐］。"④ 由此可知，狩猎活动是边塞诗中一个重要的主题，这也反映出狩猎是边关将士们一种主要的娱乐项目。同样作为边防重镇的敦煌，又受到游牧民族的影响，狩猎娱乐自然有所开展。敦煌莫高窟第156窟《张议潮出行图》和

---

① 图版见《法藏敦煌西域文献》第23册，上海古籍出版社2002年版，第62页。
② 图版见《法藏敦煌西域文献》第15册，上海古籍出版社2001年版，第316页。
③ 同上书，第325页。
④ 此句诗应为《玉门关盖将军歌》中的内容。图版见俄罗斯科学院东方研究所圣彼得堡分所等编《俄藏敦煌文献》第8册，上海古籍出版社1997年版，第116页。

《宋国夫人出行图》中都绘有狩猎的场景，这说明狩猎娱乐在敦煌贵族阶层中是比较流行的。

敦煌的狩猎娱乐中，猎鹰和猎狗是重要的狩猎工具。P.3776《俗务要名林》中记载："弓箭武艺、垛埒习武、斗战战敌、狩猎射猎、击球打戏、放鹰飞飞、奔犬走狗。"① 在这里，"放鹰""奔犬"与狩猎是联系在一起的，这个习俗在魏晋时期的河西地区就已经非常流行，魏晋古墓砖画、莫高窟壁画和敦煌文献中对此多有记录。我们先从河西魏晋古墓砖画和敦煌壁画中的狩猎者图像入手：

图2.6　狩猎图　甘肃高台骆驼城古墓出土

图2.7　狩猎图　甘肃嘉峪关1号墓

---

① 图版见《法藏敦煌西域文献》第28册，上海古籍出版社2001年版，第15页。

图 2.8 狩猎出行图 莫高窟第 85 窟窟顶

图 2.9 狩猎出行图 莫高窟第 61 窟南壁

从上面的四幅图像中可以看出，从魏晋到唐五代河西地区的狩猎者们在对猎狗和猎鹰的使用上有明显的延续性和传承性。值得注意的是，猎鹰和猎狗在猎人身边的位置因与到古代的"尚左与尚右"观念相联系而颇受关注。谢弗较早注意到这一现象，他提出在欧洲传统上都把猎鹰放在左臂，但是在许多亚洲国家里，却宁愿把鹰放在右臂。从少数的艺术品以及文献方面看，中古时代的中国人以及他们的邻人也是宁愿放在右臂的。① 闻宥则对谢弗的观点提出质疑，他的根据是四川广汉所出土砖画中鹰在猎人左臂的形象，并认为这反映了古人的尚左观念。② 有意思的是在二人的论述中，都提及了南朝人张充，但得出了不同的结论。谢弗一文中，引《南史》卷31《张充传》的记载："充，字延符，少好逸游。绪尝告归至吴，始入西郭，逢充猎，右臂鹰，左牵狗。"③ 闻宥文中则用《梁书》卷21《张充传》之内容："张充，字延符，吴郡人……充少时，不持操行，好逸游。绪尝请假还吴，始入西郭，值充出猎，左手臂鹰，右手牵狗。"④ 两则史料中，对于鹰和狗位于张充左右方向的记载是截然相反的，若据《南史》成书晚于并取材自《梁书》的史实推测，《南史》中"右鹰左狗"的记录值得商榷，但上文四幅图中猎鹰都是位于猎人的右手或右臂位置，而猎狗则位于猎人的左侧，与《南史》中的记载又相吻合。这四幅画的时代为魏晋到唐五代，张充为南朝梁人，处于画像所跨度的时代范围之内，故而笔者认为《南史》中"右臂鹰，左牵狗"的记载是较为可信的。另外，从图中可以看出猎鹰出现的频率非常之高，说明猎鹰在当时的狩猎娱乐中有着不可替

---

① Edward H. Schafer, *Falconry in T'ang Times*, T'oung Pao, Second Series, Vol. 46, 1958, p. 316.
② 闻宥：《广汉所出永元八年砖跋——关于古代鹰猎的一则札记》，《四川大学学报》1985年第2期。
③ 李延寿：《南史》卷31，中华书局1975年版，第811页。
④ 姚思廉：《梁书》卷21，中华书局1974年版，第328页。

第二章 敦煌武功技艺类游艺

代的作用,下文将结合敦煌文献中有关猎鹰的资料对敦煌的鹰猎娱乐进行讨论。

鹰猎在我国起源较早,在公元 1 世纪末即有臂鹰的画像出现,① 由于其捕猎过程能给鹰猎者带来强烈的感官刺激,使其获得精神上的满足和愉悦,使得鹰猎逐渐成为狩猎娱乐的主要方式。② 鹰猎娱乐中,猎鹰的品种非常重要,Дх.06176 + Дх.10257 中的《鹰赋一首》为我们描写了良鹰的特征:

> 惟兹禽之造化,实钟岱之所生。资伏方之杀气,应鹑火之炎精。挺翘材以迅捷,抱壮志以纵横。既山栖而林处,亦塞北而风行。雕鹗大而体钝,鹪鹩小而咸轻。是故超飞翔而独逸,观宇宙之称英。夫虞者之多端,运横罗以羁束。缀轻丝于双睑,系长绳于两足。飞不遂于本情,食不充于所欲。逸翰由而暂敛,雄心为之自局。若乃儿非一种,相乃多途。指重十字,尾贵合卢。立如植木,望似愁胡。嘴同剑利,脚等荆枯。亦有白如散花,赤如点血。大文若锦,细斑似缬。眼类明珠,毛犹霜雪。身重如金,爪坚像铁。或复项平似削,头圆如椀;臆阔项长,身粗胫短;翅厚羽劲,髀宽肉缓;求之事用,俱为绝伴。或似鹘头,或如鸱首。赤睛黄足,细骨小肘。懒而易惊,奸而难诱。住不可呼,飞不及走。若斯之辈,不如勿有。若夫疾食速销,斯则有命。宛颈叟立,是为无病。厕门忌大,结肚恶软。鯈不欲绝,背不宜喘。生于窟

---

① 闻宥:《广汉所出永元八年砖跋——关于古代鹰猎的一则札记》,《四川大学学报》1985 年第 2 期。

② 有关我国古代鹰猎的研究,参见 Edward H., Schafer, *Falconry in T'ang Times*, T'oung Pao, Second Series, Vol. 46, 1958, pp. 293-338;于济源《海东青及其文化现象》,《学问》2001 年第 5 期;张涛《柯尔克孜族的鹰猎文化》,《西域研究》2002 年第 2 期;彭善国《辽金元时期的海东青及鹰猎》,《北方文物》2002 年第 4 期;彭善国《辽墓鹰猎题材壁画及相关文物初识》,《边疆考古研究》2004 年第 3 辑;马杰华《我国古代北方少数民族鹰猎文化探析》,《广州体育学院学报》2010 年第 4 期。

者好服，巢于木者常立。双骸长者则起迟，六翮短者则飞急。毛衣屡改，厥色无常。寅生酉就，总号为黄。二周作鵃，千日成苍。虽曰排虚，性殊众鸟。雌则体大，雄则形小。遇犬则惊猜，得人则驯扰。养雏则少病，野罗则多巧。察之为易，调之实难。格必高迥，屋必华宽。姜以取熟，酒以排寒。鞲须温暖，肉不陈干。近之令狎，静之使安。昼不离手，夜便火宿。微加其毛，少减其肉。肌肥肠瘦，心和性熟。念绝云雾，志在驰逐。萧条原野，纷罪霜□。□草朦胧，寒林□□。臂黄持苍，遨顾游□。动而不无，远而□览。物有形而尽见。落宾雁于沙洲，擒狡兔于平甸。至若□□白鹭，鸐鹬鹬鶒；□鸡野鸠，鸂鶒鸳鸯；遇之必毙，逢之取伤。亏双丧偶，惊群破行。下顾控地之羽，仰视垂翅之翼。蓄馀怒而未穷，思呈材而骋力；取娱乐于君子，助牲牢于膳飡。诚收获之易多，惜日影之□□。奇哉此鸟，知机□□，酬恩自效，感得长□侯岁，时而独击。□鸣鸡而伺晨，矜黄口而不害。实者之怀仁，讵若□□见爱，卫鹦披□。□食粱稻，空街华轩。曾不展其微效，竟何答于浓恩。比无用于不用，岂同年而者论。①

由此赋可知，品种优良的猎鹰是可以"娱乐于君子"的，河西地区尤其是敦煌一带出产名鹰，这也是敦煌鹰猎娱乐盛行的一个重要原因。② 为了能够得到更多名贵的猎鹰，敦煌地区便设置

---

① 图版参见《俄藏敦煌文献》第13册，上海古籍出版社2000年版，第33页；第14册，上海古籍出版社2000年版，第248页。徐俊认为此《鹰赋》作者为隋代魏澹，并参《初学记》卷30和《太平御览》卷926对其进行了校订，此处录即参考徐氏文，见徐俊《隋魏澹〈鹰赋〉校订——敦煌文学文献零札之一》，《文献》2003年第2期。

② 对敦煌鹰猎的研究，参见 Lewis Mayo, *Birds and the hand of power: a political geography of avian life in the Gansu corridor, nin-th to ten-th centuries*, East Asian History, Number 24, December 2002, pp. 1 – 66；谭蝉雪《敦煌民俗——丝路明珠传风情》，甘肃教育出版社2006年版，第109页；李重申、丛振《丝绸之路魏晋古墓砖画的鹰猎图像小考》，中共高台县委等编《高台魏晋墓与河西历史文化研究》，甘肃教育出版社2012年版，第88—97页。

第二章 敦煌武功技艺类游艺

有鹰坊管理捕捉网鹰之事,冯培红对此曾进行过论述。① 鹰坊的负责人被称为都鹰坊使,P.3556《周故南阳郡娘子张氏墓志铭并序》载有:"次亡内亲从都头知都鹰坊使富通",② 富通为张淮深之女与右马步都押衙兼沙州衙内都押衙索公的次子,在当时的敦煌属于权贵家族中的子女,并且受过一定的教育,③ 由他来担任都鹰坊使一职,笔者认为其最直接的原因便是鹰坊得到当时统治者的重视。至于鹰坊被重视的原因,便在于鹰是敦煌政权向中央王朝朝贡的重要物品之一。《元和郡县图志》卷40《陇右道下》"甘州"条记载:"甘峻山,在县东北一百六十里。出青骹鹰,称为奇绝,常充贡献。"④ 张议潮在收复河西后,亦曾向唐王朝"进甘峻山青骹鹰四联"。⑤ 正因为统治者对猎鹰的大量需求,使得捕鹰在敦煌甚至成为一种专门的职业,鹰坊中有专门为官府捕捉鹰的人户,称为网鹰人或把鹰人。P.2629《归义军酒破历》记载:"同日,神酒伍升,支黑头窟上网鹰酒壹斗";"三十日,捉鹰人神酒壹角";"十七日,支平庆达等酒壹角。十八日,支褐袋匠酒伍升,支平庆达等捉鹰回来酒壹瓮","十月二日,支清汉等网鹰酒壹斗"。⑥ 由此可知网鹰人是能够得到官府的招待的。除了酒,粗布、画纸等都可以当作报酬支付给网鹰人。P.4640v《归义军己未至辛酉年(899—901)布纸破用历》记载:"又同日(九月十日),支与把鹰人程小迁等叁人各支粗布半匹";"廿二日,支

---

① 冯培红:《敦煌归义军职官制度——唐五代藩镇官制个案研究》,博士学位论文,兰州大学,2004年,第136—137页。
② 图版见《法藏敦煌西域文献》第25册,上海古籍出版社2001年版,第255页。
③ P.3692《苏子卿遗书右效王》末尾题记载:"壬午年二月二十五日金光明寺学郎索富通书记之",可知索富接受过一定的寺学教育。图版见《法藏敦煌西域文献》第26册,上海古籍出版社2002年版,第332页。
④ 李吉甫:《元和郡县图志》,中华书局1983年版,第1022页。
⑤ 刘昫等:《旧唐书》卷19上《懿宗纪》,中华书局1975年版,第660页。
⑥ 图版见《法藏敦煌西域文献》第16册,上海古籍出版社2001年版,第362—363页。

与网鹰人程小迁画纸壹帖"。① 网鹰时所用的食物诱饵也是由官府所提供的，S.5008《某寺诸色入破历算会牒残卷》载："麦叁斗，网鹰料用"，② S.6306《归义军时期破历》亦载："网鹰人麦叁斗"。③ 由上述材料可见官府对网鹰人的捕鹰活动是非常重视的，这一方面是为了保证作为贡品的鹰数量充足，另一方面也是为了本地贵族阶层的狩猎玩乐。或许是鹰猎活动的影响，连佛家讲经文中都有涉及猎鹰的内容，P.2133《观音经讲经文》之《黄鹰云云——诗天边》云：

> 恰似黄鹰架上，天边飞去有心，还同世上凡夫，出离死生有意，鹰在人家架上，心专长在碧霄，众生虽在凡间，真性本同诸佛。黄头虽在架头安，心胆终归碧洛间，众生虽在娑婆界，心共如来恰一般。鹰也有心飞去，未知谁解解绦，众生大拟出兴，未知谁人救拔。黄鹰爪拒极纤芒，争那丝绦未解张，凡夫佛性虽明了，争那贪嗔业力强。有一聪明智惠人，解与黄鹰解萦绊，有一释迦三界主，解解众生恶业绳。丝绦解解架头鹰，飞入碧霄不可见，断业绳断处超三界，却觅凡夫大瞰难。劝君速解架头鹰，从他多翼飞云外，劝君速断贪嗔网，早觅高飞去净方。丝绦断处碧云间，万里青霄去不难，争那忘（妄）心贪爱缚，万劫轮回不暂闲。净土高飞未有程，凡夫颠到（倒）忘（妄）心生，既无少善资身业，合眼三涂路上行。须觉悟，早修行，浮世终归不久停，煞鬼岂曾饶富贵，常未肯怕公卿。直须认取浮生理，不要贪阗（填）没底坑，来世示君何处好，西方净土证无生。频听讲，学三乘，休向人间定爱憎，

---

① 图版见《法藏敦煌西域文献》第32册，上海古籍出版社2001年版，第260—261页。
② 图版见《英藏敦煌文献》第7卷，四川人民出版社1992年版，第14页。
③ 图版见《英藏敦煌文献》第10卷，四川人民出版社1994年版，第253页。

第二章 敦煌武功技艺类游艺

闻健速须求解脱，会取莲经能不能。鹰解了，法门开，堪与门徒珍郸灾，净土碧霄终不远，遨游飞去也唱将来。①

作为面向普通信众的佛教讲经文，应是通俗易懂、便于理解的，P.2133 文书中以猎鹰作为主题，从侧面反映了鹰猎在日常的生活中是比较常见的，并得到社会各阶层的认可。

第二节 射箭

随着人们狩猎工具的不断改进和狩猎水平的提高，弓箭在狩猎活动中逐渐失去原有的主导地位。与此同时，射箭活动慢慢脱离狩猎而单独成为一种竞技性很强的比赛活动。射箭在中国有着悠久的历史，②在其长期的发展过程中，深受传统礼制文化的影响，形成了一套非常复杂而又独特的射礼文化，③并有多部射术理论性著作问世。④

---

① 图版见《法藏敦煌西域文献》第 6 册，上海古籍出版社 1998 年版，第 250 页。录文参照周绍良主编《全唐文新编》第 4 部，吉林文史出版社 2000 年版，第 11878 页。

② 中国古代射箭史的研究成果，可参见 Stephen Selby, *Chinese Archery*, Hong Kong: Hong Kong University Press, 1999；马廉祯《中国射箭研究综述——以部分期刊和书籍为主》，《体育文化导刊》2004 年第 10 期。

③ 射礼文化研究已取得诸多成果，较为代表性的有李雁蓉《射礼研究》，硕士学位论文，兰州大学，2006 年。此文通过对射礼的起源、三礼文本及其他传世文献中所记载的射礼发展变化的考察，完善了对射礼本质的认识。另有，顾春娅《礼乐教化视域中的周代射礼》，硕士学位论文，曲阜师范大学，2010 年；汪中文《仪礼乡射礼仪节研究》，硕士学位论文，台湾师范大学，1980 年；林纯玉《〈诗经〉中射事研究》，硕士学位论文，新竹玄奘大学，2005 年。

④ 唐豪较早（1940 年）对古代射箭著作进行了文献学角度的整理和研究，参见唐豪《中国武艺图籍考》，山西科学技术出版社 2008 年版，第 75—110 页。马明达《中国古代射书考》是继唐氏之后有关射书的又一力作，此论文洋洋 5 万字之多，详尽细致地整理并考证了清代以前有记载或流传至今的射学著作，参见马明达《中国古代射书考》，《暨南史学》第 2 辑，暨南大学出版社 2003 年版，第 1—41 页。

莫高窟壁画和敦煌文献中亦有较多反映射箭娱乐的资料，并取得了较为丰硕的研究成果。高国藩把敦煌的射箭分为"骑射"和"静射"两类，并进行了简要分析，[①] 李重申则分别从壁画中的狩猎和文献中的弓箭文化两个方面进行了论述，[②] 王进玉把敦煌壁画的射箭内容归纳为三类：一是有关习射活动的内容，其中包括步射和骑射；二是狩猎中的射箭；三是战争中的射箭。[③] 陈康从射礼在北朝民族政权中的继承和发展；北方少数民族的射术；唐代的射术三个方面对敦煌的射箭壁画进行了释读，[④] 进而又专门对敦煌北朝壁画中的射箭图像进行了分析，并认为北周时期的"主皮之射"是对西周射礼的发展。[⑤] 据上可知，对敦煌射箭资料的释读将有助于丰富对中古时代射箭文化的认识。

一 射箭图与太子射艺

射箭图在莫高窟壁画中也是比较常见的题材，大多与佛传故事中的太子习武情景联系在一起，在佛教经典著作中能直接找到与之相对应的文字。与狩猎图所反映的不律仪观念不同，射箭图中更多的是突出悉达多太子射术的技巧性和竞技性。

莫高窟第290窟窟顶人字披西披绘有一幅北周时期的射箭比赛图（图2.10）："左侧群山间的靶场上，立七架，上悬七面圆鼓，旁有一骑马者；右侧四阿式顶建筑内，太子等三名射者面向

[①] 高国藩：《敦煌民俗学》，上海文艺出版社1989年版，第518—522页。崔乐泉曾对高氏观点进行了引用，参见崔乐泉《敦煌民俗与古代民族体育活动兼论民俗文化对民族体育的影响》，《浙江体育科学》1992年第2期。
[②] 李重申：《敦煌古代体育文化》，甘肃人民出版社2000年版，第15—28页。
[③] 王进玉：《敦煌壁画中的军事科技》，《历史大观园》1993年第10期。
[④] 陈康：《敦煌壁画射箭图像研究》，《西北民族研究》2003年第4期。
[⑤] 陈康、刘可：《敦煌北朝壁画中的射箭图像研究》，《敦煌研究》2004年第1期。

第二章 敦煌武功技艺类游艺

悬鼓弯弓射箭，旁立四名侍者。"① 画面相对应的经文，当为《修行本起经·试艺品》中的内容："王为娶妻，令试礼乐，宜就戏场。太子即与优陀难陀调达阿难等五百人，执持礼乐射艺之具，当出城门……复以射决，先安铁鼓，十里置一，至于七鼓。诸名射者，其箭力势，不及一鼓。调达放发，彻一中二，难陀彻二，箭贯三鼓。其余艺士，无能及者。太子前射，挽弓皆折，无可手者。王告其仆曰：'吾先祖有弓，今在天庙，汝取持来。'即往取弓，二人乃胜。令与众人，无能举者。太子张弓，弓声如雷，传与大众，莫能引者。太子揽牵弹弓之声，闻四十里。弯弓放箭，彻过七鼓；再发，穿鼓入地，泉水涌出；三发，贯鼓着铁围山。一切众会叹未曾有。"② 这段经文较为细致地描述了太子射箭比赛时的场景，结合壁画中的图像（北周时期），我们从中能对世俗的射箭情况进行大致的推测。据经文中所言，射箭比赛有专门的场地，在"城门"外的"戏场"；三名射箭者并排站立，有观者位于两侧，另有一骑马者在赛场内穿梭担当裁判员和记录员的角色。从专门修建的射箭场地以及程序化的比赛组织形式等特点看，北周时期的贵族阶层或民间组织应有已经成形的射箭比赛。另外，壁画中的人物全部穿圆领小袖褶，下着小口裤，带有明显的北方少数民族服饰特色，这也能证明少数民族中射箭比赛也是非常盛行的。

射箭图在莫高窟壁画中出现最多的地方是五代第61窟的佛传屏风画中，西壁南起第7、8、11扇中均有射箭的内容，所描绘的场景也不尽相同。以第11扇中的射箭画面为例，其描绘的是悉达多太子与众释子为争婚进行射铁鼓、射铁瓮、射铁猪等比赛时的情形（图2.11）。

---

① 樊锦诗、马世长：《莫高窟第290窟的佛传故事画》，《敦煌研究》1983年创刊号总第3期。
② 《修行本起经》卷上，《大正藏》第3册，第465—466页。

图 2.10　太子射鼓图　莫高窟第 290 窟人字披西披

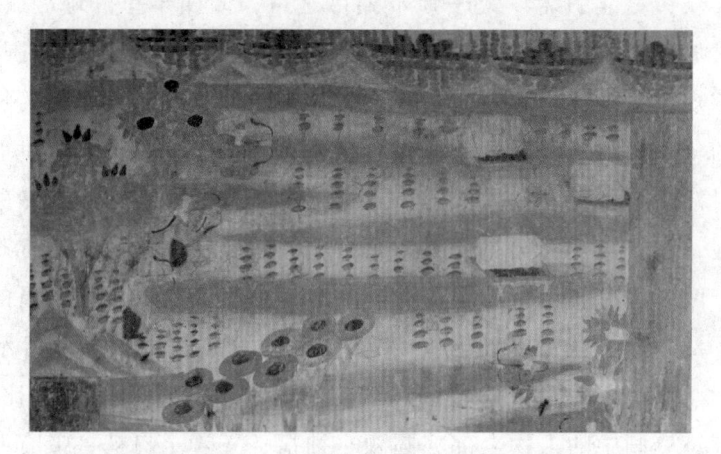

图 2.11　太子射箭图　莫高窟第 61 窟西壁

在其附近有两段榜题,第一段榜题为:

尔时净饭大王……振铎唱声从今已去……/悉达欲出……者悉来……时至七日于其城中安一铁鼓诸释/子……太子随取祖父师子颊王大弓重安七鼓……/……逮十拘卢……

第二段榜题为:

尔时又立七铁瓮满中盛水立前执火烧赤箭一射/过铁瓮已

第二章 敦煌武功技艺类游艺

有一大婆（娑）罗林一时烧尽又射七铁猪——/穿过其箭落地至于黄泉其箭所穿入地之处/即成一井于今人民常称箭井。①

《佛本行集经·角术争婚品》中有与这两段榜题相关的经文："尔时戏场为阿难陀童子，置立安施铁鼓，去于射所二拘卢奢……为于悉达太子，安置十拘卢奢……时阿难陀弯弓射彼二拘卢奢所置铁鼓才得中，及以外更远，则不能过……尔时次第至悉达多太子欲射，有司进上所奉之弓，太子暂欲以手施张，按弓强弱，拼弦牢靳，其弓及弦，应时碎断。悉达太子即便问言：'此之城内，谁有好弓，堪我牵挽，禁我气力。'时净饭王心怀欢喜，即报言：'有。'太子问言：'大王，言有今在何处？'王报太子：'汝之祖父，名师子颊，彼有一弓，见在天寺……'太子语言：'大王，速疾遣取弓来。'是时使人，将彼弓来。既至众中先持授，于一切释种诸童子辈所执之者，不能施张。"② 上述材料中能反映出两个问题，一是射箭比赛的地点设在了戏场，其他诸如相扑、举鼎等比赛也都是在戏场中举行的，这也能反映出戏场在佛教世俗生活中的重要性；二是比赛所使用的弓须是精品，越是别人难以拉动的弓越显示其品性的优良。

有了良弓之后，便是太子展示高超射术的场景："是时太子施张彼弓右手执箭，出现如是微妙身力，牵挽彼箭，平胸而射，过阿难陀及提婆达乃至大臣摩诃那摩三人等鼓，其箭射逮十拘卢奢所安置处，皆悉洞过，没于虚空……是时彼地，相去不远，自然而有多罗树行，其中或有诸释童子，用一箭射，即穿过于一多罗树，或有穿过二多罗树，或三或四及过五者。是时太子执箭一射，即便穿过七多罗树，彼箭穿七多罗树已，箭便堕地，碎为百

---

① 榜题录文参见万庚育《敦煌莫高窟第61窟壁画〈佛传〉之研究》，《1983年全国敦煌学术讨论会文集·石窟艺术编》（上册），甘肃人民出版社1985年版，第138—139页。
② 《大正藏》第3册，第710页。

段。时诸释种,复更别立铁猪之形,其内或有释种童子,执箭射一铁猪形过或二三四,及过五者。太子执箭一射,便穿七铁猪过,七猪过已,彼箭入地,至于黄泉,其箭所穿入地之处,即成一井,于今人民常称箭井。时诸释族,复更立于七口铁瓮,满中盛水,其中或有释种童子,熟烧箭镞,极令猛赤,而用射于一铁瓮彻,或二或三止至四五。太子执彼烧热赤箭一射,便过七铁水瓮,去瓮不远,即有一大娑罗树林,其箭过已,悉烧彼林,一时荡尽。"① 此段经文背景和上述经文类似,都是太子比试武艺中的射箭内容。不同的是,前文是射鼓,而此处是射多罗树和射铁猪。文中对于太子射术的描写虽有夸张和神话的成分,但却反映出即使在佛传故事中射箭比赛仍然受到王公贵族的喜爱,并成为他们比试武艺高低的重要标准。

二 敦煌文献中的射术

莫高窟壁画中的太子射箭图,为我们生动地展示了古代射箭比赛的形象,而敦煌文献中亦有对射箭比赛的记录,这其中尤以 S.2144《韩擒虎话本》中韩擒虎与少数民族射手的两次比赛最为精彩。

第一次比赛的地点在长安,比赛的靶子是射垛上所画之鹿像:

> 前后不经旬日,有北蕃大下单于遂差突厥首领为使,直到长安,遂索隋文皇帝交战。皇帝闻语,聚集文武百寮大臣,皇帝宣问:"单于色寡人交战,卿意者何?"皇帝才问,蕃使不识朝仪,越班走出:"臣启陛下,蕃家弓箭为上,赌射只在殿前。若解微臣箭得,年年送贡,累岁称臣。若也解箭不得,只在殿前,定其社稷。"皇帝闻奏,即在殿前,遂安射垛,画二鹿,便交赌射。蕃人几见,喜不自胜,拜谢皇

---

① 《大正藏》第 3 册,第 711 页。

帝,当时便射。箭发离弦,势同劈竹,不东不西,恰向鹿脐中箭。皇帝一见,宣问大臣:"甚人解得?"时有左勒将贺若弼:"臣愿解箭。"皇帝闻语:"依卿所奏。"贺若弼此时臂上捻弓,腰间取箭,搭括齐弦,当时便射。箭起离弦,不东不西,同孔便中。皇帝一见,大悦龙颜。应是合朝大臣,一齐拜舞,叶呼万岁。时韩擒虎一见箭不解,不恐拜舞,独立殿前。皇帝宣问:"卿意者何?"擒虎奏曰:"臣愿解箭。"皇帝闻语:"依卿所奏。"擒虎拜谢,遂臂上捻弓,腰间取箭,搭括当弦,当时便射。箭既离弦,势同雷吼,不东不西,去蕃人箭括便中,从杆至镞,突然便过,去射垛十步有余,入土三尺。蕃人一见,惊怕非常,连忙前来,侧身便拜。①

韩擒虎在这一次的"主场"比赛中力压突厥使者和贺若弼,展示了高超的技艺。值得注意的是,比赛的地点是在皇宫殿前,并且能随时安置射垛,可见在当时的长安射箭比赛应该是作为游艺竞技活动流行于皇家贵族阶层的。

第二次比赛则是在边境,比赛的内容为射雕:

前后不经旬日,便到蕃家界首。单于接得天使,升帐而坐,遂唤三十六射雕王子,总在面前处分:"缘天使在此,并无歌乐,蕃家弓箭为上,射雕落雁,供养天使。"王子唱喏,一时上马,忽见一雕从北便来,王子一见,当时便射,箭既离弦,不东不西,况雕前翅过。单于一见,忽然大怒,处分左右。把下王子,便擗腹取心,有挫我蕃家先祖。天使一见,方便来救,启言蕃王:"王子此度且放。但某愿请弓

---

① 图版见《英藏敦煌文献》第4卷,第31页。录文参见黄征、张涌泉《敦煌变文校注》,中华书局1997年版,第304页。

箭，射雕供养单于。"单于闻语，遂度与天使弓箭。擒虎接得，思惟中间，忽有双雕，争食飞来。擒虎一见，喜不自胜，抵挥蕃王，当时来射。擒虎十步地走马，二十步把臂上捻弓，三十步腰间取箭，四十步搭括当弦，拽弓叫圆，五十步翻身背射，箭既离弦，势同劈竹，不东不西，况前雕咽喉中箭，突然而过，况后雕劈心便著，双雕齐落马前。蕃王一见，一齐唱好。天使接势便赫："但擒虎弓箭少会些些，隋文皇帝有一百二十楷扐射雁都尽总好手。"蕃王闻语，连忙下马，遥望南朝拜舞，叶呼万岁。①

在此次"客场"的比赛中，韩擒虎表演了一箭双雕的绝技，震慑了突厥单于，为隋廷赢得了尊严。当然，小说的作者是站在中原王朝的立场上去描写的这一比赛场景和结果，但是从中依然可以看到在少数民族地区，射箭更是作为一种娱乐活动而受到欢迎。

S.2144《韩擒虎话本》中韩擒虎所处的时代为隋朝，而自魏晋到隋朝这一时期的民族融合是很频繁的。虽然小说中韩擒虎同少数民族的两次射箭比赛有较多的虚构成分和文学色彩，却也反映出射箭游艺是当时民族文化交流与融合的一个组成部分。

其实在北魏孝武帝时代，射箭就已经成为来朝使臣观赏表演的重要内容，《周书》卷30《窦炽传》载："魏孝武即位，茹茹等诸蕃并遣使朝贡，帝临轩宴之。有鸱飞鸣于殿前，帝素知（窦）炽善射，因欲示远人，乃给炽御箭两只，命射之。鸱乃应弦而落，诸蕃人咸叹异焉。"② 通过上文的例子，可以看出不同民族对射箭文化的相互学习使射箭活动不断发展。对此，姜雪婷曾举例："以祭祀活动而举行的大射，被入主中原的少数民族政权

---

① 图版见《英藏敦煌文献》第4卷，第31页。录文参见黄征、张涌泉《敦煌变文校注》，中华书局1997年版，第304页。

② 令狐德棻等：《周书》卷30，中华书局1959年版，第518页。

所延续和推行。少数民族天性勇猛刚健,将射箭习武与汉族的礼仪文化制度相结合,在社会动荡、战乱频繁、民族迁徙杂居与冲突融合的环境下,形成了国内各民族射箭文化多姿多彩的兴盛局面。"① 另外,在此则故事中无论是隋文帝还是吐蕃单于对于射箭比赛都是相当重视的,这也能反映出当时统治阶级对于射箭游艺的喜好和着力推动,这对于加速射箭娱乐化的进程具有积极意义。

第三节 角抵与相扑

中华民族的先祖在原始社会时期基于求生的本能,从事着狩猎追逐与部落战争等活动。这些以武力为主的活动随着生产力的进步不断演变,除去上文讨论的狩猎和射箭游艺外,还发展出一种两两相对、徒手肉搏的竞技较力类活动,亦即角力。角力在中国古代不同的历史时期有着不同的称谓,其中以角抵和相扑之名应用最为广泛。然而自汉至唐的史籍中对角抵、角抵戏及相扑的记载并未有明确的区分,致使后世研究者在关注这一问题时多有不便。另外,遗存至今的角抵、相扑图像并不多见,而敦煌莫高窟壁画、藏经洞出土文献及新近发掘的高台魏晋古墓中却较为集中地保存有角抵(相扑)图像。本节拟遍检先秦至唐五代史籍中有关角力的史料,并列表分析,以考辨角抵与相扑之关系及其社会娱乐意义;其次利用已有角抵图像资料,结合敦煌所出之角抵形象,讨论角抵与相扑的形态演变。

一 角抵与相扑的名与实

角抵的起源及其在后世的发展演变与杂技、戏剧、体育等领

---

① 姜雪婷:《魏晋南北朝射箭文化及其社会性》,《体育文化导刊》2009年第2期。

域的联系颇为密切,因而受到的关注也较多。总体来说,学者们借助传世史料记载对角抵与角抵戏、相扑及其他徒手搏斗等活动进行了较为细致的考察,并取得了较为丰硕的研究成果。① 已有的研究为本文提供了丰富的史料,笔者在此基础上再次检索汉唐史籍中与角力相关的资料,择其代表性内容按时间先后绘制成表,以便使角力的名称变化更清晰地展现出来。②

表 2.2　　　　　　　　先秦至唐五代角力名称

序号	名称	内容时间	资料来源	原文节录
1	角力	西周	《礼记·月令第六》	天子乃命将帅讲武,习射御角力
2	角力	战国	《韩非子》卷12《外储说左下第三十三》	少室周者,古之贞廉洁悫者也,为赵襄主力士。与中牟徐子角力,不若也,入言之襄主以自代也
3	角抵	秦	《文献通考》卷149《秦兵制》	秦并天下,分为三十六郡。郡县兵器聚之咸阳,销为钟镰,讲武之礼,罢为角抵
4	觳抵	秦	《史记》卷87《李斯列传》	是时二世在甘泉,方作觳抵优俳之观

---

① 有关角抵、相扑的研究,参见吴曾德、周到《漫谈南阳汉画象石中的角抵戏》,《郑州大学学报》1979年第2期;金启孮《中国式摔跤源出契丹、蒙古考》,《内蒙古大学学报》1979年第3—4期;龙中《略谈汉代角抵戏》,《南都学坛》1983年第1期;孙世文《汉代角抵戏初探——对汉画像石中的角抵戏的考察》,《东北师范大学学报》1984年第4期;黄长椿《相扑的起源与发展》,《体育文史》1990年第2期;张松柏《辽代的摔跤运动——从敖汉旗娘娘庙辽墓摔跤壁画谈起》,《内蒙古文物考古》1997年第1期;罗时铭《中日相扑传承关系探析》,《体育文史》1997年第1期;卜键《角抵考》,《文学遗产》2000年第1期;顾颖《试论秦汉角抵运动》,《南都学坛》2003年第5期;李重申《论"相扑"的演变与发展》,《佛教艺术与文化国际学术研讨会论文集》,2004年,第442—452页;刘萍萍、范娜娜《浅谈相扑的来源和发展》,《潍坊学院学报》2005年第2期;童丽平《历代角力名称变迁的文化学思考》,《体育文化导刊》2006年第8期;王颋《秦宫专戏——汉、唐代"角抵"》,《古代文化史论集》,上海古籍出版社2007年版,第1—18页;赵岷、李金龙、李翠霞《中国摔跤文化的历史解读》,《体育文化导刊》2008年第6期;龚世学《论汉代角抵戏〈东海黄公〉的故事原型》,《戏剧文学》2009年第10期。

② 对史料中有关角抵资料绘制图表的方法,笔者受台湾学者樊正治、李兰嫄的启发,参见樊正治《摔角史》,《台湾师范大学学报》1986年第31期;李兰嫄《唐代徒手肉搏的角抵研究》,硕士学位论文,台湾师范大学,2005年,第11—29页。

续表

序号	名称	内容时间	资料来源	原文节录
5	角觚	秦汉	《事物纪原》卷9	角觚，今相扑也。《汉武故事》曰："角觚，昔六国时所造。"
6	角觚	秦汉	《述异记》卷上	今冀州有乐名为蚩尤戏，其民两两三三，头戴牛角而相觚，汉造角觚戏，盖其遗制也
7	縠抵	西汉	《史记》卷123《大宛列传》	于是大縠抵，出奇戏诸怪物，多聚观者……及加其眩者之工，而縠抵奇戏岁增变，甚盛益兴，自此始
8	角抵	西汉	《汉书》卷6《武帝纪》	三年春，作角抵戏，三百里内皆（来）观。（六年）夏，京师民观角抵于上林平乐馆
9	角抵	西汉	《汉书》卷96《西域传》	设酒池肉林以飨四夷之客，作巴俞都卢、海中砀极、漫衍鱼龙、角抵之戏以观视之
10	角抵	西汉	《汉书》卷72《王吉传》	去角抵，减乐府，省尚方，明视天下以俭
11	角抵	西汉	《汉书》卷96《西域传》	天子自临平乐观，会匈奴使者、外国君长大角抵，设乐而遣之
12	弁	西汉	《汉书》卷70《甘延寿传》	试弁，为期门，以材力爱幸
13	卞	西汉	《汉书》卷11《哀帝纪》	雅性不好声色，时览卞射武戏
14	手搏	西汉	《汉书》卷30《艺文志》	《手搏六篇》
15	角觚	西汉	《西京赋》	临迥望之广场，程角觚之妙戏
16	角抵	西汉	《西京杂记》卷3	三辅人俗用以为戏，汉帝亦取以为角抵之戏焉
17	角觚	东汉	《后汉书》卷49《仲长统传》	极角觚之观，耳穷郑、卫之声
18	角抵	东汉	《后汉书》卷15《礼仪志中》	毕飨，赐作乐，观以角抵
19	相扑		《修行本起经》	王告难陀："汝与调达二人相扑。"
20	角力	东汉	《大宋僧史略》卷1《创造伽蓝》	腾兰二人角力既胜。明帝忻悦。初于鸿胪寺延礼之

续表

序号	名称	内容时间	资料来源	原文节录
21	相扑	吴	《三国志·吴书五》卷50《妃嫔传》	令宫人著以相扑，朝成夕败，辄出更作工匠因缘偷盗，府藏为空
22	相扑	晋	王隐《晋书》卷11《刘子笃传》	颍川、襄城二郡班宣相会，累以作乐。谓角抵戏。襄城太守责功曹刘子笃曰："卿郡人不如颍川人相扑。"笃曰："相扑下技，不足以别两国优劣，请使二郡更论经国大理、人物优失。"
23	相扑		《佛说目连问戒律中五百轻重事·问杂事品第十三》	问聚落中合白衣相扑。犯何事。答犯突吉罗
24	角抵	北魏	《魏书》卷109《乐志》	六年冬，诏太乐、总章、鼓吹增修杂伎，造五兵、角抵
25	角抵	北魏	《洛阳伽蓝记》卷5《禅虚寺》	有羽林马僧相善角抵戏，掷戟与百尺树齐
26	角力	北齐	《朝野佥载》卷2	北齐稠禅师，邺人也。幼落发为沙弥，时辈甚众。每休暇，常角力腾趠为戏
27	角抵	北齐	《隋书》卷12《礼仪志》	齐文宣受禅之后……又有持钑队、鋋槊队、长刀队、细仗队、楯锹队、雄戟队、格兽队、赤氅队、角抵队
28	角力	北齐	《北齐书》卷6《孝昭帝纪》	后益沉湎，或入诸贵贱家角力批拉，不限贵贱
29	相扑	北齐	《北史》卷52《南阳王绰传》	后主不忍显戮，使宠胡何猥萨后园与绰相扑，扼杀之
30	角抵	北周	《隋书》卷15《音乐志》	周时，郑译有宠于宣帝，奏征齐散乐人，并会京师为之。盖秦角抵之流者也
31	角抵	北周	《周书》卷35《崔猷传》	时太庙初成，四时祭祀，犹设俳优角抵之戏
32	角抵	北周	《周书》卷40《丞乐运传》	岂容朝夕征求，唯供鱼龙灿漫，士民从役，只为俳优角抵
33	角抵	北周	王褒《饮马长城窟行》	羽林犹角抵，将军尚雅歌

续表

序号	名称	内容时间	资料来源	原文节录
34	角觚	北周	《卢武阳集·后周兴亡论》	角觚逸游,不舍昼夜
35	相扑		《大般涅槃经》卷8《如来性品第十二》	譬如王家有大力士,其人眉间有金刚珠。与余力士较力相扑,而彼力士以头触之,其额上珠寻没肤中都不自知
36	角抵	南朝梁	吴均《渡易水》	杂虏客来齐,时余在角抵。扬鞭渡易水,直至龙城西
37	角抵	南朝陈	《资治通鉴》卷173《陈纪七》	徭赋下民,以奉俳优角抵
38	相扑		《妙法莲华经》卷5《安乐性品第十四》	亦不亲近诸有凶戏、相叉相扑及那罗等种种变现之戏
39	相扑	隋	《续高僧传》卷27《感通篇》	有西蕃贡一人云大壮,在北门试相扑
40	角抵	隋	《隋书》卷62《柳彧传》	或见近代以来,都邑百姓每至正月十五日,作角抵之戏,递相夸竞
41	角抵	隋	《隋书》卷3《炀帝纪上》	丁丑,角抵大戏于端门街,天下奇伎异艺毕集,终月而罢
42	角觚	唐	《全唐诗》卷3《春中兴庆宫酺宴》	伐鼓鱼龙杂,撞钟角觚陈
43	角抵	唐	《明皇杂录》卷下	每赐宴设酺会,则上勤政楼……府县教坊大陈山车、旱船、走索、丸剑、角抵、戏马斗鸡
44	角觚	唐	《新唐书》卷50《兵志》	而六军宿卫皆市人,富者贩缯彩、食粱肉,壮者为角觚、拔河、翘木、扛铁之戏,及禄山反,皆不能受甲矣
45	相扑	唐	《神仙传奇·妙女》	大郎何为与上人相扑?
46	角抵	唐	《旧唐书》卷16《穆宗纪》	丁亥,幸左神策军观角抵及杂戏,日昃而罢
47	角抵	唐	《旧唐书》卷17《文宗本纪上》	甲子,上御三殿,观两军、教坊、内园分朋驴鞠、角抵
48	相扑	唐	《因话录》卷1	文宗将有事南郊。祀前本司进相扑人

续表

序号	名称	内容时间	资料来源	原文节录
49	角抵	唐	《新唐书》卷160《崔铉传》	武宗好蹴鞠、角抵，铉切谏，帝褒纳之
50	角力	唐	《唐音统籤》卷14《散乐》	角力戏，凡陈诸戏毕，左右两军擂大鼓，引壮士裸袒相搏较力，以分胜负
51	相扑	唐	敦煌文献 S.1366	准旧，相扑汉儿面五斗
52	相扑	唐	《吴兴杂录》	七月中元节，俗好角力相扑
53	角觚	五代	《新五代史》卷36《义儿传》	存贤，许州人也，本姓王名贤。少为军卒，善角觚
54	角觚	五代	《新五代史》卷49《唐景思传》	唐景思，秦州人也。幼善角觚，以屠狗为生

在表2.2中，笔者挑选了54则先秦到五代史籍中的涉及角力的资料，需要指出的是在其中角抵、角觚和縠抵三个词在古代是通用的，苏鹗在其《苏氏演义》中对此论述道：

> 《汉纪》云："武帝元封三年作角觚戏，以享外国朝献者，而三百里内皆观之。"此角觚乃角胜也，盖始于戴角，遂有是名耳。抵与觚同用，此抵字非正文。①

从这段文字中可以得知，觚为正字、原字，后衍化为抵，可能多用手之故。因此在古代史料中，角抵与角觚是通用的，并且角觚的用法在唐时期更为正式。在上述54则材料中，角抵（縠抵、角觚）共出现33例，时间跨度为秦至五代；相扑共出现12例，虽然在东汉时期已有出现，但主要集中在晋以后；角力共出现6例，贯穿先秦到唐；其他如手搏、弁、卞等共有

---

① 商务印书馆编：《古今注·中华古今注·苏氏演义》，商务印书馆1956年版，第121页。

第二章 敦煌武功技艺类游艺

3例,① 均出现在西汉时期。那么角力、角抵、相扑之间究竟是何种关系,下文将根据表2.2中所整理的资料对此问题进行讨论。

（一）角力、角抵与角抵戏

角力一词在先秦时期已有记载,其出现要早于角抵。在上表所列举的6则材料中,角力所具有的含义基本是相同的,都是参与者通过身体和技巧上的徒手较量从而分出胜负的活动。在上表所列33则角抵材料中,有与角力所带有的竞技对抗的含义相一致的内容,如第3、4、5、6、24、25、27、33、43、44、46、47、53、54等,共14例。而这14例材料的时期分布也颇值得关注。第3、4、5、6则材料出现于秦汉时期（主要为秦朝）,也就是说这时期角力和角抵所表达的内容还是相近的,这在《史记·李斯列传》中有所体现：

是时二世在甘泉,方作觳抵、优俳之观。

《集解》:"应劭曰:'战国之时,稍增讲武之礼,以为戏乐,用相夸示,而秦更名曰角抵。角者,角材也。抵者,相抵触也。'文颖曰:'案:秦名此乐为角抵,两两相当,角力,角伎艺射御,故曰角抵也。'骃案:'觳抵即角抵也。'"②

上述文字中,虽然《集解》中对角抵的解释不尽相同,但可以肯定的是秦时的角抵是与俳优等其他伎艺表演并列在一起的,只是作为具有对抗性质的一项活动。

但是自西汉开始,角抵的名称属性和涵盖范围却发生了变化,其内涵和外延逐渐扩展,并演变成为通常意义上的角抵戏。这种演变在表2.2中的第7、8、9、10、11、15、16、17、18、

---

① 弁和卞都是手搏的不同表述。弁,颜师古注引孟康曰:"弁,手搏。"卞,颜师古注引苏林曰:"手搏为卞,角力为武戏也。"

② 司马迁:《史记》卷87,中华书局1982年版,第2559—2560页。

30、31、32、34、36、37、40、41 等 17 则材料中有所反映。以《史记·大宛列传》对角抵戏盛况的记载为例:

> 于是大觳抵,出奇戏诸怪物,多聚观者,行赏赐,酒池肉林,令外国客遍观各仓库府藏之积,见汉之广大,倾骇之。及加其眩者之工,而觳抵奇戏岁增变,甚盛益兴,自此始。①

通过该段史料可得知在西汉时角抵已突破狭义的角力概念,不断吸收来自西域等地区的魔术、幻术等外来艺术形式,从而发展成为所谓的"大角抵"。卜键对此论证道:"角抵戏既是一种包容甚广的戏剧总称,又是指相扑摔跤之类的武术表演,但在秦汉时期主要作为中国戏剧的代表性总称。"② 角抵戏的内容可谓丰富多彩,东汉张衡《西京赋》中描述有:

> 大驾幸乎平乐,张甲乙而袭翠被。攒珍宝之玩好,纷瑰丽以参靡。临迥望之广场,程角抵之妙戏。乌获扛鼎,都卢寻橦。冲狭燕濯,胸突铦锋。跳丸剑之挥霍,走索上而相逢。③

如此繁多的项目,为何冠以角抵戏之名?蔡欣欣认为:"角抵之所以能成为百戏杂技的统称,或者是由于其能指摄杂技角力竞技的表演重点。"④ 提到角抵戏,无法避开与其同物异名的百戏。"百戏"一词较为晚出,今知较早见于《后汉书·孝安帝纪》:"乙酉,罢鱼龙曼延百戏。"⑤ 虽然东汉出现了百戏概念,但

---

① 司马迁:《史记》卷 123,中华书局 1959 年版,第 3173 页。
② 卜键:《角抵考》,《文学遗产》2000 年第 1 期。
③ 萧统编:《文选》,中华书局 1977 年版,第 48 页。
④ 蔡欣欣:《杂剧与戏曲发展之研究——从先秦角抵到元代杂剧》,博士学位论文,台湾政治大学,1995 年,第 26 页。
⑤ 范晔:《后汉书》卷 5,中华书局 1965 年版,第 205 页。

第二章 敦煌武功技艺类游艺

其远不如角抵戏使用之普遍，还要与鱼龙曼延、角抵等连称，未见单独使用，只是在魏晋以后，百戏之名才渐渐流行，逐渐替代角抵。而角抵之实则又转向狭义的角力，在表 2.2 中第 24、25、27、33、43、44、46、47、53、54 等材料中有所体现。值得注意的是，第 25、33、44、46、47、53 内容中，角抵活动与军队联系密切，成为军事娱乐或军事训练的一种活动。

综上可知，角力在先秦至唐五代皆有出现，但都是以徒手较力为特征；角抵在秦朝与角力含义类同，姑且称为狭义的角抵；在西汉以后，角抵内涵和外延有所拓展，逐渐演变为角抵戏，泛指各种表演形式，称为广义的角抵；魏晋以后，随着百戏一词的广泛使用，角抵的含义又发生了变化，将其重新看作搏斗技艺与防身技术的倾向性又占据主导地位。从而使其游戏玩乐的内涵逐渐削弱，回归到狭义角力的范畴。

（二）角抵与相扑的区别

前文探讨了角抵一词在不同时期内涵及外延的变化，相对于角抵，"相扑"这一名称的出现则要晚很多。正史材料中对相扑的记载，要追溯到王隐《晋书》卷 11《刘子笃传》：

> 颍川、襄城二郡班宣相会，累以作乐。谓角抵戏。襄城太守责功曹刘子笃曰："卿郡人不如颍川人相扑。"笃曰："相扑下技，不足以别两国优劣，请使二郡更论经国大理、人物得失。"①

此则材料中相扑称谓的出现，应是较早的记录。从中我们也能看到角抵戏一词的存在，这说明相扑在最初阶段与狭义的角抵概念是等同的，古人对这两种称谓在使用时并没有明确的界定，并持续了较长的时间。郑春颖对此指出："隋唐五代时期，'相扑'、'角

---

① 汤球辑，杨朝明校补：《九家旧晋书辑本》，中州古籍出版社 1991 年版，第 303 页。

力'也用来作为'角抵'的代称。大体'角抵'是官方正式的称谓，'相扑'、'角力'是民间通俗的称呼。《正史》多去'角抵'，笔记、杂史、佛经经常用'相扑'、'角力'。"① 由此可知，相扑在很大程度上是角抵的别称，相扑的起源离不开角抵。

但是，相扑与角抵之间在某些场合又有着一定的差别的，尤其是在宋辽及以后时期。北宋张舜民《画墁录》中描述了契丹的角抵形式："乐列三百余人，舞者更无回旋，止于顿挫缩手足而已。角抵以倒地为胜，不倒为负，两人相持终日，欲倒而不可得，又物如小额通蔽其乳，脱若裯露之，则两手负面而走，深以为耻也。"② 在这段材料中，有三处值得注意的地方：一是"以倒地为负"，而不是倒下还争输赢；二是"两人相持终日，欲倒而不可得"，可以进行持久战，而非速战速决；三是深以乳头露出为耻。相对契丹的角抵，宋代的相扑则是赤裸上身的，"比赛时相扑的力士光着身子，只在腰间系一腰带并遮盖下体，和日本今天的相扑所系，完全一样。"③ 甚至女子在相扑比赛中也是赤膊上阵，司马光在《论上元令妇女相扑状》中云："今月十八日，圣驾御宣德门，召诸色艺人，令各进技艺，赐与银绢，内有妇人相扑，亦被赏赍……今上有天子之尊，下有万民之众，后妃侍旁，令妇纵观，而使妇人裸戏于前，殆非所以隆礼法示四方也。"④ 宋代妇女在相扑中亦是赤裸上身，更不用说男人了，可见着装的不同是角抵和相扑之间很重要的区分特征。

由前文可知角抵和相扑在宋辽时期还是有一定区别的，尤其是契丹等少数民族和中原汉族对这两个词汇使用时，更能表现出这一差别。因此，在这一时期区分角抵与相扑的方法，主要体现

---

① 郑春颖：《"角抵"辨》，《社会科学战线》2011年第7期。
② 《丛书集成新编》第86册，台北新文丰出版公司1985年版，第586页。
③ 金启孮：《中国式摔跤源出契丹、蒙古考》，《中国蒙古史学会成立大会纪念集刊》，1979年。
④ 司马光：《增广司马温公全集》，汲古画院1993年版，第226页。

在:"从众多宋代文献、图像可见,宋的相扑赤裸上身,只穿一条短裤,比赛时注重方法与技巧,以灵巧敏捷的步法手法或身高力大取胜,主要以双手推搏对手出赛台为取胜标准……而契丹人之角抵首先是娱人与自娱并重,已成生活习俗,竞赛方法也产生了较大变化。"① 这也能为我们深入认识角抵与相扑的不同表达及一些角抵和相扑图像的定名问题提供了理论参考。

角抵有着悠久的历史,并且在不同的历史时期发生了相对激烈的演变,使其表现形式愈加多样化,刘萍萍、范娜娜对此总结为:"汉代三种角抵在其后的发展中分流了,赤裸身体的摔跤更名相扑,是唐宋时期最流行的表演项目,着装的北方摔跤是元清的练武和娱乐活动,名为布克或布库,化妆的角抵在明代以后则逐步消亡。"② 本研究所关注的是作为"相扑"的角抵,亦即唐宋时期最流行的表演项目,其表现出相当浓重的娱乐游艺色彩。

二 敦煌的相扑

对于古代角抵、相扑游艺的认识,最直观的莫过于从遗存的图像入手,莫高窟壁画和敦煌文献中既保存有相扑图像,还有文字资料,对于我们研究相扑的形貌提供了绝佳的材料。

(一)表演性质的相扑

正如前文所述,唐宋时期的相扑是非常流行的表演项目,在民间作为一种供观赏、娱乐的庆典活动而深受人们喜欢。Дх.02822《杂集时要用字》中记载:

音乐部第九

龙笛 风管 篡筝 琵琶 弦管 声律 双韵 裕琴

---

① 刘刚:《辽与北宋竞技体育的若干比较》,《内蒙古社会科学》2002年第3期。
② 刘萍萍、范娜娜:《浅谈相扑的来源和发展》,《潍坊学院学报》2005年第2期。

单集	云箫	笙摸	七星	硬戏	杂剧	傀儡	舞馆	拓枝
官商	丈鼓	水盏	相扑	曲破	把色	笙簧	散唱	遏云
合格	角微	欣悦	和众	雅奏	八情	拍板	三弦	六弦
勒波	笛子①							

此则材料列出了37个与音乐相关的词汇，其中所涉及的类别大多是乐器，其次是影戏、杂剧，而相扑位列于其中，则说明其与乐舞的表演有着密切的关联。对此，郝招则直接提出："可以认定'相扑'原为一种乐舞表演形式。在古代汉语中，'相'是一种击打的乐器，'扑'是搏击、扑打之意，'相扑'是一种在击打乐器伴奏下相互扑击的活动形式。"② 与此则材料相吻合的是，唐代的相扑活动一般要以擂大鼓的方式作为开场，以便营造气氛。《唐音统籤》卷14《散乐》中记载："角力戏，凡陈诸戏毕，左右两军擂大鼓，引壮士裸袒相搏较力，以分胜负。"③ 可知相扑选手是在雄壮的鼓声中出场的，而出场后也有一定的赛前仪式。敦煌藏经洞出土的一幅唐代幡画相扑图中描绘了相扑选手比赛前的形貌（图2.12）：对阵双方的相扑选手动作皆是双手抬高，若是指双方正在对峙，准备伺机扑向对方而言，似乎又露出许多防守上的破绽。正所谓先礼后兵，因此笔者推测此图应该比较像是双方在比赛前的一种相互致意的仪式或预备动作。

相扑作为表演项目在古代敦煌地区是比较流行的，S.1366《庚辰（980）至壬午年（982）归义军衙内面油破历》中记载有"准旧，相扑汉儿面五斗"④。从这则材料中可以得出两条信息，一是说明相扑作为敦煌民间赛神活动的一个重要项目，并得到了

---

① 图版见《俄藏敦煌文献》第10册，上海古籍出版社1998年版，第62页。
② 郝招：《敦煌"相扑"之管窥》，《敦煌研究》2004年第1期。
③ 胡震亨：《唐音统籤》第9册，上海古籍出版社2003年版，第602页。
④ 图版见《英藏敦煌文献》第2卷，四川人民出版社1992年版，第278页。

第二章 敦煌武功技艺类游艺

图 2.12 相扑图 现藏英国博物馆

当时归义军政权的物质支持;二是说明当时敦煌有专门的从事相扑表演的从业人员。这些专业人员之间也是有区别的,其中有隶属于官方的,被称为"相扑朋",据《角力记·考古》载:"蒙万赢者,自言京兆鄠县人也。唐僖宗咸通中,选隶小儿园……寻入相扑朋中,方年十四五。时辈皆惮其拳手轻捷。及长,擅长多胜,受赐丰厚,万赢乎号自此起。"[1] 宋代除了宫廷相扑队伍外,在民间也形成了相扑的专业组织"相扑社",成书于宋的《梦粱录》中记载:

> 瓦市相扑者,乃路岐人聚集一等伴侣,以图掉手之资。先以女颭数对打套子,令人观睹,然后以膂力者争交。若论护国寺南高峰露台争交,须择诸道州郡膂力高强、天下无对

---

[1] 调露子撰,翁士勋校注:《角力记》,人民体育出版社 1990 年版,第 77 页。

者，方可夺其赏。如头赏者，旗帐、银杯、彩缎、锦袄，官会、马匹而已。顷于景定年间，贾秋壑秉政时，曾有温州子韩福者，胜得头赏，曾补军佐之职。杭城有周急快、董急快、王急快、赛关索、赤毛朱超、周忙憧、郑伯大、铁稍工韩通住、杨长脚等，及女占赛关索、嚣三娘、黑四姐女众，俱瓦市诸郡争胜，以为雄伟耳。①

这则材料为我们详尽地叙述了宋代民间相扑组织的比赛、奖励及相扑从业者的情况：在正式比赛前先有女子相扑表演暖场；比赛的奖品有旗帐、银杯等；而相扑者的名字（外号）则是根据他们比赛时所表现出的特征而取名，如周急快、董急快意味着他们出手麻利、动作频率快。

敦煌文献中虽然未出现相扑者的名字，但 P.2002v《白画相扑图稿》却为我们形象地刻画出相扑者的技巧特征（图 2.13）。图中两名相扑选手正如《西京赋》中所描绘的那样："乃使中黄之士，育获之俦，朱鬕髽髻，植发如竿。袒裼戟手，奎踽盘桓。"② 两人皆是袒衣露体，筋肉凸张，孔武有力。其动作为手伸如戟，双足张开，其中右边选手似乎为先攻者，用弓步直取对方，一手抓住对方大腿，另一人低俯身体，站稳重心，伺机转守为攻，脚步周转回转，两人互推互搏呈胶着状态。这样激烈的场面，是相扑选手力量与美的结合，智慧与体力的展现，能够给观赏者以强烈的感官刺激，因此也决定了相扑的表演特征。

（二）佛教中的相扑

相扑具有广泛的社会基础，除了流行于世俗生活中外，在佛教文化中也能寻觅到其踪迹。《大般涅槃经集解》中有云："相扑

---

① 吴自牧：《梦粱录》，浙江人民出版社 1980 年版，第 195—196 页。
② 萧统编，李善注：《文选》卷 2，中华书局 1977 年版，第 46 页。

第二章 敦煌武功技艺类游艺

图2.13 相扑图 现藏法国国家图书馆

者,互有倚伏之喻也。"① 这也说明了相扑比赛中借力使力的特征。莫高窟壁画佛教故事中保存有相扑比赛的场景,更是能与佛教文献中有关相扑的记载相吻合。莫高窟北周第290窟人字披西披绘有一幅反映相扑活动的画面(图2.14),而画中相扑者的形象在《修行本起经》中能找到相应的记载:"王告难陀:'汝与调达二人相扑。'难陀受教即扑,调达顿躄闷绝,以水灌之,有顷乃苏。王复问言:'谁为胜者。'其仆答言:'难陀得胜。'王告难陀:'与太子决。'难陀白王:'兄如须弥,难陀如芥子,实非其类。'拜谢而退。"② 画面中一穿短裤相扑者将另一位全身赤裸者扑翻在地,与经文中内容相符。另外,考《修行本起经》在东汉时期就已有译本,可知相扑一词在东汉即有出现,并且所表达的内容与唐宋的相扑是一致的。

莫高窟五代第61窟西壁南起第12扇屏风画中的相扑图(图

① 《大正藏》第37册,第451页。
② 《大正藏》第3册,第465页。

图 2.14　相扑图　莫高窟北周第 290 窟

2.15），反映的即是绘悉达多太子与诸释子相扑比武的场面。壁画中存有榜题："……来对于太子欲共相扑……不禁即便倒……太子一种齐等……不急不缓……"① 由榜题可知此处相扑场景应与《佛本行集经·角术争婚品》中的记载相对应："是时太子却坐一面，其诸释种一切童子，双双而出，各各相扑……次阿难陀忽前着来，对于太子，欲共相扑……而彼不禁，即便倒地。其后次至提婆达多童子前行，以贡高心我慢之心，不曾比数，悉达太子，欲共太子角竞威力，欲共太子一种齐等，挺身起出，巡彼戏场，面向太子，疾走而来，欲扑太子。""尔时太子，不急不缓，安详用心，右手执持提婆达多童子而行，擎举其身，足不着地，三绕试场，三于空旋，为欲降伏其贡高故，不生害心，起于慈悲，安徐而扑，卧于地上，使其身体不损不伤。"② 这则材料中出现的

---

① 万庚育：《敦煌莫高窟第 61 窟壁画〈佛传〉之研究》，甘肃人民出版社 1985 年版，第 138 页。
② 《大正藏》第 3 册，第 710、711 页。

第二章 敦煌武功技艺类游艺

"戏场",是佛寺前举行俗讲、变文的地方,同时也渐渐约定成俗的变成相扑比赛等竞技角力,百戏娱乐的场所。

图 2.15　相扑图　莫高窟第 61 窟屏风画

佛教与相扑有着密切的联系,因此佛教文献中有大量相扑词汇的出现。《大般涅槃经疏》云:"角力相扑者,断常乖于正观,正观破于断常,故言相扑。以头触之者,乃以身见触中道解,次其额上珠下,明失正理。"①《宗门武库》:"圆悟和尚请益五祖:'临济四宾主怎生?'祖云:'也只个程限''是什么闲事?'祖云:'我这里恰似马前相扑,倒便休。'"②《续传灯录》:"山僧平生意好相扑,只是无人搭对。今日且共首座搭对,卷起袈裟下座,索首座相扑。座才出,师曰:'平地上吃交,便归方丈。'"③由上述文献可知,佛经中提及的相扑,有的是僧徒相扑,亦或者对答时的禅语,但这说明有些僧人的确是擅长相扑的,至少表明相扑在当时应是人人所知的活动,可以成为佛教比喻或通悟的教学方式之一。

总而言之,角抵的发展从功能取向后来发展成娱乐取向,尤

---

① 《大正藏》第 38 册,第 101 页。
② 《大正藏》第 47 册,第 956 页。
③ 《大正藏》第 51 册,第 489 页。

其是在唐宋时期，以相扑冠名的角抵展现出了鲜明的艺术观赏性、竞争对抗性和游戏娱乐性，充实了人民的精神生活。

第四节 橦技

武功技艺类游艺活动中，武功类游艺项目偏重于武艺，对参与者的自身力量和身体素质有着较高的要求，狩猎、射箭、角抵等属于此类活动；而技艺类游艺活动则侧重于技巧，参与者掌握技能的熟练程度起着决定性的作用，橦技即是此类项目的典型代表。当然，游艺研究分类中一般把橦技列入百戏类，但考虑到橦技项目本身所表现出来的技艺性，加之敦煌游艺中百戏类项目材料较为单薄，故而本研究把橦技放到武功技艺类游艺之中。其目的是通过莫高窟壁画中遗存的橦技图像，结合史料中对橦技的记载，以探求橦技的本体特征、审美意识、形式机理及其发展流变规律，从而认知其美学精神和文化品格。

一 文献史料中所记载的橦技

我国古代技艺类游艺活动，在本土发展的基础上，又吸收了中外各民族的杂技、幻术等成分，特别是深受西域诸国的影响，这其中以"安息五案"中的"都卢寻橦"最为显著。都卢是国名，据《汉书》卷28下《地理志下》载："自日南障塞、徐闻、合浦……有夫甘都卢国。"颜师古注曰："都卢国人劲捷善缘高。"[1] 又据《汉书》卷96下《西域传》载："（武帝）设酒池肉林以飨四夷之客，作巴俞都卢、海中砀极、漫衍鱼龙、角抵之戏以观视之。"

---

[1] 班固撰，颜师古注：《汉书》，中华书局1962年版，第1671页。

晋灼曰："都卢，国名也。"李奇曰："都卢，体轻善缘者也。"①寻橦即长竿。《方言笺疏》云："寻、延，长也。"② 橦，《后汉书·马融传》注："旗之竿也。"③ 由以上材料可知，都卢人身轻体下，善于缘木，都卢寻橦也即是外国橦技的表现形式，而橦技可以说是中国传统游艺表演中难度最大，也是最精彩的内容之一。

对橦技的研究，是体育界、杂技界和戏剧界所关注的热点，并取得了不少研究成果。④ 但是对橦技的形态特征和定性归属问题，学界一直争议不休。近年来，随着考古水平的提高，新资料的不断出现，给了学界进一步研讨的空间，也为我们深入认识橦技的形态等问题奠定了基础。不过，任何对橦技的研究，都离不开最基本的文献资料，通过对传世史籍中有关橦技资料的整理和分析，有助于梳理橦技在不同时期的形态特征和演变规律。

较早对橦技形态有所描述的，当属东汉张衡《西京赋》中的记载：

尔乃建戏车，树修旃。侲僮程材，上下翩翻。突倒投而跟絓，譬陨绝而复联。百马同辔，骋足并驰。橦末之伎，态不可弥。弯弓射乎西羌，又顾发乎鲜卑。⑤

李尤《平乐观赋》中亦云：

方曲既设，秘戏连叙，逍遥俯仰，节以鞉鼓，戏车高橦，

---

① 班固撰，颜师古注：《汉书》，中华书局1962年版，第3928、3929页。
② 钱绎撰集，李发舜、黄建中点校：《方言笺疏》，中华书局1991年版，第36页。
③ 范晔撰，李贤等注：《后汉书》，中华书局1965年版，第1961页。
④ 对于橦技的研究，参见韩顺发《杂技戴竿考》，《中原文物》1984年第2期；王赛时《古代的缘竿——中国古代百戏史料汇考之一》，《山东体育学院学报》1986年第1期；许关中《关于"都卢"的考证》，《杂技与魔术》1994年第4期。
⑤ 萧统编，李善注：《文选》卷2，中华书局1977年版，第49页。

驰骋百马，连翩九仞，离合上下，或以驰骋，覆车颠倒。①

以上两则材料中提到的橦技皆为"戏车高橦"，意即在行驶的马车上表演的橦技形式，表演者既要经受马车奔驰的颠簸，还要在橦上表演各种高难度动作，需要高超的技能和超稳定的心理素质。这种戏车橦技继续发展，在《邺中记》中有对其更加详细的描写：

（石）虎正会殿前作乐，高絙、龙鱼、凤凰、安息五案之属，莫不毕备。有额上缘橦，至上，鸟飞左回右转，又以橦着口齿，上亦如之。设马车，立木橦其车上，长二丈，橦头安橦木，两伎儿各坐木一头，或鸟飞，或倒挂。又衣伎儿，作猕猴之形，走马上，或在肋，或在马头，或在马尾，马走如故，名为猨骑。②

这里提到了"鸟飞""倒挂""走马"等橦技表演的专业术语，在下文将结合莫高窟壁画中的橦技图像进一步阐释这些动作形态。魏晋南北朝时期，都卢橦技依然受到人们喜爱，《晋书》卷74《桓彝传》载："获关中担幢伎，以充太乐。"③ 晋傅玄《正都赋》中有云："抚琴瑟，陈钟虡，吹鸣箫，击灵鼓，奏新声，理秘舞，乃有材童妙妓，都卢迅足，缘脩竿而上下，形既变而景属，忽跟挂而倒绝，若将坠而复续，虬萦龙蜿，委随纡曲，杪竿首而腹旋，承严节之繁促，于是神岳双立，冈岩岑崟，灵草蔽崖，嘉木成林，东父翳青盖而遐望，西母使三足之灵禽，丹蛟吹笙，文豹鼓琴，素女抚瑟而安歌，声可意而入心，偓佺企而鹤立，和

---

① 欧阳询撰：《艺文类聚》卷63，中华书局1982年版，第1133页。
② 李昉等撰：《太平御览》卷569，中华书局1960年版，第2572页。
③ 房玄龄等：《晋书》卷74，中华书局1997年版，第1946页。

清响而哀吟。"① 此处用优美的文字描述了橦技表演，反映出这一时期橦技水平更加高超。

隋唐时期橦技游艺推陈出新，形式更加多样化，是娱乐表演所不可或缺的项目之一。《隋书》卷15《音乐下》载："并二人戴竿，其上有舞，忽然腾透而换易之。"②《旧唐书》卷76《太宗诸子》载："常命户奴数十百人专习伎乐，学胡人椎髻，翦彩为舞衣，寻橦跳剑，昼夜不绝，鼓角之声，日闻于外。"③《太平广记》卷226《伎巧二·刘交》载："幽州人刘交，戴长竿高七十尺，自擎上下。有女十二甚端正，于竿置定，跨盘独立，见者不忍，女无惧色，后竟还扑杀。"④ 由上述材料可知橦技作为表演活动在隋唐时期非常频繁，官方专门的组织向胡人学习橦技技巧，并且也出现了一批橦技高手。更值得提出的是，隋唐时期女子在橦技表演中占据重要地位，王建的《寻橦歌》便是为她们而作：

人间百戏皆可学，寻橦不比诸馀乐。重梳短髻下金钿，红帽青巾各一边。身轻足捷胜男子，绕竿四面争先缘。习多倚附欹竿滑，上下骗跶皆著袜。翻身垂颈欲落地，却住把腰初似歇。大竿百夫擎不起，裊裊半在青云里。纤腰女儿不动容，戴行直舞一曲终。回头但觉人眼见，矜难恐畏天无风。险中更险何曾失，山鼠悬头猿挂膝。小垂一手当舞盘，斜惨双蛾看落日。斯须改变曲解新，贵欲欢他平地人。散时满面生颜色，行步依前无气力。⑤

顾况的《险竿歌》亦对女子橦技表演描写得非常形象生动：

---

① 欧阳询撰：《艺文类聚》卷61，中华书局1982年版，第1110页。
② 魏征等：《隋书》卷15，中华书局1997年版，第381页。
③ 刘昫等：《旧唐书》卷76，中华书局1997年版，第2648页。
④ 李昉：《太平广记》卷226，中华书局1961年版，第1737—1738页。
⑤ 彭定求等编：《全唐诗》卷289，中华书局1960年版，第3387页。

宛陵女儿擘飞手，长竿横空上下走。已能轻险若平地，岂肯身为一家妇。宛陵将士天下雄，一下定却长稍弓。翻身挂影恣腾踢，反绾头髻盘旋风。盘旋风，撇飞鸟；惊猿绕，树枝衰。头上打鼓不闻时，手蹉脚跌蜘蛛丝。忽雷掣断流星尾，矐睒划破蚩尤旗。若不随仙作仙女，即应嫁贼生贼儿。中丞方略通变化，外户不扃从女嫁。①

《明皇杂录》中则记载了一位橦技女高手王大娘："上御勤政楼，大张声乐，罗列百伎。时教坊有王大娘，善戴百尺竿，竿上施木山，状瀛洲、方丈，仍令小儿持绛节出入其间，而舞不辍。时刘晏为秘书省正字，年方小，形状狞劣而惠悟过人。上召于楼上帘下，贵妃置于膝，为施粉黛，与之巾栉。上令咏王大娘戴竿，晏应声曰：'楼前百戏竞争新，惟有长竿妙入神。谁谓绮罗翻有力，犹自嫌轻更着人。'"② 上述三则诗歌材料描述了唐代女子橦技的精彩表演，她们在长竿上如履平地、行走自如，而且能够做出翻身倒挂、高空舞蹈等各种惊险动作。可以说女子们的表演极具观赏娱乐，她们通过自己精湛的技术吸引着人们的关注，具有很强的艺术魅力。

以上文献资料详细记载了宋代以前橦技的盛行和精彩表演，除此之外，《辽史拾遗补》《明宪宗元宵行乐图》《西湖游览志余》《帝京景物略》《清嘉录》《扬州画舫录》《松风阁诗钞》等均有对辽、金、明、清等各时期橦技表演的描述，此处不再累述。

二 敦煌橦技的内容及其形态特征

在上文中，通过对文献史料中有关橦技的记载，可知戏车高

---

① 彭定求等编：《全唐诗》卷265，中华书局1960年版，第2948—2949页。
② 郑处诲撰，田廷柱点校：《明皇杂录》，中华书局1994年版，第13页。

第二章 敦煌武功技艺类游艺

橦是橦技的表演形式之一。除此之外，还有固定式、移动式等两种。橦技所使用的竿子一般为长竿，有 T、+、和 | 形三种形状。橦技的表演形式及其所使用的竹竿在史料中都有记载，但宋以前的图像资料较少，而在莫高窟壁画中有丰富的橦技图像，主要集中在隋、唐、五代、宋各期的第 9、18、55、61、72、74、85、138、156、236、361、454 等窟壁画中，从中可以看到隋、唐、五代、宋各时期的橦技表演的生动场面。下文将结合史料中记载的橦技的三种形式和敦煌壁画中所描绘的橦技的直观形象的图像，对橦技的形态特征做进一步的分析。

移动式就是橦底用手擎、肩标、额顶，今称顶竿、扛竿。这要求扛竿者身体较壮实，必须具有较好的力量和控制橦的稳定和平衡，并能随时调整竿上表演者的身体重心。晚唐第 9 窟西壁《楞伽经变》中，绘有一幅移动式橦技的形象。画面中一艺人头顶长竿，双臂展开便于保持平衡，长竿竿底为圆球状。竿上两艺人，一人单臂单腿夹住竿子，做旋转状，另一人则在竿顶翻筋斗，甚为精彩。（图 2.16）

固定式是将橦固定在地上、物体上（如建鼓橦）、框架上。五代第 61 窟南壁《楞伽经变》中的橦技图即是固定式。帷帐里伸出一竿，竿头置一圆轮，两名艺人在圆轮上进行表演。一名艺人脚踩圆轮，另一儿伎单脚站在踩圆轮儿伎的头上，两人均做金鸡独立状。周围有 7 名乐手在伴奏，使表演显得更加刺激。（图 2.17）

五代第 72 窟南壁《刘萨诃因缘变》中的载竿表演难度极大，一艺人单腿撑地，头顶白色细竿，另一艺人则在竿顶做倒立翻转动作。（图 2.18）

晚唐第 85 窟主室窟顶东披《楞伽经变相》绘有一人载长竿，另一艺人在竿上置定，做各种表演动作。（图 2.19）

晚唐第 156 窟北壁下方《宋国夫人出行图》中，顶竿艺人短裙中袖，腰带轻束，身体稍斜，单足站立，一腿提膝，头顶长竿。

图2.16　橦技图　莫高窟第9窟西壁

十字形竿上四艺人着犊鼻裤，攀缘作戏，表演水平支撑、单臂夹竿、单臂悬垂、寒鸭浮水等动作，身轻如燕，十分惊险。周围一群唐妆宫女，长袖舒展，绕竿翩翩起舞。乐工们身着各色彩衣，齐鸣鼓乐。(图2.20)

北宋第454窟南壁《楞伽经变》中，绘有一细竿竖立于地上，一艺人身体前倾，单腿立于细竿之上，头顶上另有一名艺人成金鸡独立之态。敦煌壁画中的五代、宋时的橦技，是把竿子竖立在地上，称为"金鸡竿"，难度比唐代的橦技有了较大的提高。(图2.21)

通过对以上六幅莫高窟壁画中橦技图的分析，我们对唐、宋时的橦技形象有了比较直观的了解。从这些橦技图中可知，橦技的技巧动作有上竿、竿上、下竿三部分组成。上竿一般是双手攀竿，双脚夹竿，向上移动。另一种是猫行，单手和单脚交替向上攀爬。下竿主要以双手把竿，两腿夹竿，顺势滑下，

图2.17 橦技图 莫高窟第85窟

也有双脚夹竿，身体倒悬而下。竿上动作表演性较强，主要有倒、挂、腾、旋、舞、坐等技巧组成。挂，就是将身体倒挂在竿上，可分脚挂，用脚跟或脚背勾挂在横竿上；腿挂，指用膝盖弯曲，双腿挂在竿上；手挂，主要以双手或单手抓竿，将身体悬挂在空中。腾，是指表演者在两根橦或多根橦上做来回腾跃。旋，是在橦顶端，表演者用腹部顶在竿上做旋转动作。舞，是在橦竿上进行舞蹈与技巧相结合的表演。坐，是指表演者用双腿跨骑或蹲踞在竿上。

另外，当时的橦技表演还出现了勾栏的场面，并有音乐伴奏，烘托现场气氛，使表演更加扣人心弦，引人入胜，并形成了一种专门的演出场所。莫高窟壁画中的这些橦技表演场面绝不是画匠们的凭空想象，它必定是对当时橦技游艺的真实反映和写照，这在很大程度上能说明敦煌地区的橦技表现是很盛行的。

图 2.18 橦技图 莫高窟第 72 窟南壁 摹本

图 2.19 橦技图 莫高窟第 85 窟窟顶

图2.20 橦技图 莫高窟第156窟北壁

三 敦煌橦技与竞技体操之关系

人类对自身的力量、速度、健美、灵巧等基本素质的追求和赞美,从而逐步塑造出一种特殊体操环境与理念,这在各个时代,各种运动活动中几乎是共同的。通过对敦煌橦技所体现出的形态特征的分析,再对照现代竞技体操中的平衡木、鞍马、高低杠等项目,可以看出,二者之间存在着难以割裂的"血缘关系"。

敦煌橦技中蕴育着竞技体操的因子。王国维在《宋元戏曲史》中曾论述:"《晋语》'侏儒扶卢',韦昭注:'扶,缘也;卢,矛戟之秘,缘之以为戏。'此即汉寻橦之戏所由起。而优人于歌舞调戏外,且兼以竞技为事矣。"[①] 可见他也认为,橦技艺人

---

① 王国维:《宋元戏曲史》,东方出版社1996年版,第4页。

图 2.21　橦技图　莫高窟第 454 窟南壁

的表演，也是带有一定的竞技性的。

敦煌橦技需要表演者具有强壮的身体、敏捷的伸手、超强的心理和过人的胆识，这对竞技体操运动员也同样适用。橦技表演者不但要在细小的竿子上保持身体的平衡，而且还要表演翻筋斗、倒立等各种高难度动作，而现代竞技体操运动员也要在平衡木上完成燕式平衡、团身后空翻、挺身前空翻等动作；在鞍马上完成倒立、转体、交叉等动作；在高低杠上完成单臂回环、回环倒立空翻等动作。虽然两者的技术角度不同，但是都要求表演人有发达的肌肉，良好的平衡能力以及在做这些高难度动作的时候所保持的冷静心态和稳健发挥。

敦煌橦技和竞技体操都体现出人类的身体之美、动作之美和艺术之美。无论是橦技艺人还是体操运动员，在日常高强度、大运动量的训练下，都练就了发达的腹肌和胸肌，塑造出了自身的完美曲线和身材。他们在细小的竿子、鞍马、平衡木上所展示的优美的身姿、干净的动作、高超的技艺，无一不彰显着运动之美。这些动作是人类对自身身体的极尽所能的展示和发挥，难度极大的表演，让观赏者为之紧张、为之动容、为之喝彩，充分展现了艺术之美。

作为百戏的一种，橦技表演更多的是为了取悦观众，是为了重大节庆活动而助兴，以达到一种娱乐的目的，并且橦技艺人地位低下，在危险性极高的场景下表演，却得不到最起码的尊重，甚至被当作"小丑"一样看待；而现代竞技体操则是为了人类为了增加自身的体魄，展现身体的灵活性、柔韧性和平衡性，借助各种高难度动作来不断挑战人类的身体极限。体操运动员每一次漂亮的翻腾、优雅的转体和稳稳的落地，都会得到观众由衷的赞美和掌声，他们得到了人们的认可和赞许，这种成就感和荣誉感是橦技艺人所不能想象的。

敦煌壁画中所反映的橦伎图像，使我们得以结合文献史料，直观地看到当时橦技的艺术形态特征和表演形式，了解到古代橦技技艺的历史沿革和重心轨迹变化等技术基础以及它的社会性。敦煌橦技在五代以后逐渐走向成熟，并开始由简单的百戏形态向竞技技巧、体操运动的雏形嬗变，但它始终是以世俗娱乐和观众为主导的价值取向，注定了它只能在形态上与现代竞技体操相似，却最终走向了杂技。清末民初，随着封建社会的瓦解和西方文明的传入，橦技表演逐渐没落，而西方军事体操却被引入中国，成为中国人"强国保种"的希望所在。

第五节 小结

敦煌的武功、技艺类游艺活动，充满了多样、生动、活泼的内涵，是游艺活动中最具动感和生命力的活动。透过这类游艺活动，可以探知古代敦煌人积极向上的生活态度和机智勇敢的风采。

狩猎、射箭、角抵等武艺类活动中对参与者的身体素质有着较高的要求。狩猎活动参与者在追逐畋猎的过程中寻求刺激，而射箭活动则要求参与者要有高超的射术。敦煌壁画中的狩猎和射箭图像多与佛教中太子比武的故事相联系，利用佛教中对此类故事的描述，可以较为贴切地分析壁画中狩猎和射箭的技术动作。敦煌文献中对狩猎、射箭游艺活动亦有所记载，这些材料多集中在世俗生活中，从中可以得知狩猎、射箭等活动所使用弓、箭的来源，而狩猎活动中猎鹰更是古代敦煌地区向中央政权进贡的特产，敦煌文献中亦有记载。

角抵、相扑活动兼有竞技和表演两种属性，这两种属性相互补充，并行不悖。角抵和相扑虽然为同一个游艺活动，但是二者之间也有差别，尤其是在宋辽时期。敦煌文献中把相扑放到声乐部，正是突出了其表演和娱乐的特征。敦煌壁画中的相扑图像，则说明参与者在激烈的对抗下才使得表演更加精彩，而表演者也竭力表现出他们的相扑技巧。可以说，这三项武功类游艺活动，不仅表现了参与者的力量和勇气，更可以作为军事的教育训练，属于多功能的游艺活动。

技艺类游艺活动则更多的是突出表演者技能的高超，这需要他们平时反复的训练。我们通过莫高窟壁画中所遗存的较为丰富的橦技图像，对橦技的表演形象有了较为深入的了解，从中也可以看出橦技游艺难度很大，其表演的技术具有极强的观赏性与娱乐性，更是受到众人的喜爱，历久不衰。如今这项表演活动，依旧在杂技表演中出现，可见此项游艺活动的顽强的生命力。

总之，以狩猎、射箭、角抵、橦技为代表的敦煌武功、技艺类游艺活动，其方法、技巧、趣味各有不同，但都考验着参与者的体力、智力和应变力，能够把参与者的力量之美和技巧之美展示出来，引人入胜，使人乐在其中。

第三章　敦煌岁时节日类游艺

岁时节日"主要是指与天时、物候的周期性转换相适应，在人们的社会生活中约定俗成的、具有某种风俗活动内容的特定时日"①。它是中国古代社会特有的时间表述方式，在中国传统社会文化生活中占据重要地位。② 节日的产生与岁时关系密切，其经历了由单纯的岁时祭祀、月令政事等严谨仪节向娱乐游宴、歌舞竞技等文化活动的发展模式，池田温提出："从原先与天干地支结合紧密的节日重点转移到月、日序数一致的节日，这便从传统的干支支配下更加解放出来了。节日的行事也逐渐扬弃了原始宗教的性质，以增添生活色彩的休养生息和娱乐之目的面目演化着，发展着。"③ 这种转变在汉魏时期开始发生，尤其到了隋唐时

---

① 钟敬文主编：《民俗学概论》，上海文艺出版社1998年版，第131页。
② 岁时节日文化在古代就已得到关注，至今已有较为丰硕研究成果，代表性论著有：宗懔《荆楚岁时记》，山西人民出版社1987年版；韩鄂《岁华纪丽》，中华书局1985年版；陈元靓《岁时广记》，中华书局1985年版；蒲积中编，徐敏霞校点《古今岁时杂咏》，辽宁教育出版社1998年版；潘荣陛等《帝京岁时纪胜》，北京古籍出版社1981年版；韩养民、郭兴文《中国古代节日风俗》，陕西人民出版社1987年版；宋兆麟、李露露《中国古代节日文化》，文物出版社1991年版；韩广泽、李岩龄《中国古代诗歌与节日习俗》，天津人民出版社1992年版；Stephen F. Teiser, *The Ghost Festival in Medieval China*, Princeton University Press, 1996；萧放《岁时——传统中国民众的时间生活》，中华书局2002年版；李道和《岁时民俗与古小说研究》，天津古籍出版社2004年版；常建华《岁时节日里的中国》，中华书局2006年版。
③ ［日］池田温：《唐研究论文选集》，孙晓林等译，中国社会科学出版社1999年版，第382页。

代岁时节日新旧并存，逐渐增多，①并且"节日风俗也以极快的速度向娱乐方向发展"。②朱红认为岁时节日的娱乐化："正说明了节日无论其本初面目如何，最终都趋于娱乐的形式。这与人们的心理是有关的。节日是人们在日常生活中用以调剂的一个亮点，是释放情感的一种理由，因此，节日的欢乐是其本质的表现。"③

敦煌虽地处边陲，却位于中西交会之枢纽，其岁时节日文化长期受中原文化的熏陶，加之对西域文化的接受和佛教思想的教化，从而呈现出宗教兴盛、民族融合、以娱乐为主的鲜明特色。④就敦煌的岁时节日来说，除了本有的佛教习俗之外，还能充分反映出佛教汉化的情况：如以佛教之名而行汉俗之实，或用汉俗之名而行佛事之实。前者如四门结坛（古代的四门磔禳）、天王之祭（中国军事的保护神）等。后者如上元燃灯（表佛法大明）、中秋祀月（敦煌则为白露道场）等。而在遇到传统节日，敦煌寺院也同样过节，如：寒食清明的扫墓祭拜、端午节僧官给节度使献物致贺、重阳节登高吃饵糕、十月朔节的寺院飨会等。敦煌的岁时活动名目相当繁多，下面将按照岁时节日的时间顺序，对具有代表性的节日活动内容及相关的敦煌文书进行列表说明。

---

① 张宏梅：《唐代的节日与风俗》，山西人民出版社2010年版，第10—14页。
② 李惠芳：《传统岁时节日的形成及其特点》，《武汉大学学报》1994年第5期。
③ 朱红：《唐代节日民俗与文学研究》，博士学位论文，复旦大学，2002年，第7页。
④ 对敦煌岁时节日文化的研究，参见高国藩《敦煌民俗学》第二十六章"四时风俗"，上海文艺出版社1989年版，第453—482页；张弓《敦煌春月节俗探论》，《中国史研究》1989年第3期；谭蝉雪《敦煌民俗——丝路明珠传风情》第二篇"岁时节日篇"，甘肃教育出版社2006年版，第37—136页；林艳枝《敦煌文献呈现之社会生活研究》第二章"岁时节令生活"，博士学位论文，台北中国文化大学，1998年，第9—61页；张耀方《敦煌文书所见唐代节庆之研究》，硕士学位论文，台湾逢甲大学，2003年；王维莉《唐五代宋初敦煌寺院四时节俗》，硕士学位论文，西北师范大学，2011年。

第三章 敦煌岁时节日类游艺

表 3.1　　　　　敦煌岁时节日主要活动及相关文书

岁时节日	主要活动内容	部分相关敦煌文书
元日（正月）	履端之庆、岁祭、结坛、踏舞、安伞、印沙	P.2814《贺正献物状》、S.5636《岁日相迎书》、S.2200《贺正献物状》、S.4374《贺正》、S.6537v《节候赏物》、P.3272《丙寅年牧羊人状三件》
上元	燃灯、祭风伯、赛袄、赛金鞍山神、赛天王	S.2832《造释迦像功德赞》、P.2631《释子文范》、P.2583《佛事疏文》、S.1519《寺院油面破历》、P.2049《寺院帐目》、P.3405《诸杂斋文》、P.3461《释门书仪》、P.3234《寺院帐目》、S.1316《寺院残帐》、P.3490《辛巳年某寺诸色斛斗》
二月八日	设道场、行像、舞狮、踏舞	S.2832《二月八日》、P.2999《太子成道经》、北图云字二十四号《八相变》、P.2940《斋琬文》、P.3728《斋文一篇》、S.4413《二月八日》、P.2481《二月八日法会文》、P.3219《释子赞颂文》、P.2985《诸杂斋文》、S.2146《行城文》、P.2631、P.2854、P.6006《行城文》、P.2631、S.5957《二月八日文》、P.3566《诸杂斋文》、P.4812《残佛经偈颂》、P.2032《后晋时期净土寺诸色入破历算会稿》、P.2049《沙州净土寺直岁保护手下诸色入破历算会牒》、P.2776《某僧寺食物帐》、P.3490《辛巳年某寺诸色斛斗破历》、P.3047《僧尼名录》、P.3234《诸色入破历算会稿》、P.2631、P.2058、P.3566《二月八日逾城文》、S.1053《寺院破历》、P.4640《衙府纸破历》
寒食、清明	悼念介子推、火禁、踏舞、郊游、上坟、祭川原、祭雨师、马球、秋千、气球	S.6537v《郑余庆书仪》、P.3403《雍熙三年（九八六）丙戌岁具注历日并序》、敦研001号《酒帐》、S.1366《衙府破历》、P.3608v《寒食篇》、P.3608《陇西李氏莫高窟修功德记》、S.1156《进奏院状上》、S.2200、S.5636《书牍轨范》、S.1366《油面历》、P.3302《上梁文》、S.0381《龙兴寺毗沙门天王灵验记》
四月八日	造幡、赛神、马戏、马球、相扑、赛袄、赛金鞍山神	S.0610《启颜录》、敦研007号《大慈如来告疏》、S.2832《造释迦像功德赞》、P.2940《斋琬文》、敦研0343《造幡发愿文》、S.2724《华严经》、S.2154《佛说甚深大回向经》、S.0227、S.0457、S.4954、S.4967、S.5130、S.2199《大智论》、S.2791《大般涅槃经》、S.4162《优婆塞戒经》、P.2912《寺院帐目》、S.4211《壬辰年四月交付写经物色名目》、P.2081《四月八日、二月八日功德法》、P.3879《应管内外都僧统帖》、S.4632《曹元忠请宾头卢疏》、S.3050《善惠山雪山修道文》、P.2668《翟奉达七言诗一首》

续表

岁时节日	主要活动内容	部分相关敦煌文书
端午	献物致礼、登鸣沙山、佩挂符咒、赛驼马神、雩祀、赐扇	S.2200《贺端午献物状》、P.3100《端午》、P.2814《贺端午献物状》、S.2832《时文轨范》、P.4638《陈彦□献物牒》、S.4374《书仪》、S.0361、P.2619、P.3637《屈宴书》、S.5636《端午相迎书》、P.4640《归义军衙府纸破历》、S.2447《壬子年佛经交割手帖》、S.1366《油面历》、P.2641《宴设司呈报设宴帐目四通》、P.4984《端午送□扇》、S.4663、P.3671《杂抄》
七夕	乞巧、盂兰盆节、造花树、设乐舞蹈	P.2721、P.3636《珠玉抄》、P.3671《安怀光珠玉抄》、S.6537《大唐新定吉凶书仪一部并序》、S.5139《五言赠》、S.2832《时文轨范》、S.1497《曲子喜秋天》、S.2104《某赠道清和尚诗》、P.2838《曲子拜新月》、P.3910《听唱张骞一西（新）歌》
仲秋	点天灸、佛事、印沙、赛神、网鹰、赛社	S.0527《显德六年（九五九）女人社再立条件》、P.3730v、S.6537《立社条件》、P.3276v《结社修窟功德记一篇》、P.2842《社司转帖》、P.4674《乙酉年十月窟上燃灯等杂用帐》、P.4907《庚寅、辛卯两年诸色斛斗支付历》、S.5573《印沙佛文》、P.2255v《释子文范》、P.2483v《印沙佛文》S.5658《杂抄》、P.3671《妙法莲华经卷第五》、P.2566《礼佛忏灭寂记》
重阳	重阳、道场、设宴、跳胡腾舞、赛神、登高、赏菊、茱萸会	P.2646、P.3284、S.2200、S.4761、S.5636《重阳相迎书》、S.6537《郑余庆书仪》、S.2832《时文轨范》、S.0361、P.2619、P.3637《书仪镜》、S.4663、S.5658、P.3671《珠玉抄》、S.1053v《寺院破历》、P.4640《衙府布破历》
冬至	拜贺、聚会宴饮、道场供佛、僧人解斋、数九、乞麻	P.2646《张敖书仪·冬至相迎书》、P.3502《九族尊卑书仪·冬至相迎书》、P.3691《书仪·冬至贺语》、P.3691、S.4374《贺冬》、P.2481《书仪·拜冬至》、P.3671、P.4663、S.5658 号《杂抄》、P.2646、S.4761、P.3691 等号《张敖书仪》及《新集书仪》、P.3100《冬至》、S.4374《贺冬至上大官别纸本》、S.6537《郑余庆书仪》、S.4374《书仪》、P.2619、P.3637 号《书仪》、P.2481《修常定楼记》、S.6537《郑余庆书仪·节候赏物》、P.2619、P.3637 号《新定书仪镜》、P.2646、P.3284、P.3691、S.2200、S.5636 号《冬至相迎书》、P.2032《寺院帐目》、P.3490《辛巳年某寺诸色斛斗破历》、S.6275《丙午年十一月纳油历》、P.2049《净土寺帐目》、P.2642《某寺诸色斛斗破历》、S.1519《寺院油面破历》、S.4782《干元寺帐目》

第三章 敦煌岁时节日类游艺

续表

岁时节日	主要活动内容	部分相关敦煌文书
腊八	腊八节、道场、温室俗僧、燃灯、制药、藏钩、结坛	S.2832《时文轨范》、S.4191《腊八道场斋文》、P.3103《浴佛节佛事斋文》、P.3808《长兴四年中兴殿应圣节讲经文》、P.3671、S.4663、S.5658《杂抄》、P.3265《报恩寺开温室浴僧记》、S.2440《腊八燃灯分配窟龛名数》、P.3234《寺院算会帐》、P.3671、S.5658、S.1519《寺院帐目》、S.1053《寺院帐目》、S.5008《日用帐》、S.5901《某僧向大德乞药状》、S.6452《寺院帐》、S.4474《释门杂文》、S.6171《唐宫词》
岁除	跳钟馗、驱傩、舞蹈	P.3555、P.3468《夜胡词》、P.3702、P.3552、P.2569、S.0329、P.4055、P.4976、P.3270、P.3856、P.2085、P.2055、P.4011、P.2612、S.6181、S.1815《儿郎伟》、P.2682、S.6261《白泽精怪图》

通过表3.1，可以看到敦煌的岁时节日具有相当浓重的娱乐色彩，其显著特征便是大量游艺活动的开展。虽然说这些游艺活动在日常生活中也有进行，但在岁时节日期间出现得更为集中。敦煌文献中对这些在节庆时节开展的游艺活动有较多的资料记载。下文试图通过分析敦煌文献和莫高窟壁画中上元节、寒食清明节、端午节、七夕节及其他具有代表性的节日中的游艺活动资料，借以探究敦煌节日中的游艺风俗，进而窥视当时的社会生活面貌。

第一节 上元节观灯

农历正月十五是我国岁时节日中的一个重要组成部分，称为"上元节"或"元宵节"。如果把春节看作若干连续性的节日组合，上元节无疑是排在其中的最后一个，正如故事的高潮往往出现在结尾部分一样，上元节所表现出来的全民狂欢性是其他节日所无法比拟的。虽然上元节的民俗活动，在不同的历史时期其内容不尽相同，但张灯、燃灯、观灯习俗却是最受人们所喜爱和推崇的,可以说灯是上元节最显著的标志,因此上元节也被称作"灯节"。每到上元节的夜晚,无论城乡皆灯火灿烂、彻夜通明,无论士族庶民一律张灯结彩,热闹非凡。我国古代的史籍、诗歌和笔记小说中对上元节观灯盛况有较多的描写,以张鷟《朝野佥载》卷3中的记载为例,即可窥见一斑:

> 睿宗先天二年①正月十五、十六夜,于京师安福门外作灯轮,高二十丈,衣以锦绮,饰以金玉,燃五万盏灯,簇之如花树。宫女千数,衣罗绮,曳锦绣,耀珠翠,施香粉。一花冠、一巾帔皆万钱,装束一妓女皆至三百贯。妙简长安、万年少女妇千余人,衣服、花钗、媚子亦称是,于灯轮下踏歌三日夜,欢乐之极,未始有之。②

从上文精彩的描述中可以看出,无论是灯轮装饰的华丽,还是燃五万盏灯的壮观,抑或众多女子的盛装参加,都为上元节的观灯盛会营造出一种空前的盛况,俨然是一项全民狂欢的节日。

一 上元节燃灯源考

有关上元节燃灯习俗的起源,历来众说纷纭,莫衷一是。目前学界比较流行汉武帝祭祀太一说、道教祀三元说及佛教燃灯礼佛说等观点。③对这三种观点的讨论,有助于加深对敦煌民俗和

---

① 先天二年,应为唐玄宗年号,张鷟记载为睿宗,当误。
② 上海古籍出版社编:《唐五代笔记小说大观》,上海古籍出版社2000年版,第40页。
③ 除这三种主要观点之外,中村乔认为上元燃灯习俗与燎炬被禳活动有关,参见中村乔《正月十五日的风习与燃灯之俗》,《立命馆文学》1985年第485、486号;向柏松进一步提出上元花灯即从先秦廷燎祭天的柴火演化而来,参见向柏松《元宵灯节的起源及文化内涵新论》,《中南民族学院学报》2000年第2期;夏日新则提出上元节灯俗是在北朝夜游风气基础上发展起来的,参见夏日新《北朝夜游之风与元宵节俗起源》,殷宪主编《北朝史研究:中国魏晋南北朝史国际学术研讨会论文集》,商务印书馆2004年版,第447—454页。

僧俗两种燃灯活动的认识。

（一）汉武帝祭祀太一说

在关于上元节燃灯习俗起源的几种观点中，汉武帝祭祀太一说古已有之，流传甚久，无疑是最有影响的。此种观点的支持者，往往以《史记·乐书》中的记载为证："汉家常以正月上辛祠太一甘泉，以昏时夜祠，到明而终。"① 成书于初唐的《艺文类聚》卷4"岁时正月十五日条"载："《史记》曰：'汉家以望日祀太一，昏时到明。'今夜游观灯，是其遗迹。"② 此种说法得到盛唐时徐坚的认可，在其《初学记》卷4"正月十五日条"中载："《史记·乐书》曰：'汉家祀太一，以昏时祠到明。'今人正月望日夜游观灯，是其遗事。"③ 宋人洪迈《容斋随笔》④、朱弁《曲洧旧闻》⑤ 二书关于上元张灯的记载亦沿袭了这种观点。到了明代，此种说法依然盛行，王三聘《古今事物考》"观灯条"曰："汉望日祀太乙，自昏至明。今上元夜游观灯，是其遗迹。唐勅金吾弛禁，许三夜士女游行，谓之放夜，宋增十七、十八为五夜。"⑥ 从上述众多文献的记载中，可见古人对上元节燃灯习俗与汉代祭祀太一的信仰相关是深信不疑的。

然而，这一传统观点却遭到了今人的质疑。陈熙远指出："一般以为元宵节的起源乃汉武帝于正月祠祀'太一'之神，然而充其量，这不过是汉代皇室在正月时举行的一项祭礼活动。"⑦ 遗憾的是陈熙远对其观点并未给出详细的解释。相对而言，韩梅则给出了更充足的理由，她首先从节期切入，认为

---

① 司马迁：《史记》，中华书局1982年版，第1178页。
② 欧阳询等撰：《艺文类聚》，上海古籍出版社1965年版，第60页。
③ 徐坚：《初学记》，中华书局1962年版，第66页。
④ 洪迈：《容斋随笔》，上海古籍出版社1996年版，第427页。
⑤ 朱弁著，孔凡礼点校：《曲洧旧闻》，中华书局2002年版，第180页。
⑥ 王三聘：《古今事物考》，上海书店1987年版，第10页。
⑦ 陈熙远：《中国夜未眠——明清时期的元宵、夜禁与狂欢》，《"中央研究院"历史语言研究所集刊》2004年第2期。

正月上辛日可以是正月上旬从初一到初十的任何一天，却绝不可能是望日；进而从节日内容着手，提出汉武帝祭祀太一神的活动是帝王的重要政治活动，且为后世历代封建王朝所继承，与后来元宵节赏月观灯的民俗活动有着本质的不同。据此，她判断上元节起源于汉武帝时太一神祭祀活动的说法是不能成立的。①

（二）道教祀三元说

作为中国本土的宗教，道教三元信仰中亦有燃灯的传统。所谓三元信仰，南北朝时期所著《三元玉京玄都大献经》有云："天地水三官考校功过，毫分无失。所言三元者，正月十五日为上元，即天官检勾；七月十五日为中元，即地官检勾；十月十五日为下元，即水官检勾。"②《唐六典·尚书礼部卷第四》对道观纲统众事者中的监斋亦记载道："而斋有七名：……其四曰三元斋，正月十五日天官，为上元；七月十五日地官，为中元；十月十五日水官，为下元，皆法身自忏愆罪焉。"③ 此种说法在宋朝也有记录，《岁时广记》卷10"上元条"载："吕原明《岁时杂记》曰：'道家以正月十五是为上元。'"④ 道家的三元祭祀活动中都有燃灯场面出现，明代郎瑛在其《七修类稿》"元宵灯"中认为上元灯俗起于东汉道教，并且正月十五是三官下凡之日，三官各有所好，天官好乐，地官好人，水官好灯，故上元节由此产生张灯纵乐的习俗。⑤《正统道藏·无上秘要》亦提到上元燃灯，并提出了燃灯之法："修上元之法，燃灯：上极九十灯，中可六十灯，下可三十灯，罗列斋堂左右门阁、太岁、月建、日辰、本命行年

---

① 韩梅：《元宵节"太一神祭祀起源说"考误》，《中南大学学报》2007年第3期。
② 《正统道藏》第6册，文物出版社、上海书店、天津古籍出版社1988年影印，第266页。
③ 李林甫等撰，陈仲夫点校：《唐六典》，中华书局1992年版，第125页。
④ 陈元靓编：《岁时广记》，中华书局1985年版，第95页。
⑤ 郎瑛：《七修类稿》，上海书店出版社2001年版，第414页。

第三章 敦煌岁时节日类游艺

之上。"① 上述记载都表明了道家的上元祭祀与燃灯习俗是紧密联系在一起的。

敦煌文献中亦保留有道教尊长在正月十五日为皇帝或百姓所举行的上元斋文，从中可以看到道教在上元节燃灯的习俗。如 S.3071 记载有两篇燃灯斋文，其首篇载：

> 皇帝玄精启历，鼎运克昌；埏埴百王，范围千古。处青蒲（蒱）之上，有功于乘奔；居黄屋之下，无忘于斋醮。臣等谨为皇帝依上元《金录（箓）》简文《明真》太阴官科品，建立黄坛，法天象地，敢披玄蕴，敷露真文，并赍龙璧纹缯，归命西北方无极太上灵宝天尊、梵气天君、西北乡诸灵官。今故立斋烧香，然灯朗耀诸天。愿以是功德，归流皇帝。七庙尊灵，九祖昭穆，即得开度，身入光明。愿皇帝圣历永昌，皇风遐振；静符万福，动合千祥；三晨（辰）会铜雀之鸣，五纬协珠囊之度；边烽息焰，炎徼（檄）归淳；帝道兴隆，万姓安乐。今故云云。②

第二篇斋文与第一篇大同小异，但两篇斋文中都记录有上元节燃灯的文字。但值得注意的是，道家祈愿仪式中的燃灯习俗并不只是在上元节举行，中国国家图书馆藏 BD02983 号文献中记载：

> 明灯转经，以来所愿，今有某郡县乡里男女官王甲，年若干岁，户口若干人，随事云云。臣等备忝治职，宣扬道法，不胜见甲丹赤之诚无二，专理在可长，甲辞情苦切，为三昧神祝大斋，烧香转经，法师道士男女真官，依法一日一夜，

---

① 《无上秘要》卷57《太真上元斋品》，明《道藏》第25册，文物出版社、上海书店、天津古籍出版社1988年影印，第211页。
② 图版见《英藏敦煌文献》第5卷，四川人民出版社1992年版，第4页。

六时行道〈戒或三日、七日〉。以求所愿,重请三洞神仙、三昧真仙、天仙飞仙,各十亿万人,乘风云龙虎之骑,一合来到臣等所奉甲家,以时通达,了了事竟各还。臣等身中案官复职,须臣等后日复出,奉行如故事。臣甲诚惶诚恐,稽首再拜。①

由上述敦煌文献中的记载来看,道家的这个仪式虽然不一定是在上元时节进行,却都有燃灯转经的活动,说明燃灯是仪式过程中的一个重要项目。因此,笔者认为道家的上元节燃灯祭祀活动对上元节燃灯习俗的形成有一定的推动作用。

(三)佛教燃灯礼佛说

上元燃灯起源于佛教的礼佛活动,也是比较流行的一种说法,康保成道:"中国灯节的最终形成,应当说是佛教传入以后的事。"② 不过,这种说法在其内部对燃灯礼佛的时间同样存在着争论,一种观点认为是东汉明帝时期,另一种观点则坚持是南北朝隋唐时期。

认为上元燃灯起源于东汉明帝燃灯礼佛的证据,来自宋代僧人志磐《佛祖统纪·法门光显志》一书"放灯"条中的记载:"佛教初来与道士角试,烧经放光而卷帙无损。时当正月十五日,明帝乃令每于此日烧灯以表佛法大明,自是历朝每当上元必放灯。"③ 同为宋僧的赞宁在其《大宋僧史略》卷下"上元放灯"条亦有类似的记载:"案《汉法本内传》云:'佛教初来,与道士角试,烧经像无损而发光。又西域十二月三十日是此方正月十五日,谓之大神变月。汉明敕令烧灯,表佛法大明也。'"④ 但是此

---

① 录文参见王三庆《试论元宵到燃灯节俗的演化与文化融合》,华梵大学哲学系网络学报,网址:http://www.hfu.edu.tw/~lbc/BC/4TH/BC0423.HTM。
② 康保成:《灯节与佛教关系新探》,《民俗研究》2008年第3期。
③ 《大正藏》卷49,第318页。
④ 《大正藏》卷54,第254页。

种观点存在着较多的漏洞,最明显的就是汉明帝时期道教尚处在原始的发展时期,缺乏理论经典,与佛教"角试"的可能性微乎其微。

上元燃灯受西域佛教社会燃灯礼俗的影响,并定型于南北朝隋唐时期的观点得到了较多学者的认可。① 传统史籍中所能发现的表明燃灯与佛教有直接关系的记载,当属梁简文帝萧纲的《正月八日燃灯应令诗》:"藕树交无极,花云衣数重。织竹能为象,缚荻巧成龙。落灰然蕊盛,垂油湿画峰。天宫倘若见,灯王愿可逢。"② 此诗中虽言"正月八日",却被《岁华纪丽》收入上元诗中。佛教文献中对此也有较多的记载,西晋时期白法祖所译的《佛般泥洹经》云:"天人散华伎乐,绕城步步燃灯,灯满十二里地。"③《大唐西域记》在描述北印度摩揭陀国摩诃菩提寺的佛塔时,曾提及:"(佛塔)中有如来舍利,其骨舍利大如手指节,光润鲜白,皎彻中外。其肉舍利,如大真珠,色带红缥。每岁至如来大神变月满之日,出示众人。(印度十二月三十日,当此正月十五日也。)此时也或放光或雨花。"④《艺文类聚·岁时部·正月十五日》则对上述两条材料进行了整合:"《涅槃经》曰:如来阇维讫,收舍利罂,置金床上,天人散花奏乐,绕城步步燃灯十二里",又云:"《西域记》曰:摩竭陀国正月十五日,僧徒俗众云集,观佛舍利放光雨花。"⑤ 隋炀帝《正月十五日于通衢建灯夜升南楼诗》更是直接点明了上元燃灯与佛教的关系:

---

① 此种观点的支持者,参见李传军《论元宵观灯起源于西域佛教社会》,《西域研究》2007 年第 4 期;俞秀红《西域文化对元宵灯俗的影响》,《新疆大学学报》2007 年第 2 期。

② 逯钦立辑校:《先秦汉魏晋南北朝诗》,中华书局 1983 年版,第 1962 页。

③ 《大正藏》卷 54,第 174 页。

④ 玄奘、辩机原著,季羡林等校注:《大唐西域记校注》,中华书局 2000 年版,第 693 页。

⑤ 欧阳询等撰:《艺文类聚》,中华书局 1982 年版,第 61 页。

> 法轮天上转，梵声天上来。灯树千光照，花焰七枝开。
> 月影凝流水，春风含夜梅。幡动黄金地，钟发琉璃台。①

此外，崔液《上元夜六首》云："神灯佛火百轮张，刻像图形七宝装。影里如闻金口说，空中似散玉毫光。"② 张说《十五日夜御前口号踏歌词二首》亦云："帝宫三五戏春台，行雨流风莫妒来。西域灯轮千影合，东华金阙万重开。"③ 由以上材料可见，上元燃灯习俗确实受到西域佛教社会燃灯供佛宗教习俗的影响，其大约在南北朝隋唐时期发展并最终确立起来。

对于上元节燃灯起源的争论，三种主要学说都有一些史料证据来支撑，都有一定的道理。笔者认为，上元燃灯习俗的形成是一个不断完善的过程，不应该简单地归结于某单一特定的活动。刘侗、于奕正《帝京景物略》卷2曾论述道：

> 张灯之始也，汉祀太乙，自昏至明。《僧史》谓西域腊月晦日，名大神变，烧灯佛，汉明因之，然腊月也。梁简明有《列灯赋》，陈后主有《山灯诗》，亦复未知岁灯何时，月灯何夕也。张灯之始上元，初唐也。睿宗景云二年正月望日，胡人婆陀，请燃千灯，帝御安福门纵观。上元三夜灯之始，盛唐也，玄宗正月十五日前后二夜，金吾弛禁，开市燃灯，永为式。④

通过上段文字，可以看出上元燃灯习俗的形成融合了民俗传统和宗教因素：汉武帝太初历的施行，为上元节地位奠定了基础；而后

---

① 逯钦立辑校：《先秦汉魏晋南北朝诗》，中华书局1983年版，第2671页。
② 彭定求等编：《全唐诗》卷54，中华书局1960年版，第668页。
③ 彭定求等编：《全唐诗》卷89，中华书局1960年版，第982页。
④ 刘侗、于奕正著，孙小力校注：《帝京景物略》，上海古籍出版社2001年版，第87页。

受到西域佛教社会燃灯礼佛信仰的影响发展起来；加之与本土道家上元节相互渗透，最终形成了以燃灯、观灯为显著特征的上元节习俗。

二 敦煌上元节的燃灯与观灯

上元节观灯作为一个全国性的节日习俗在敦煌地区同样流行，民间甚至有说法认为："元宵灯会，长安第一，敦煌第二，扬州第三。"① 可见上元灯会在敦煌地区是颇为重要而盛大的岁时活动，在敦煌文献中亦有较多关于敦煌上元节燃灯、观灯热闹场景的记载。② 一般来说，上元节燃灯分为民俗和佛俗两种形式，在敦煌地区佛俗占据重要地位，但是通过敦煌文献资料我们可以看到敦煌佛俗中燃灯习俗的参与者却以普通百姓为主。金宝祥《和印度佛教寓言有关的两件唐代风俗》中曾说："东汉以至南北朝，正月庭燎以祠太一的风气，逐渐消失，而燃灯礼佛的习俗，却逐渐兴起，降至隋唐，元夜燃灯的风气，益复兴盛，但其性质，已不是礼佛求福，而是歌舞升平了。"③ 这也表明了世俗及佛俗中的上元节燃灯、观灯风俗在隋唐时期并不存在绝对的界限，而是相互交织在一起的。因此，本文下面的讨论中把敦煌民俗和僧俗中的燃灯、观灯活动放到一起讨论，并未进行明确区分。

(一) 上元节燃灯、观灯的全民参与

敦煌上元节燃灯、观灯具有广泛的民众基础，这其中既有普

---

① 此说法参见李明伟《丝绸之路与西北经济社会研究》，甘肃人民出版社1992年版，第242页；齐涛《丝绸之路探源》，齐鲁书社1992年版，第102页。

② 对敦煌燃灯习俗的研究，已有较多成果，参见张弓《敦煌春月节俗探论》，《中国史研究》1989年第3期；高国藩《敦煌古俗与民俗流变——中国民俗探微》，河海大学出版社1989年版，第360—378页；谭蝉雪《敦煌岁时文化导论》，台北新文丰出版公司1991年版，第39—43页；牛龙菲《敦煌壁画乐史资料总录与研究》，敦煌文艺出版社1996年版，第582—588页；余欣《神道人心：唐宋之际敦煌民生宗教社会史研究》，中华书局2006年版，第352—354页；马德、王祥伟《中古敦煌佛教社会化论略》，中国社会科学出版社2010年版，第55—72页。

③ 金宝祥：《唐史论文集》，甘肃人民出版社1982年版，第44页。

通民众所组成的燃灯社,亦有上层统治者的直接参与。不过,我们对这个问题的讨论以唐玄宗在上元节观灯的传说为开始,这个传说在敦煌地区得到广泛的流传,S.6836《叶净能诗(话)》中有对这个故事的精彩描述,因故事篇幅较长,此处择要摘录:

> 至十四年,皇帝大赦天下,一任百姓点灯供养。诸官看灯,非常作乐。又有敕令:"坊市百姓,一任点灯,勿令禁夜。"看灯却回大内,皇帝问:"诸州县皆如此否?"净能奏曰:"蜀都有灯,供养至极,伏恐京国不如!"皇帝又问:"剑南此去多少?"净能奏曰:"去此三千里。"皇帝问曰:"如何知彼?"净能奏曰:"臣适来从彼看回。陛下不信臣所奏白,自去即难,与臣同往,斯须便到。"皇帝曰:"脱将朕去,复何侍从,几人同行?"净能奏曰:"可一与人也。"皇帝曰:"复著何色衣服?"净能奏曰:"供奉之类,尽着素衣。"皇帝曰:"便令高力士等火急装束,速与卿等同往剑南看灯。"高力士等面奉进止,当时枇排装束。于是作法,便将皇帝及左右随驾等,同[往]剑南看灯。疾似飞云,犹如电掣。皇帝侍从行时便到剑南,巡历街衢,同游诸处。又见坊市点灯铺设,供养交横,音乐至极,深悦帝情。……净能再奏曰:"陛下驾幸此郡,须交蜀郡之知看灯,于蜀王殿上奏乐。"帝曰:"如何令人得知朕自看灯来?"净能奏曰:"陛下须留一事着体之衣于蜀王殿上。后节度使必遣人搜殿,见此汗衫子,必差人进来。陛下然谓朕自看灯作乐,故留衫子,以为不谬。即蜀人及宇宙百姓,咸知陛下看灯,岂不善矣!"①

---

① 图版见《英藏敦煌文献》第11卷,四川人民出版社1994年版,第205页。

第三章 敦煌岁时节日类游艺

这个故事的其他版本大同小异，如《明皇杂录》逸文中记载："正月望夜，上与叶法善游西凉州，烛灯十数里，俄顷还而楼下之歌舞未终。"①《碧鸡漫志》卷3载："《明皇杂录》及《仙传拾遗》云：'明皇用叶法善术，上元夜，自上阳宫往西凉州观灯，以铁如意质酒而还，遣使取之，不诬。'"② 从上述材料中也可以看出，无论故事情节怎么变化，唐玄宗上元节观灯的背景都是固定的。而 P.2555v《诗歌集》中的《御制勤政楼下观灯》被认为是唐玄宗亲自谱写的诗歌：

> 明月重城里，华灯九陌中。开门纳和气，步辇逐微风。
> 钟鼓连宵合，歌笙达曙雄。彩光不为己，常与万方同。③

由上述唐玄宗观灯的传说及其御制诗歌在敦煌地区的传播，可从侧面反映出敦煌民众对上元节观灯节庆的偏爱。

敦煌上元节期间，无论是普通百姓还是上层统治者都对燃灯活动的开展投入了极大的热情。S.2832《诸杂斋文范本》中载：

> 十五日，初入三春，新逢十五。灯笼火树，争燃九陌之时；舞席歌筵，大启千灯金之夜。④

类似的记载在 P.2631《释门文范》也有出现。⑤ 火树燃着银

---

① 上海古籍出版社编：《唐五代笔记小说大观》，上海古籍出版社2000年版，第978页。
② 王灼著，岳珍校正：《碧鸡漫志校正》，巴蜀书社2000年版，第53页。
③ 图版见《法藏敦煌西域文献》第15册，上海古籍出版社2001年版，第345页。
④ 图版见《英藏敦煌文献》第4卷，四川人民出版社1991年版，第242页。
⑤ P.2631《释门文范》中的文字与S.2832中稍有出入，其为："初入三春，新逢十五。灯笼火树，争燃九百（陌）之时；舞席歌筵，启千金之夜。"图版见《法藏敦煌西域文献》第17册，上海古籍出版社2001年版，第2页。

花,九陌连着灯影,敦煌的上元节是热闹非凡的。

当然,敦煌上元节的燃灯和观灯活动也需要大量的物资消耗,为此,普通百姓都要有所贡献,这在敦煌文献中有较多反映:S.1316《某寺油面破历》:"又油贰胜(升)半,充十五夜点影登(灯)用。"① S.4642v《油粮账》:"油贰胜(升),正月十五日夜燃灯用。"② P.3243v《净土寺西仓司麦豆布緤粟油等破历》:"油贰升半,正月十五日然(燃)灯用。"③ P.3490v《油破历》:"油贰(升)半,正月十五日僧官往东窟兼燃灯用。"④ 正是因为燃灯活动的巨大开销使得部分百姓无力独自支撑,敦煌民间形成了专门的燃灯社。P.2049v《净土寺直岁保护牒》:"麦叁斗,正月燃灯社入。""粟叁斗,正月燃灯社入。""麦壹斗,卧酒,正月十五日窟上燃灯顿定用。""油叁胜(升),正月十五日夜燃灯用。""面贰斗伍胜(升),正月十五日上窟燃灯,僧食用。"⑤ P.3434v《社司转帖》中对燃灯社的记述更具代表性:

> 社司转帖。右缘年支正月燃灯,人各油半升,幸请诸公等,帖至,限今月二十日卯时,于官楼兰若门前取齐。捉二人后到者,罚酒一角,全不来者,罚酒一瓮。其帖速递相符,不得(后缺)。⑥

另外,BD14682《博望坊巷女社规约》中还记载了敦煌民间女子结成燃灯社的情况:

---

① 图版见《英藏敦煌文献》第2卷,四川人民出版社1990年版,第266页。
② 图版见《英藏敦煌文献》第6卷,四川人民出版社1992年版,第196页。
③ 图版见《法藏敦煌西域文献》第22册,上海古籍出版社2002年版,第243页。
④ 图版见《法藏敦煌西域文献》第24册,上海古籍出版社2002年版,第331页。
⑤ 图版见《法藏敦煌西域文献》第3册,上海古籍出版社2002年版,第245、246、248、252页。
⑥ 图版见《法藏敦煌西域文献》第24册,上海古籍出版社2001年版,第192页。

第三章 敦煌岁时节日类游艺

丙申年四月廿日，博望坊巷女人因为上窟燃灯，众坐商仪（议）。一齐同发心，限三年。愿满。每年上窟所要物色代（带）到，录事帖行，众社齐来，停登税聚。自从立条已后，便须齐齐锵锵，接礼歌欢，上和下睦，识大敬小。三年满后，任自取散，不许录事三官把勒。众社商量，各发好意，不坏先言，抹破旧条，再立条。日往月来，此言不改。今聚集（纸背）得一十三人，自列名目已后。①

张弓曾说："这种燃灯社有几个特点：（1）由相邻的各家信众组成，每社规模不大，约一二十家左右；（2）社众有义务捐助粮油等物支援灯节，此项义务对社众有一定的强制性；（3）捐助的对象是附近的寺院、兰若。信众结社的心理契机，是播种'福田'功德，以祈来日果报。"② 可见，燃灯社是上元节燃灯活动得以顺利举行的一个重要因素。

通过上述的材料可知敦煌的上元节燃灯活动得到广大普通民众的支持，甚至连女子也组成燃灯社参加，这是一次全民性的总动员。他们为燃灯活动付出了自己的油、粮等物品，也必然会参加到观灯活动中去，享受他们的劳动成果。

敦煌上元节的燃灯、观灯活动，普通百姓的参与是一方面，另一方面还需要依靠上层统治者的重视和支持。幸运的是，敦煌地区无论是吐蕃占领时期还是归义军政权阶段，对上元燃灯活动都表现出积极的态度。P.2583《佛事疏文》载："解毒药二两，充正月元夜燃灯……正月七日弟子节儿论莽热谨疏。"③ 考虑到论

---

① 有关此件文书的录文及研究，参见黄霞《北图藏敦煌"女人社"规约一件》，《文献》1996年第4期；郝春文《〈敦煌社邑文书辑校〉补遗》（一），《首都师范大学学报》1999年第4期；余欣《唐宋之际敦煌妇女结社研究——以一件女人社社条文书考释为中心》，东京都立大学人文学部《人文学报》2002年第325号。
② 张弓：《敦煌春月节俗探论》，《中国史研究》1989年第3期。
③ 图版见《法藏敦煌西域文献》第17册，上海古籍出版社2001年版，第119页。

莽热作为吐蕃的节儿,又担任敦煌当地的首领,这段疏文说明吐蕃占领敦煌时期,敦煌的上元节燃灯习俗是照旧举行的,甚至吸引了吐蕃首领的参与。P.3405《正月十五日窟上供养》则是反映归义军政权时期的上元节燃灯祈福活动:

> 三元之首,必燃灯以求恩;正旦三长,盖缘幡之佳节。宕泉千窟,是罗汉之指踪;危岭三峰,实圣人之遗迹。所以敦煌归敬,道俗倾心,年驰妙贡于仙岩,大设馨香于万室。振洪钟于笋檐,声彻三天。灯广车轮,照谷中之万树。①

从"敦煌归敬,道俗倾心"所言,这次上元节燃灯活动的参与者应该包含了佛道和世俗等众多参与者,而"驰妙供、设馨香、振洪钟、灯广车轮、谷中万树"则可反映出此次燃灯活动的丰富胜观,恢宏庄严。

(二)娱乐中的信仰——燃灯文

敦煌上元节燃灯活动中,人们在观灯的同时,为了祈福通常会朗诵一种佛教斋文,即燃灯文。敦煌文献中保留有内容丰富的燃灯文,这也是唐五代宋时期敦煌地区广泛而频繁举行燃灯活动的有力证明。② 这些燃灯文并非仅局限于上元节,莫高窟第192

---

① 图版见《法藏敦煌西域文献》第 24 册,上海古籍出版社 2001 年版,第 118 页。

② 黄征、吴伟统计以燃灯祝愿为主要内容的文书约 34 篇,参见黄征、吴伟《敦煌愿文集》,岳麓书社 1995 年版,第 507—538 页。冀志刚则把敦煌文献中的燃灯文书分为狭义和广义两类,以燃灯活动为主要内容的文书归为狭义燃灯文,其他非以燃灯活动为主,但与燃灯等佛事活动相关的文书加上狭义燃灯文统称为广义燃灯文。其中狭义燃灯文 31 篇,即:S.1441v、S.4245、S.4506、S.4625、S.5638、S.5924、S.5957、S.6417、P.2058v、P.2226、P.2237v、P.2341v、P.2588、P.2767v、P.2850、P.2854v、P.3172、P.3262、P.3263、P.3269、P.3276v、P.3282v、P.3405、P.3457、P.3461、P.3491、P.3497、P.3672、P.3765 等,参见冀志刚《燃灯与唐五代敦煌民众的佛教信仰》,《首都师范大学学报》2003 年第 5 期。黄维忠把 6 篇敦煌藏文燃灯文(酥油灯祈愿文)与汉文燃灯文进行了比较研究,参见黄维忠《8—9 世纪藏文发愿文研究——以敦煌藏文发愿文为中心》,民族出版社 2007 年版,第 157—173 页。

第三章 敦煌岁时节日类游艺

窟主室东壁唐咸通八年书《发愿功德文》载:"又年岁至正月十五日、囗七日、腊八日悉就窟燃灯,年年供养不绝。"① 可见燃灯文因时节的不同而种类颇多,本文所关注的重点是上元节的燃灯文,马德提出:"正月十五日上元,在中国称'三元之首';燃灯文中对这一天有各种各样的称谓:年初肇律,首岁元晨(辰),青阳告阳于中旬,正寅运朔于正月。(S.4625)新年上律,肇启嘉晨(辰)。(P.2058、P.2854、P.3172、S.4506等)新春上律,肇启嘉晨(辰)。(S.6417)青阳瑞朔,庆贺乾坤。(P.2058)"② 他认为燃灯文中的元辰、嘉辰、青阳、初阳等,都是正月十五日上元的不同称谓。马氏的说法与冀志刚的观点有所不同,后者先于马氏提出嘉辰等词汇只是表示美好的时刻或春天的到来的观点,并考证上元燃灯文只是包括 S.4625、S.6417、P.3263、P.3405、P.3461、P.3497 等 6 件。③

敦煌文献中的上元节燃灯文大都是弘扬佛法、祛灾祈福的范本,但在其中不乏对上元节燃灯盛况的描写,此处就其中具有典型代表的文字摘录出来。S.4625《河西节度使令公灵岩燃灯文》是曹氏归义军时期的一则燃灯文:

> 每岁元初,灵岩建福;灯燃合境,食献倾城;福事已圆,众善退集。其灯乃神光晃耀,炯皎而空里星攒;圣烛耀明,朗映而灵山遍晓。银灯焰焰,香油注玉盏霞开;宝火炜炜,素草至金瓶雾散,千龛会座,傥然创砌琉璃;五阁仙层,忽蒙共成卞璧。遂使铁围山内,竟日月而通祥;黑暗城中,迎

---

① 宁可、郝春文辑校:《敦煌社邑文书辑校》,江苏古籍出版社1997年版,第790页。
② 马德、王祥伟:《中古敦煌佛教社会化论略》,中国社会科学出版社2010年版,第57页。
③ 冀志刚:《燃灯与唐五代敦煌民众的佛教信仰》,《首都师范大学学报》2003年第5期。

光明而离苦。①

上文中"空里星攒""日月通祥"等词语的描述虽略显夸张,但却从侧面反映了敦煌上元节灯节的壮观。P.3263《祈愿文》载:

> 广设香油,燃千炱银烛晃耀……是时也,丽日初长,鲜云乍举,始开发生之叶,百卉举蕊之初。王公仕女,威仪队队出城;筒鹊重装,锦绣馥而映日。春风不畏,远届灵岩;寮佐交驰,同增胜会。②

"王公仕女""队队出城"则突出了敦煌上元灯会参与者的身份以及参加人数之多。除此之外,P.3461《斋文》亦载:

> 燃灯千树,食献银盘,供万旨于幽龛,奉千尊灵窟……遂使年支一度,合郡燃灯于灵谷……其灯乃良宵发焰,若宝树之花开;静夜流晖,似天边之布月。故得铁围山内,赖此灯明;黑暗狱中,蒙斯光照。是时也,初元顺节,青阳膺时。农夫缀种于东皋,辇士兴功于北府。③

P.3497《燃灯文》:

> 加以情归十号,虔敬三尊。每岁初阳,灯轮不绝。斯则庄严丽盏,并注香油,高树灯合,续明逼福。于是灯花焰散,

---

① 图版见《英藏敦煌文献》第6卷,四川人民出版社1995年版,第175页。
② 图版见《法藏敦煌西域文献》第22册,上海古籍出版社2001年版,第325页。
③ 图版见《法藏敦煌西域文献》第24册,上海古籍出版社2001年版,第277页。

若空里之分星；习炬流晖，似高天之布月。①

燃灯文在敦煌上元节灯节中的被广泛诵读，具有很强的功利色彩，在很大程度上是统治者利用佛教信仰来维持统治秩序；而普通民众则是寄希望其能消灾免祸，带给他们平安。庄严的燃灯文诵读与娱乐色彩极其浓厚的上元节观灯活动交织在一起，使得敦煌上元灯节颇有特色。

（三）壁画中所见的燃灯树

上文探讨了敦煌上元节燃灯、观灯的全民参与及燃灯文的应用，但是限于文字表达的缺陷，使得我们对燃灯场景无法产生视觉感官的刺激，只能假借当代之元宵灯会去臆想古代之燃灯盛况。幸赖敦煌、吐鲁番等石窟中遗存有燃灯树的图像，使我们可以直接感受古代的燃灯风采。

较早对灯树有所涉及的，是向达《唐代长安与西域文明》一书，其中提到了"德国勒柯克所著 Chotscho 著录吐鲁番 Murtuq 第三洞入口处壁画灯树图"，并附录了图像。② 从图中可以看出："其彩灯的形制是一个筒行座中竖起一根上细下粗的主干，分枝形成锥形，一层一层，每层置放数量不等的灯盏……右边一人体态较大，着长衫，手拿盏欲递给左边一人。左边一人，西域着装，站于长梯上，一手扶梯，一手捧灯盏，正向灯架上放置。地上放一个三脚盆，盆中有勺，显然是装灯油用的，从需用长梯来放置灯盏看，此灯树当比较高；从各层的灯盏数目看，总灯数当超过一百。"③ 敦煌莫高窟壁画中亦有不少燃灯树的画面，下文对其中具有代表性的第 220 窟中的燃灯图像进行探讨。

---

① 图版见《法藏敦煌西域文献》第 24 册，上海古籍出版社 2002 年版，第 357 页。
② 向达：《唐代长安与西域文明》，重庆出版社 2009 年版，第 41 页。
③ 王强：《流光溢彩——中国古代灯具设计研究》，江苏大学出版社 2009 年版，第 232—233 页。

图 3.1　燃灯树　吐鲁番壁画

宁强对此幅壁画及燃灯树曾介绍说："此地面舞台可划分为左、中、右三部分。中部场面宏大，有四名舞者旋转于圆毡之上，两边安置巨大的'灯树'，树上华灯闪烁，并有人添油上灯。正中间又有一座'灯楼'，共十层，每层安置油灯无数，全楼灯光闪闪，金碧辉煌。"[1] 通过吐鲁番和敦煌壁画中的燃灯树图，可以验证史籍中所记载的中原灯树由西域传入的说法。《旧唐书·睿宗纪》载："初，有僧婆陀请夜开门燃灯百千炬，三日三夜。皇帝御延喜门观灯纵乐，凡三日夜。"[2] 向达认为："此所谓僧婆陀，

---

[1] 宁强：《佛经与图像——敦煌第二二〇窟北壁壁画新解》，《故宫学术季刊》1998年第15卷第3期。

[2] 刘昫等：《旧唐书》第1册，中华书局1975年版，第161页。

第三章 敦煌岁时节日类游艺

图 3.2 燃灯树 莫高窟第 220 窟北壁

就其名而言，应是西域人。其所燃灯，或即西域式之彩灯，与上元之西域灯轮疑有若干相同之点。"① 《唐会要》卷 99 "吐火罗"条亦云："麟德二年遣其弟祖纥多献玛瑙灯树两具，高三尺余。"② 这两则材料与吐鲁番、敦煌等西域地区所遗存的壁画相呼应，充分说明了灯树是中西文化交流的产物。

除此之外，上文所列两幅灯树图还给我们的感受是古代灯树规格之大，《明皇杂录》记载："上在东都，遇正月望夜，移仗上阳宫，大陈灯彩……时有匠毛顺，巧思结创缯彩为灯楼三十间，高一百五十尺，悬珠玉金银，微风一至，锵然成韵。"③ 《开元天

---

① 向达：《唐代长安与西域文明》，重庆出版社 2009 年版，第 41 页。
② 王溥：《唐会要》，上海古籍出版社 2006 年版，第 2103 页。
③ 上海古籍出版社编：《唐五代笔记小说大观》，上海古籍出版社 2000 年版，第 977—978 页。

宝遗事》亦云:"韩国夫人,置百枝灯树,高八十尺,竖之高山上,元夜点之,百里皆见,光明夺月色也。"① 按文中灯树高"八十尺""一百五十尺"等记载,足见其规模巨大,蔚为壮观。

通过以上论述可以得知,敦煌地区的上元节有着热闹非凡的燃灯、观灯游艺活动。当然,燃灯活动的大规模开展与佛事活动的兴盛有着密切的关系,但是在敦煌地区俗世和佛世的燃灯活动之间似乎没有明确的界限,上元时节的敦煌民众一边口中诵读着燃灯文祈求幸福,一边又加入到观灯、赏灯的娱乐中去,构成了敦煌上元节独特的风景线。

第二节　寒食、清明节中的游艺

对寒食节的起源问题,学界多有研究,② 但流传最广的还是悼念介子推之说。敦煌文献中即有相关记载。S.6537v《大唐新定吉凶书仪一部并序》载:"寒食禁火为介子推投绵上山,怨晋文公,帝及(乃)禁(焚)山,子推抱树而烧死。文公乃于太原禁火七日,天下禁火一日。"③ P.2721《杂抄一卷并序》亦载:"寒食断火何谓? 昔介子推在覆釜山中,被晋文公所烧,文公收葬,故断火,于今不绝。"④ 由以上两则文书可知,敦煌的寒食节多是对介子推的纪念。

P.3608v《寒食篇》载:

---

① 王仁裕撰,丁如明辑校:《开元天宝遗事十种》,上海古籍出版社 1985 年版,第 102 页。
② 有关寒食节的各种起源说,参见张勃、荣新《中国民俗通志·节日志》,山东教育出版社 2007 年版,第 138 页。
③ 图版见《英藏敦煌文献》第 11 卷,四川人民出版社 1995 年版,第 102 页。
④ 图版见《法藏敦煌西域文献》第 26 册,上海古籍出版社 1994 年版,第 74 页。

第三章 敦煌岁时节日类游艺

  天运四时成一年，八节相迎尽可怜。秋贵重阳冬贵腊，不如寒食在春前。禁火初从太原起，风俗流传几千祀。算取去年冬至时，一百五日今朝是。①

  据此可知寒食一般是在每年冬至后的第 105 天，而清明则在寒食之后的第一天或第二天，并且由于两节习俗近似，"所以唐朝人一般是将两个节日合在一起过"。②基于此，本文把寒食、清明节中的游艺活动放到一起论述。

  唐代寒食、清明节是有假期的，并且有着明确的规定，据《唐会要》卷 82《休假》载：

  （开元）二十四年（736）二月十一日，敕："寒食、清明，四日为假。"大历十三年（778）二月十五日，敕："自今已后，寒食通清明，休假五日。"至贞元六年（790）三月九日，敕："寒食、清明，宜准元日节，前后各给三日。"③

  S.1156《光启三年（887）沙州进奏院状》记载："驾入五日遇寒食，至八日假开。"④此件文书为晚唐时沙州赴京请旌节者所述，可见即使流离在外的唐王朝后期，寒食假期依旧。S.2200《新定吉凶书仪上下卷》、P.2646《新集吉凶书仪上下两卷并序》中均载有《寒食相迎书》："节名寒食，冷饭三晨（辰）。"⑤谭蝉雪据此认为："在寒食节的三天时间内，官僚百姓均禁火欢度。

---

  ① 图版见《法藏敦煌西域文献》第 26 册，上海古籍出版社 1994 年版，第 74 页。
  ② 吴玉贵：《中国风俗通史·隋唐五代卷》，上海文艺出版社 2001 年版，第 647 页。
  ③ 王溥：《唐会要》，上海古籍出版社 2006 年版，第 1797 页。
  ④ 图版见《英藏敦煌文献》第 2 卷，四川人民出版社 1995 年版，第 241 页。
  ⑤ 图版见《英藏敦煌文献》第 4 卷，四川人民出版社 1995 年版，第 38 页；又图版见《法藏敦煌西域文献》第 17 册，上海古籍出版社 2001 年版，第 87 页。

以此看来，敦煌的休假似乎是三天。"①

寒食、清明前后正是春光明媚、草木吐绿的时节，处于假期的人们又有着充足的闲暇时间，使其成为一个重要的休闲娱乐节日，各种各样的游艺活动也能得以开展。唐人韩鄂《岁华纪丽》卷1《寒食》载："寒食，禁火之辰，游春之月。寒食是仲春之末，清明当三月之初……二三之月，百五之辰……一月寒食，三日断火。画鸭、斗鸡、蹴鞠、秋千。"② 由此可见，唐代寒食、清明节中的游艺活动之丰富多彩。P.3608v《寒食篇》有云：

> 画阁盈盈出半天，依稀云里见秋千。来疑神女从云下，去似恒娥到月边。金闺待看红妆早，先过陌上垂杨好。花场共斗汝南鸡，春游遍在东郊道。千金宝帐缀流苏，簸琼还坐锦筵铺。莫愁光景重窗暗，自有金瓶照乘珠。心移向者游邀处，乘舟欲骋凌波步。池中弄水白鹇飞，树下抛球彩莺去。别殿前临走马台，金鞍更送彩球来。球落画楼攀柳取，枝摇香径踏花回。良辰更重宜三月，能成昼夜芳菲节。今夜无明月作灯，街衢游赏何曾歇。南有龙门对洛城，车马倾都满路行。纵使遨游今日罢，明朝尚自有清明。③

诗中提到了寒食、清明节是春游高潮期，有郊外春游、荡秋千、骑马、抛彩球、踏歌舞、斗鸡等游艺活动。S.6537v《大唐新定吉凶书仪一部并序》亦记载有："寒食假花、绣毯、镂鸡鸭、子推饼、鞭、秋千、气球。"④ 虽然这不是对敦煌本地情况的直接记载，但此文书在敦煌出现，至少说明敦煌的寒食、清明还是受

---

① 谭蝉雪：《敦煌民俗——丝路明珠传风情》，甘肃教育出版社2006年版，第73页。
② [日]长泽规矩也编：《和刻本类书集成第一辑》，上海古籍出版社1990年版，第13页。
③ 图版见《法藏敦煌西域文献》第26册，上海古籍出版社2001年版，第74页。
④ 图版见《英藏敦煌文献》第11卷，四川人民出版社1995年版，第101页。

此影响的。诚如施萍婷所说："寒食节期间，百姓'踏歌'，军人'蹴球'，敦煌非常热闹。"①

一　扫墓春游

唐代寒食、清明有扫墓祭祖与春游相结合的习俗，唐人杨巨源《清明日后土祠送田彻》诗云："清明千万家，处处是年华。榆柳芳辰火，梧桐今日花。祭祀结云绮，游陌拥香车。惆怅田郎去，原回烟树斜。"②诗中记载的清明节，肃穆、悲伤和欢快、享乐两种截然不同的情感几乎同时出现，"为什么这样一种祭奠祖先的追思活动竟演变成了一场人人参与的宴享欢乐盛典？这主要是因为唐人将寒食扫墓活动与郊游踏青活动有机地结合在了一起"③。卢延让《樊川寒食二首》："寒食权豪尽出行，一川如画雨初晴。谁家络络游春盛，担入花间轧轧声。鞍马和花总是尘，歌声处处有佳人。五陵年少粗于事，栲栳量金买断春。"④诗中生动描绘了寒食踏青春游的热闹场景，同时也说明人们已经习惯于在充满春天气息的时节外出娱乐。

唐代扫墓与春游并行在敦煌文献中亦有相关记载。

P.3418《王梵志诗》云：

独守丘荒界，不知春夏秋冬。但知坟下睡，万事不能忧。寒食慕（墓）边哭，却被鬼耶由。⑤

P.3211《王梵志诗卷第二》亦云：

---

① 施萍婷：《本所藏〈酒帐〉研究》，《敦煌研究》1983年创刊号。
② 彭定求等编：《全唐诗》卷333，中华书局1960年版，第3720页。
③ 王永平：《游戏、竞技与娱乐——中古社会生活透视》，中华书局2010年版，第393页。
④ 彭定求等编：《全唐诗》卷715，中华书局1960年版，第8213页。
⑤ 图版见《法藏敦煌西域文献》第24册，上海古籍出版社2001年版，第148页。

> 身如破皮袋，盛脓兼裹骨。将板作皮裹，埋入深坑窟。
> 一入恒沙劫，无由更得出。除非寒食节，子孙冢傍泣。①

此二诗虽未明确指明是敦煌地区，但却反映出民间的寒食节是人们扫墓、祭祀祖先之时。P.3490v《辛巳年（公元九二一或九八一年）某寺诸色斛斗破历》载："面三斗五升，寒食祭拜、堆园等用。"② 可见敦煌寺庙中亦有寒食扫墓的习俗，谭蝉雪根据 P.2049v 和 P.3234v 等相关文献的记载，认为寺院的寒食祭拜局限在僧人的范围内，不与俗家混杂。③

扫墓的同时，也伴随着春游活动，并且春游多是集体性的相邀出游。S.5636《新集书仪》之《寒食相迎屈上坟书》载：

> 景色新花，春阳满路。节名寒食，冷饭三晨（辰）。为古人之绝烟，除盛夏之炎障。空携渌酒，野外散烦。愿屈同飨先灵，已假寂寞。不宣。谨状。
>
> 《答书》：喜逢嘉（佳）节，得遇芳春。路听莺啼，花开似锦。林间百鸟，啭弄新声。渌水游鱼，跃鳞腾躍。千般景媚，万种芳菲。蕊绽红娇，百花竞发。欲拟游赏，独步恧之。忽奉来书，喜当难述，更不推延。寻当面睹，不宣。谨状。④

此件文书记录的是寒食节日相邀的书信，据其文字，所谓"愿屈同飨先灵，已假寂寞"，指的是邀请另一方同去上坟祭奠，以解除自己独游的寂寞。而答书中对于春景烂漫的一段描写，则完全抒发了受邀者"喜逢佳节"之所感，从"欲拟游赏"可知寒

---

① 图版见《法藏敦煌西域文献》第 22 册，上海古籍出版社 2001 年版，第 163 页。
② 图版见《法藏敦煌西域文献》第 24 册，上海古籍出版社 2001 年版，第 333 页。
③ 谭蝉雪：《敦煌民俗——丝路明珠传风情》，甘肃教育出版社 2006 年版，第 74—75 页。
④ 图版见《英藏敦煌文献》第 8 卷，四川人民出版社 1995 年版，第 196—197 页。

第三章　敦煌岁时节日类游艺

食上坟的重要内容即是春游娱乐，而"忽奉来书，喜当难述，更不推延"更说明了寒食春游在唐代敦煌是令人期待和向往的。P.3251《词曲》之《菩萨蛮·清明》生动描绘了寒食、清明时节春游踏青的场面：

> 清明节近千山绿，轻盈士女腰如束。九陌正花芳，少年骑马郎。　罗衫香袖薄，佯醉抛鞭落。何用更回头，漫添春夜愁。①

清明时节，千山万壑一片翠绿，轻巧多姿、体态优美的少女正在兴高采烈地游春，令骑马的少年心痴意迷。此诗绘出了敦煌春意盎然、春光无限的景象，将少男少女春游时的情怀展现无遗，也充分证明了春游踏青在寒食、清明节中是非常受欢迎的。

二　饮宴踏舞

处于西陲之地的敦煌，在寒食、清明假期中有筵座饮宴和设乐踏舞的习俗。"百礼之令，非酒不行"，筵座活动中，饮酒是理所当然的，敦煌文献中也有相应记载。敦研〇〇一《归义军府衙酒破历》载："十九日，寒食座设酒叁瓮。"② 根据施氏的研究，可知这当属归义军衙府在寒食节期间设酒宴的记录，③ 三瓮即是18斗，折合到现在大约36公斤，可见此次宴会的用酒量是相当大的。Дx.02149v 亦记载："戊午年四月二十五日寒食座设付酒历。"④ 从以上两则材料可得知敦煌寒食、清明时节筵座饮酒是常态。除了美酒，食物也是不可缺少的，S.1366《使衙油面破历》：

---

① 图版见《法藏敦煌西域文献》第22册，上海古籍出版社2001年版，第307页。
② 段文杰主编：《甘肃藏敦煌文献》第1卷，甘肃人民出版社1999年版，第1页。
③ 施萍婷：《本所藏〈酒帐〉研究》，《敦煌研究》1983年创刊号。
④ 《俄藏敦煌文献》第9册，上海古籍出版社1998年版，第49页。

"二十七日寒食座设用:细供一千五百八分,胡饼二千九百一十四枚。"① 以上三件文书,同时也反映出官府在寒食节举办大型活动,并支出酒食,从侧面反映了当政者对寒食节的重视。当然,饮酒不一定非在筵座,P.3333《词三首》之《菩萨蛮》载:

  自从涉远违(为)游客,关条(迢)递千山隔。求官宦一无成,(操)劳不渐亭(暂停)。路逢寒食节,处处樱花发。携酒步金堤,望乡关,双泪垂。②

诗人于寒食节"独在异乡为异客",思乡之情油然而生,故在樱花盛开的郊外,借酒消愁,此情此景,令人动容。

酒足饭饱之后,设乐活动是必不可少的,S.381《龙兴寺毗沙门天王灵验记》载:

  大蕃岁次辛巳(801)润(闰)二月廿五日,因寒食,在城官寮(僚)百姓,就龙兴寺设乐。寺卿张闰子家人圆满,至其日暮间至寺看设乐。③

这一则资料明确地告诉我们寒食设乐的时间是夜晚。设乐活动中,踏舞是最流行的项目之一。《西京杂记》卷3对其描述道:"相与连臂,踏地为节。"④ 踏舞踏歌活动在唐代非常盛行,⑤ 徐铉《寒食成判官垂访因赠》记载了唐代寒食、清明的踏歌活动:"常年寒食在京华,今岁清明在海涯。远巷踏歌深夜月,隔墙吹管数

---

① 图版见《英藏敦煌文献》第2卷,四川人民出版社1995年版,第278页。
② 图版见《法藏敦煌西域文献》第23册,上海古籍出版社2001年版,第209页。
③ 图版见《英藏敦煌文献》第1卷,四川人民出版社1995年版,第166页。
④ 葛洪:《西京杂记》,中华书局1985年版,第20页。
⑤ 有关踏歌的起源及在唐代的盛行问题,参见王永平《从踏歌看唐代中外娱乐风俗》,《河北学刊》2010年第6期。

第三章 敦煌岁时节日类游艺

枝花。"①

唐代敦煌亦有寒食踏歌的习俗,高国藩认为"在春天寒食节的日子里,敦煌人民喜爱群集在一起'踏歌',举行春游活动,这是寒食踏歌的风俗"。② 敦煌的寒食踏歌在寺院中也有举行,S.4705《年代不明(公元十世纪)诸色斗破历》记载:"寒食踏歌羊价麦玖斗、麻肆斗。……又音声麦贰斗。"③ 此次活动还得到了寺院的资助。谭蝉雪则认为"敦煌此俗(踏舞)可能受西域的影响"。④ 有研究认为敦煌的寒食乐称"踏歌",又称"泼寒胡戏",即用《苏幕遮》曲子伴奏,跳胡舞"浑脱"。"浑脱舞腾逐喧阗,洒脱豪放,属健舞一类。"⑤ 汤君则进一步提出:"(泼寒胡戏)因在东传焉耆、高昌的过程中与四月八日佛诞日相结合,而逐渐与中国的寒食、春秋二社及冬至等节日完全合一。"⑥ 以上论述也反映出唐代敦煌寒食、清明游艺活动中的受到异域文化的影响,说明了唐代中西交流对节日文化的变异和形成起了很大作用。

除了在寒食、清明节,踏舞在其他岁时节日中也有举行。如P.3272《丙寅年牧羊人兀宁状并判凭》记载:"伏以今月一日……定兴郎君踏舞来,白羯羊壹口,未蒙判凭,伏请处分。丙寅年正月。"⑦ 记录了新春之际,定兴郎君率领一群人来踏舞,并且得到白羯羊一只的赏赐。由此可见敦煌的踏舞是经常在岁时节日中进行的一种娱乐活动,并且还能获得一定的资助,甚至在寺院中进行,确实有其独特之处。

---

① 彭定求等编:《全唐诗》卷753,中华书局1960年版,第8568页。
② 高国藩:《敦煌民俗学》,上海文艺出版社1989年版,第522页。
③ 图版见《英藏敦煌文献》第6卷,四川人民出版社1995年版,第245页。
④ 谭蝉雪:《敦煌民俗——丝路明珠传风情》,甘肃教育出版社2006年版,第42页。
⑤ 李斌城主编:《唐代文化》(中),中国社会科学出版社2002年版,第835页。
⑥ 汤君:《敦煌燕乐歌舞考略》,《文艺研究》2002年第3期。
⑦ 图版见《法藏敦煌西域文献》第22册,上海古籍出版社2001年版,第336页。

三 球戏娱乐

球戏娱乐是古代游艺项目中的重要内容之一，其深受社会各个阶层人士的喜爱，尤其是在寒食、清明时节更是得以集中开展。《新唐书》卷48《百官志》载："中尚署……寒食，献球"，① 可见官方对寒食球戏的重视。球戏娱乐包括击鞠、蹴鞠、抛球等活动，这在唐代诗赋中多有反映。② 这些球戏活动在唐代敦煌地区也得以广泛开展，敦煌文献和莫高窟壁画中亦有相应记录。

击鞠，又称打马球、击球等，是盛行于唐代朝野的一项活动。据考唐代20位皇帝中，喜爱打马球的就有11位，他们不仅是马球迷，而且有的还是球场上的好手。③《旧唐书》卷12《德宗纪上》记载："寒食节，上与诸将击鞠于内殿。"④ 皮日休《洛中寒食二首》亦云："击鞠王孙如锦地，斗鸡公子似花衣。"⑤ 可见，寒食时节打马球是唐代的惯例活动。敦煌文献中有大量记载马球运动的资料，高原曾以此为专题进行了探讨。⑥ 本文仅就其中有关唐代寒食、清明节中的马球活动进行论述。S.6171《水鼓子·宫词》云：

先换音声看打球，独教□部在青楼。不排次第排恩泽，把板宫人立上头。

寒食两朋坊内宴，朝来排□为清明。飞龙更取□州马，

---

① 欧阳修、宋祁：《新唐书》第4册，中华书局1975年版，第1269页。
② 黄水云：《论唐代诗赋中之球戏题材书写》，《西北师范大学学报》（社会科学版）2011年第3期。
③ 李重申、李金梅、夏阳：《中国马球史》，甘肃教育出版社2009年版，第64页。
④ 刘昫等：《旧唐书》第2册，中华书局1975年版，第348页。
⑤ 彭定求等编：《全唐诗》卷613，中华书局1960年版，第7068页。
⑥ 高原：《唐代马球运动考——兼述敦煌文献马球资料》，硕士学位论文，兰州大学，2006年。

第三章　敦煌岁时节日类游艺

催促球场下踏城。①

这首诗描绘了宫人在寒食、清明时节，在青楼观看马球赛的情景，反映了长安宫廷寒食、清明节打马球的习俗。S.2049v 和 P.2544《杖前飞·马球》则对马球活动进行了生动形象的描述：

时仲春，草木新，□初雨后路无尘，林间往往临花马，楼上时时见美人。

相唤同情共言语，闲闷结伴游球场，传中手执白玉鞭，都史乘骑紫骝马。

青一队，红一队，敲磕玲珑得人爱，前回断当不输赢，此度若输后须赛。

脱绯紫、著锦衣，银镫金鞍耀日辉，场里尘飞马后去，空中球势杖前飞。

球似星，杖如月，骤马随风直冲穴，□□□□□□，□□□□□□。

人衣湿，马流汗，传声相问且须休。或为马乏人力尽，还须连夜结残筹。②

此诗中所记录的马球活动时在仲春，前云寒食在仲春之末，可知此次活动应在寒食、清明前后，并且诗中叙述了敦煌马球比赛的地点"林间球场"、赛马"紫骝马"、比赛双方"青一队，红一队"、比赛服饰"脱绯紫，著锦衣，银镫金鞍"，以及比赛时"球似星，杖如月"的激烈精彩场面和"人衣湿，马汗流"的高强度运动量，使我们对敦煌马球活动有了更直观的了解和认识。

---

① 图版见《英藏敦煌文献》第 10 卷，四川人民出版社 1995 年版，第 136 页。
② 图版见《英藏敦煌文献》第 3 卷，四川人民出版社 1995 年版，第 207 页；又图版见《法藏敦煌西域文献》第 15 册，第 256 页。

蹴鞠，又名蹋鞠、蹴球等，唐代是蹴鞠运动发展的一个重要时期，主要表现在唐人对蹴鞠进行了一些重要的革新，如：对球进行了改良，由实心球改用充气皮球；改进了球门，改鞠室为球门，出现了高球门；发明了一些新玩法，主要有双球门和单球门两种形式。① 改良后的蹴鞠深受唐人的欢迎，尤盛行于寒食、清明时节。《旧唐书》卷17下《文宗纪下》载："寒食节……幸勤政楼观角抵、蹴鞠。"② 唐人仲无颇《气球赋》有云："时也广场春霁，寒食景妍。交争竞逐，驰突喧阗。或略地以丸走，乍凌空以月圆。"③ 王维《寒食城东即事》说："蹴鞠屡过飞鸟上，秋千竞出垂杨里。"④ 这都反映了蹴鞠在唐代成为寒食、清明节中一项重要的娱乐活动。P.2619《书仪》和 P.3637《书仪一卷》之《召蹴鞠书》载：

阴沉气凉，可以蹴鞠释闷，时哉！时哉！垂情幸降趾。不宣。谨状。

《答书》：

雨后微凉，纤尘不起，欲为打戏，能无从乎！苑勒咨迎，枉驾为幸。不宣。谨状。⑤

此文书记录了敦煌时人把蹴鞠作为释闷的活动。S.2947《丈

---

① 蹴鞠在唐代的革新，见王永平《游戏、竞技与娱乐——中古社会生活透视》，中华书局2010年版，第116—118页。
② 刘昫等：《旧唐书》，中华书局1975年版，第577页。
③ 董诰等编：《全唐文》，中华书局1983年版，第7655页。
④ 彭定求等编：《全唐诗》卷125，中华书局1960年版，第1259页。
⑤ 图版见《法藏敦煌西域文献》第16册，上海古籍出版社2001年版，第303页；又图版见《法藏敦煌西域文献》第26册，第181页。

第三章　敦煌岁时节日类游艺

夫百岁篇》亦云："一十香风绽藕花，弟兄如玉父娘夸。平明趁伴争球子，直到黄昏不忆家。"① 虽然这两则文献不是对敦煌寒食、清明蹴鞠活动的直接反映，但都充分说明了敦煌民间蹴鞠活动的盛行。依唐人的习俗，蹴鞠活动进行于敦煌寒食、清明节中也是显而易见的。

抛球也是深受唐人喜欢的一种球类游艺活动，经常开展于寒食、清明时候。P.3608v《寒食篇》："池中灵水白雕飞，树下抛球彩莺去。别殿前临走马台，金鞭更送彩球来。球落画楼攀柳取，杖摇香径踏花回。"② 所描述的即是抛球活动的场景。

四　斗鸡

斗鸡，在中国有着悠久的传统和文化，③ 是一项上至君王下至平民百姓皆热衷的游戏。唐代斗鸡活动多集中于寒食、清明节中。杜淹《咏寒食斗鸡应秦王教》诗云："寒食东郊道，扬鞲竞出笼。花冠初照日，芥羽正生风。顾敌知心勇，先鸣觉气雄。长翘频扫阵，利爪屡通中。飞毛遍绿野，洒血渍芳丛。虽然百战胜，会自不论功。"④ 诗中将寒食节日中斗鸡的场面描写得紧张而逼真，并借由斗鸡的英勇威武来比拟秦王李世民虽有赫赫战功，却不居功自傲。

斗鸡在唐代寒食、清明节中亦非常流行。P.2552＋P.2567《唐人选唐诗》之《寒食卧疾喜李少府见寻》有云：

　　弱冠早登龙，今来喜再逢。何知春月柳，犹忆岁寒松。

---

① 图版见《英藏敦煌文献》第4卷，四川人民出版社1995年版，第260页。
② 图版见《法藏敦煌西域文献》第26册，第74—75页。
③ 美国人高德耀在著作中综合运用历史、文学以及其他方面的资料来研究中国传统文化中的斗鸡活动，参见［美］高德耀《斗鸡与中国文化》，张振军译，中华书局2005年版。
④ 彭定求等编：《全唐诗》卷30，中华书局1960年版，第435页。

烟火临寒食，笙歌达曙钟。喧喧斗鸡道，行乐羡朋从。①

由此可知，寒食节这一天，大道旁边响彻"喧喧"斗鸡之声，热闹非凡。P.3608《寒食篇》载："花场共斗汝南鸡"②，S.6171《水鼓子·宫词》中亦有云：

春时□□宴文王，弄戏千般赏□□。
移却御楼东畔屋，少阳宫里斗鸡场。③

上述诗词中所记录的斗鸡活动，从侧面反映出了寒食、清明斗鸡之风的盛行。

图3.3　斗鸡图　酒泉丁家闸5号墓

在与敦煌临近的酒泉丁家闸十六国5号墓北壁有一幅斗鸡图，画面中两只公鸡正在激烈相斗，左边一只气势高昂呈进攻状，而右

---

① 图版见《法藏敦煌西域文献》第15册，上海古籍出版社2001年版，第313页。
② 图版见《法藏敦煌西域文献》第26册，第74页。
③ 图版见《英藏敦煌文献》第10卷，四川人民出版社1995年版，第135页。

第三章　敦煌岁时节日类游艺

图3.4　斗鸡图　莫高窟第285窟

边一只作防守状，伺机反攻，整幅画面栩栩如生。在敦煌莫高窟西魏第285窟南壁也绘有一幅类似场景的斗鸡图：两只雄鸡，威武力壮，虎视眈眈，伸长脖子，高昂着头，羽毛直立，正欲展开一场厮杀搏斗。尽管这两幅斗鸡图都不能明确是寒食、清明时节，但这两幅斗鸡图无疑说明了敦煌及其附近地区斗鸡有着悠久的历史，并且成为当时人们一种重要的娱乐手段，广泛开展于人们的休闲游艺生活中，甚至在某种程度上满足了民众寻求刺激的心理需要。

寒食、清明节的核心内涵是对先人的祭祀和缅怀，其所承载的祖先情结和感恩心理在一代代人自觉与不自觉中得以延续。唐代敦煌寒食、清明节中，时人将扫墓祭祀与形式多样的游艺活动有机地结合在一起，在和亲朋好友一起追念先灵的同时，放松心情投入到春游踏青、球戏娱乐、宴饮斗鸡等活动中去，与大自然亲密接触，"天人合一"的观念得以充分展示。这些游艺活动不仅使唐代先民获得了极大的欢娱，渗透在其中的中国传统道德观念和文化也具有凝聚族群、和谐天人的功效。随着社会经济的不断发展，中国社会的"休闲文化"日益发展。通过对唐代寒食和清明节中游艺活动的审视，可以得知古人的节日娱乐丰富多彩，或许对我们当前的游艺活动有所裨益。

第三节　端午、七夕节中的游艺

一　端午节滑沙与斗百草

寒食、清明过后，另一个重要的节日便是农历五月五日的端午节了。端午节可以说是中国古代社会生活中流行最广泛，历来受到官方和朝廷的重视，最为普通百姓所熟悉的节日之一，得到各地民众的强烈反应和积极参与，清水对此曾论及道："端节的伟大，以至于一草一木都有用，以至于铸镜、造剑、制符水、取药、制药、游玩……都要在这么一天举行，则端节的为用，真是'大矣'、'至矣'了。"① 传统文献中有大量的对端午节的记载，自汉、魏晋到唐宋及明清，几千年来对端午节的文字关注持续不断，虽然这些史料大多集中于对端午节的场景记录和描述，但却记录了端午节在不同历史时期所特有的各种丰富多彩的民俗活动，为后世的研究提供了重要的信息和资料。敦煌文献中也遗存有较为丰富地反映端午节习俗的材料，其中提到的端午登高滑沙等游艺活动则为敦煌地区所特有，下文将利用这些材料对敦煌地区端午节的娱乐活动做论述。

（一）敦煌文献中对端午起源的记载

对于端午节的起源与发源地的探讨，一直是民俗学、历史学所关注的热点之一，但是长期以来学术界众说纷纭，莫衷一是。已有的研究成果对端午节的起源主要集中在"纪念屈原说""纪念伍子胥说""夏至说""恶日说""龙图腾祭祀说"

---

① 清水：《杂谈端阳节的古俗及其他》，《民俗》周刊1929年第71期，收录于宋文坤等选编《民俗选粹》，辽宁大学出版社2001年版，第279—286页。

第三章 敦煌岁时节日类游艺

等方面,① 黄珍还专门对近30年来端午节的研究做过综述性讨论。② 就敦煌文献中而言,其对端午起源的记载有两种说法。其一是民间比较流行的纪念屈原之说,唐代诗人文秀《端午》诗云:"节分端午自谁言,万古传闻为屈原。"③ S.2832《时文轨范》亦云:

> 五月五日,节名端午,事出三闾,既称长命之辰,亦为角黍之日。④

此处三闾当指屈原,而"事出三闾"则直接表明其认为端午节的起因与屈原有着直接的关系。"长命之辰"说明此日是人们祈求长命百岁的日子,"角黍之日"则说明端午日有吃粽子的习俗。其二是在其他传世资料中未所有闻,S.4663、P.3671《杂抄一卷》记载:

> 五月五日何谓？高辛子性耆（嗜）粽,以其因之。又说昔屈原投汨罗江水而死,后人作粽祭也。⑤

---

① 闻一多:《闻一多全集》,湖北人民出版社1993年版,第11—46页;张心勤:《端午非因屈原考》,《齐鲁学刊》1982年第1期;刘德谦:《端午起源又一说》,《文史知识》1983年第5期;饶学军:《龙舟竞渡:民族精神的史诗——兼论"纪念屈原说"历史的和心理的成因》,《殷都学刊》1996年第4期;范红:《端午节起源新考》,《广西民族学院学报》2003年第3期;都春屏:《屈原与五月五日——端午的渊源及意义》,《三峡大学学报》2003年第4期;戈春源:《端午节起源于伍子胥考》,《苏州科技学院学报》2004年第4期;高丙中:《端午节的源流与意义》,《民间文化论坛》2004年第5期;萧晓阳:《端午考源》,《苏州大学学报》2005年第4期;戈春源:《从屈原与伍子胥的关系看端午节的起源》,《苏州科技学院学报》2006年第2期;晏波:《端午节的历史渊源与民俗的初步形成》,《西安文理学院学报》2005年第6期。

② 黄珍:《20世纪80年代以来端午节俗研究述评》,《苏州科技学院学报》2007年第3期。

③ 彭定求等编:《全唐诗》卷823,中华书局1960年版,第9284页。

④ 图版见《英藏敦煌文献》第4卷,四川人民出版社1995年版,第242页。

⑤ 图版见《英藏敦煌文献》第6卷,四川人民出版社1995年版,第227页;图版见《法藏敦煌西域文献》第26册,第284页。

这里提到了端午节吃粽子的习俗起源于高辛氏子孙,确实不见于他处。不过,在敦煌文献七夕节、重阳节等节日的源起中均提及了高辛氏,在下文七夕节起源中将展开讨论,此处不做详细说明。无论是"屈原说"还是"高辛氏说",敦煌文献中这两种起源说都与粽子有密切的联系。《续齐谐志》中记载:"屈原五月五日投汨罗水,楚人哀之,至此日,以竹筒子贮米投水以祭之……今五月五日作粽,并带楝叶、五花丝,遗风也。"① 由此可见粽子是端午节的特征之一。

敦煌文献中同样记载有端午节吃粽子的风俗,S.4374《贺端午》书状范文云:"采兰佳节,南午令辰。角黍既同楚俗,奉觞必仿时风。伏惟福佑,以继祯吉。伏惟明察,谨状。"② P.3637《书仪一卷》载:"五月五日长丝节,角黍奉屈,降趾为幸。"③ 这里的角黍即是粽子,《风土记》云:"端午烹鹜,以菰叶裹粘米,谓之角黍,取阴阳包裹未散之象。"④ 敦煌端午节吃粽子还成为一种社交活动,S.2200《端午相迎书》云:

喜逢嘉节,端午良辰,献续同欢,传自荆楚。但惭羁泊,何可申怀,空备团粽,幸请光临。谨奉状不宣。⑤

S.5636《端午相迎书》亦有相似的记载:

达逢嘉节,端午良晨(辰)。有慰同僚,何以申展,空

---

① 金沛霖主编:《四库全书子部精要·下》,天津古籍出版社、中国世界语出版社1998年版,第954页。
② 图版见《英藏敦煌文献》第6卷,四川人民出版社1995年版,第51页。
③ 图版见《法藏敦煌西域文献》第26册,上海古籍出版社2001年版,第180页。
④ 陈元靓编:《岁时广记》,中华书局1985年版,第236页。
⑤ 图版见《英藏敦煌文献》第4卷,四川人民出版社1995年版,第38页。

第三章 敦煌岁时节日类游艺

备团粽，辄敢咨邀，状至幸垂过访。谨状。①

此处的团粽即是把粽子包成块状，在唐代这甚至变成一种新的娱乐方式，王仁裕《开元天宝遗事十种》载：

> 宫中每到端午节，造粉团、角黍贮藏于金盘中，以小角造弓子，纤妙可爱。架箭射盘中粉团，中者得食；盖粉团滑腻而难射也。都中盛行此戏。②

这种射粉团的游戏与端午节吃粽子的习俗有密切的联系，也正说明了端午节庆活动中有着很多的娱乐成分，这其中最具代表性的便是敦煌端午节的登高滑沙和斗百草。

（二）敦煌端午节的登高滑沙

在传统的岁时节日文化中，登高一般是出现在农历九月九日的重阳节，重阳登高俨然是重阳节最重要的活动和最显著的特征。然而在敦煌文献中，却出现了端午节登高并滑沙的记载，可见登高活动并不是重阳节所独有的。S.5448《敦煌录》中有对敦煌端午节登高滑沙的精彩描述：

> 鸣沙山去州十里，其山东西八十里，南北四十里，高处五百尺，悉纯沙聚起。此山神异，峰如削成，其间有井，沙不能蔽，盛夏自鸣，人马践之，声振数十里。风俗：端午日，城中士女，皆跻高峰，一齐蹙下，其沙声吼如雷。至晓看之，峭崿如旧，古号鸣沙，神沙而祠焉。③

---

① 图版见《英藏敦煌文献》第8卷，四川人民出版社1995年版，第195页。
② 王仁裕撰，丁如明辑校：《开元天宝遗事十种》，上海古籍出版社1985年版，第83页。
③ 图版见《英藏敦煌文献》第7卷，四川人民出版社1995年版，第93页。

此处给出了敦煌端午节登高和滑沙两个游艺活动。滑沙活动无可厚非，但是就汉以后中原的习俗来讲，五月是忌讳上屋顶等高处的，《酉阳杂俎》卷 11 记载："俗讳五月上屋，言五月人蜕，如上屋，即自见其影，魂魄不安矣。"① 那么为何深受内地汉俗影响的敦煌会有五月登高的习俗？《礼记·月令》云："仲夏之月……可以居高明，可以远眺望，可以升山陵，可以处台榭。"② 谭蝉雪、张耀方等人根据此则材料中"仲夏升山陵"的记载认为敦煌端午登高是受先秦遗风的影响。③ 这种说法有一定的道理，但笔者认为敦煌端午的登高，其出发点或许没有特别的意义，其目的主要是紧接着进行的滑沙活动。敦煌端午滑沙得以大规模的开展，与鸣沙山的环境有直接的关系。P.2005《沙州都督府图经残卷》云：

其山流动无定，峰岫不恒，俄然深谷为陵，高崖为谷，或峰危似削，孤岫如画。夕疑无地，朝已干霄。中有井泉，沙至不掩，马驰人践，其声若雷。④

《元和郡县图志》卷 40"敦煌县"条载：

鸣沙山一名神沙山，在县南七里。今按其山积沙为之，峰峦危峭，逾于石山，四面皆为沙垄，背有如刀刃，人登之即鸣，随足颓落，经宿吹风，辄复如旧。有一泉水，名曰沙

---

① 段成式撰，方南生点校：《酉阳杂俎》，中华书局 1981 年版，第 104 页。
② 陈成国撰：《礼记校注》，岳麓书社 2004 年版，第 116—117 页。
③ 谭蝉雪：《敦煌民俗——丝路明珠传风情》，甘肃教育出版社 2006 年版，第 92 页；张耀方：《敦煌文书所见唐代节庆之研究》，硕士学位论文，台湾逢甲大学，2003 年，第 146 页。
④ 图版见《法藏敦煌西域文献》第 1 册，上海古籍出版社 1995 年版，第 43 页。

第三章 敦煌岁时节日类游艺

井，绵历古今，沙填不满，水极甘美。①

高居诲《使于阗记》亦记载："沙州南十里鸣沙山，云冬夏殷殷，有声如雷，云禹贡流沙也。"② 由以上三则材料可知鸣沙山堆积着大量的沙子，并且沙粒细致，很适合滑沙运动的开展。

另外值得注意的是，敦煌滑沙的参与者中出现有女子的身影，这也说明了滑沙娱乐的普及性。敦煌的端午登高滑沙一直得到很好的延续，阎文儒20世纪40年代初在敦煌考察时还见到敦煌的滑沙盛况，他对此描述道：

> 端午节游人麇集，尚沿旧俗滑沙，惟麼沙有声，并未闻如雷鸣。乡人云：端午滑沙，可去百病。予特试之，沙随足颓落，然千百年中，泉水亦未为所掩。盖滑下之沙，随风浮流，终不至填满泉水，非有何神异。至所谓盛夏自鸣，声振数十里者，无稽之谈也。③

从此处的记载中可看到滑沙在敦煌民间还被认为有祛除百病的功能，也说明了这项集娱乐、健身于一体的节庆游艺活动理所当然应当得到大众的欢迎。

"文化自觉是对民族文化的重新审视"，④ 近年来，敦煌端午滑沙越来越受到敦煌地区政府和民间的重视，据报道敦煌市体委等单位还曾在1990年端午节举办了鸣沙山滑沙运动会，比赛重现了端午滑沙的盛况，同时也说明这项具有悠久历史的游艺运动因

---

① 李吉甫：《元和郡县图志》，中华书局1983年版，第1026页。
② 中国西北文献丛书编辑委员会编：《西北史地文献》第31卷，兰州古籍出版社1990年版，第272页。
③ 阎文儒：《敦煌史地杂考》，《文物》1951年第5期。
④ 张兆林、束华娜：《基于文化自觉视角的非物质文化遗产保护与新文化创造》，《美术观察》2017年第6期。

其强烈的娱乐色彩而又重新焕发活力。

（三）敦煌端午节的斗百草

斗百草亦是端午节所盛行的一种娱乐游艺活动，其早在魏晋南北朝时期就已经在民间广泛流行。《荆楚岁时记》载："五月五日，谓之浴兰节。四民并蹋百草，今人又有斗百草之戏。"① 唐代韩鄂《岁华纪丽》云："端午……结庐蓄药，斗百草。"②《初学记》也记载有："五月五日，周处《风土记》曰：'仲夏端午……蹋百草，竞渡。'"③ 由众多的文献记载可见斗百草娱乐活动在端午节受到很大的欢迎。

那么，斗百草的游戏方式是什么样子的呢？《游戏风情》一书给出了较为详细的介绍："斗草游戏，顾名思义是以草为比赛对象，具体斗法有三种：一种是斗草的韧性，多为儿童所喜爱。方法为：两人持草相对，每人两手各持一草（或花）茎的一端，并使双方的草茎相交，同时向自己方向使劲拉，草茎断者为输家。第二种形式是比花草的质量，看谁采集的花草好，以少见、名贵、吉祥者为上。第三种形式是对花草名，多适合于有一定花草知识的上层社会文人阶层。"④ 或许正是斗百草活动带有一定的以胜负为目的的赌博性，更加刺激了人们的参与热情，甚至连女子也不甘示弱，S.6171《宫词》云："美人背看内园中，犹自风流着退红。为赌金钱争百草，急行遗却玉珑璁。"⑤ 诗中反映了宫中女子用斗百草的方式来赌钱，着实有意思。

敦煌文献中还遗存有专门为配合斗草游戏而用来唱和的曲子词，P.3271《斗百草》云：

---

① 宗懔：《荆楚岁时记》，山西人民出版社1987年版，第47页。
② 韩鄂：《岁华纪丽》，中华书局1985年版，第48页。
③ 徐坚：《初学记》，中华书局1962年版，第66页。
④ 赵庆伟、朱华忠：《游戏风情》，湖北教育出版社2001年版，第59页。
⑤ 图版见《英藏敦煌文献》第7卷，四川人民出版社1995年版，第135页。

第三章　敦煌岁时节日类游艺

第一

建士祈长生，花林摘浮郎。有情离合花，无风独摇草。喜去喜去觅草，色数莫令少。

第二

佳丽重明臣，争花竞斗新。不怕西山白，惟须东海平。喜去喜去觅草，觉走斗花先。

第三

望春希长乐，南楼对北华。且看结李草，何时怜缬花。喜去喜去觅草，斗罢且归家。

第四

若庭前一株花，芬芳独自好。欲摘问傍人，两两相捻取。喜去喜去觅草，灼灼其花报。①

这首《斗百草》的曲子词虽未明确是端午时节，但通过其中对斗草活动的精彩描写，并且产生有专门的斗草曲子词，我们可以推测敦煌地区的斗草游艺应该是开展得很火热。

另外，曲子中"花林""争花竞斗"等词语所表现的是一种与斗百草类似的或同时进行的活动，即斗花。南朝诗人王筠《五日望采拾诗》云："长丝表良节，命缕应嘉辰。结芦同楚客，采艾异诗人。折花竞鲜彩，拭露染芳津。含娇起斜盼，敛笑动微嚬。"② 可见端午节折花竞斗也是很受欢迎的游艺活动。《开元天宝遗事十种》卷下"斗花"条记载：

长安士女，于春时斗花，戴插以奇花多者为胜。皆用千

---

① 图版见《法藏敦煌西域文献》第 22 册，上海古籍出版社 2003 年版，第 335 页；录文参见张锡厚主编《全敦煌诗》第 2 编，作家出版社 2006 年版，第 4965—4969 页。
② 逯钦立辑校：《先秦汉魏晋南北朝诗》梁诗卷 24，中华书局 1983 年版，第 2017—2018 页。

金市名花,兰植于庭苑中,以备春时之斗也。①

斗花也不仅限于女子活动,儿童也非常喜爱。敦煌壁画中有一幅七童子采花相斗的画面:图中有三个男童站在树梢上,树上男童或正在折花,或向下扔花,另有一男童正试图爬树,其余三个男童站于树下,手中挥舞着花枝,整个画面呈现出浓

图 3.5　童子采花图　莫高窟第 112 窟

---

① 王仁裕撰,丁如明辑校:《开元天宝遗事十种》,上海古籍出版社 1985 年版,第 97 页。

第三章 敦煌岁时节日类游艺

浓的童趣。

值得一提的是,端午节的另一项竞技性游艺活动龙舟竞渡却并未在敦煌文献中有过多出现,虽然李重申、李金梅等人整理了敦煌壁画中的操舟、划船图像以及敦煌文献中的划龙舟、隋炀帝龙舟游览的资料,但无法判断其与端午竞渡有直接的关联,[①] 笔者揣测这或许与敦煌地区水环境没有南方那么便利有关。不过即使我们无法得知敦煌端午节竞渡的情况,通过上文的论述可以得知,端午节的敦煌既有登高滑沙这样的健身性游艺活动,也有斗百草、斗花这样的休闲性娱乐活动,敦煌的端午节游艺活动也是丰富多彩的了。

二 七夕节乞巧

七夕节,又称"乞巧节""巧节""巧日",因节期在农历七月初七,亦称"双七节"。七夕节是与女事关系最为密切的节日,也称"女儿节""女节"。民间传说此日是牛郎织女一年一度鹊桥相会的日子,故又被称为中国的"情人节"。作为一个重要的岁时节日,七夕节有着丰富多彩的民俗活动,如穿针乞巧、月下祈福、系五色缕等,这些活动区别于其他岁时节日活动的最显著特征,即是活动中寄托着深深的爱情和祝福,可以说,七夕节是中国传统节日中最具浪漫色彩的节日。中国历代历史文献中有大量有关七夕节的文字记载,这其中尤以诗歌为盛,仅《古今岁时杂咏》卷25、卷26、卷27中就存有百余首。[②] 今人对七夕节的研究论著成果也颇为丰硕,主要集中在对七夕节起源、七夕节诗文、七夕文化内涵等方面的

[①] 参见李重申、李金梅《忘忧清乐——敦煌的体育》,甘肃教育出版社2007年版,第130—131页。

[②] 蒲积中编,徐敏霞校点:《古今岁时杂咏》,辽宁教育出版社1998年版,第266—294页。

关注。① 敦煌文献中亦保存有七夕节起源及该日民俗活动的资料，② 下文将结合传世文献，对七夕节的起源及乞巧游艺活动在敦煌的流行做讨论。

（一）从敦煌文献看七夕节的起源

提及七夕节，相信大部分的中国人首先能想到的便是牛郎织女的传说，作为中国古代四大民间传说之一，牛郎织女凄美的爱情故事伴随着一代又一代中国人的成长。③ 由此也可以看出，七夕节的起源与牛郎织女的传说是紧密联系在一起的。S.6537v《大唐新定吉凶书仪一部并序》记载有：

七月七日，牵牛织女以此日会于何（河）汉之间。④

S.5139《五言赠牛女诗一首》亦载有：

牛女一年一，为期七月七。皆知处处忘（意），仙客人

---

① 有关七夕节的主要研究成果，参见蒋秀英《细说中国古代的妇女节——七夕乞巧民俗事象论》，《北方论丛》1999年第5期；吴天明《七夕五考》，《中南民族大学学报》2003年第3期；叶舒宪《符号经济与作为非物质文化遗产的"七夕节"》，《江西社会科学》2005年第10期；刘学智、李路兵《七夕文化源流考论》，《陕西师范大学学报》2007年第6期；王爱科《牵牛织女神话传说与七夕节的起源》，硕士学位论文，青岛大学，2007年；林素英《七夕节俗论略》，《台北大学中文学报》2009年第7期；苏柔雯《七夕节的由来及其节俗研究——兼论台俗十六岁成年礼》，硕士学位论文，台湾师范大学，2010年；邹玮玲《从民间信仰到民间娱乐——乞巧习俗的功能转换研究》，硕士学位论文，华东师范大学，2011年。

② 对于敦煌七夕节的研究，参见高国藩《敦煌民俗学》，上海文艺出版社1989年版，第464—466页；谭蝉雪《敦煌民俗——丝路明珠传风情》，甘肃教育出版社2006年版，第97—100页；张耀方《敦煌文书所见唐代节庆之研究》，硕士学位论文，台湾逢甲大学，2003年，第150—161页；李并成《敦煌文书中所见的乞巧习俗》，《中国社会科学报》2011年8月4日第8版；武胜文、于桂梅《试论唐代节俗仪式——以敦煌写卷P.3608、S.2104为例》，《西北成人教育学报》2012年第1期。

③ 有研究把孟姜女、梁山伯与祝英台、白蛇传及牛郎织女等作为中国古代四大民间传说，参见贺学君《中国四大传说》，浙江教育出版社1995年版，第1页。

④ 图版见《英藏敦煌文献》第11卷，四川人民出版社1995年版，第102页。

人乞。①

由以上两则材料可知敦煌文献中对七夕节起源的认可还是以牛郎织女传说为主。不仅如此，P.3910《新合孝经皇帝感辞》更是把张骞寻河与牛郎织女的故事拼凑在一起：

> 张骞本自欲登山，汉帝使遣去升天。今朝德（得）遇西王母，驾鹤乘舟上紫烟。王母壹见甚朦胧，花林玉树竟开红。比闻仙桃难可见，不期今日得相逢。张骞寻河值蒙龙，正见药树在月中。鸡鸣三声在日里，狗吠三声□虚空。阎浮太子传精进，欲往西园访花林。唤取鱼（鲁）班克（刻）车辇，唤取吴康（刚）来武（抚）琴。张骞寻河甚迟迟，正见织女在罗机。五百交后（梭）壹时动，五百钻头并相随。玉女恒在宝台坐，常共牵牛七月期……张骞身向内宫坐，共一牵牛为大妇。状似远道昔征辽，水深千丈而难渡。交儿河处觅艨（艟），□□□□□□。织女啼哭莫狗槽（嘈），谁能为女（汝）造浮桥？寄语填河鸟鹊鸟，年年不为早相（嚎）。②

这则故事虽然看似荒诞，却反映出牛郎织女传说的深入人心。其实，在《诗经·小雅·大东》中即有对织女、牵牛的记载："维天有汉，监亦有光。跂彼织女，终日七襄。虽则七襄，不成报章；睆彼牵牛，不以服箱。"③ 对于此处提到的牵牛织女，茅盾认为是现存最完整而且有趣味的星神话，但这时的牛郎织女

---

① 图版见《英藏敦煌文献》第11卷，四川人民出版社1995年版，第26页。
② 图版见《法藏敦煌西域文献》第29册，上海古籍出版社2003年版，第201、202页。
③ 毛公传，郑玄笺，孔颖达等正义，黄侃经文句读：《毛诗正义》，上海古籍出版社1990年版，第439页。

却尚未出现爱情的故事。① 直到东汉时期,牛郎织女才被赋予感情瓜葛,《古诗十九首》中记载有:

> 迢迢牵牛星,皎皎河汉女。纤纤耀素手,札札弄机杼。终日不成章,泣涕零如雨。河汉清且浅,相去复几许?盈盈一水间,脉脉不得语。②

自此,牛郎织女便开始由两颗毫不相干的星星变为一对遥遥相望却不得相见的情侣了,并且频繁地出现在文学作品中,逐渐演变为爱情悲剧的代表了。对于织女渡河的缘由,梁代吴均在《续齐谐记》中写道:

> 桂阳成武丁有仙道,常在人间。忽谓其弟曰:"七月七日,织女当渡河,诸仙悉还宫。吾向已被召不得停,与尔别矣。"弟问曰:"织女何事渡河?去当何还?"答曰:"织女暂诣牵牛,吾复三年当还。"明日失武丁。至今云织女嫁牵牛也。③

对于这种说法,明朝郎瑛持质疑的态度,他在其《七修类稿》中提出:"牵牛织女七夕渡河之说,始于《淮南子》乌鹊填河而渡织女。《续齐谐志》云:'七月牵牛嫁织女。'诗人后遂累累致辞。殊不知《淮南》好奇,《齐谐》志怪,皆不足信。"④ 尽管类似的争论还存在,但是鹊桥成为七夕节的一个特征却已是不争的事实。韩鄂《岁华纪丽》卷3注引东汉应劭《风俗通》:"织女七夕当渡河,使鹊为桥。相传七日鹊首无故皆髡,因以梁渡织

---

① 茅盾:《茅盾说神话》,上海古籍出版社1999年版,第83页。
② 徐陵编,吴兆宜注:《玉台新咏》,成都古籍出版社1982年版,第160页。
③ 金沛霖主编:《四库全书子部精要·下》,天津古籍出版社、中国世界语出版社1998年版,第954页。
④ 郎瑛:《七修类稿》,上海书店出版社2001年版,第4页。

第三章 敦煌岁时节日类游艺

女故也。"① 唐代赵璜《七夕诗》云:"乌鹊桥头双扇开,年年一度过河来。莫嫌天上稀相见,犹胜人间去不回。"② 当然,牛郎织女的故事随着时代的变迁,情节越来越跌宕起伏、引人入胜,此处不再累赘。

关于七夕节的起源,敦煌文献中还存有其他史料尚所未见的一种说法。P.3671《杂抄一卷》记载:

> 七月七日何谓?看牵牛郎、织女穿针,女人乞巧。又说高辛小子其日死,后人依日受吊。③

P.2721、S.5755《珠玉抄》亦有类似的记载:

> 七月七日何谓?看牵牛织女,女人穿针乞巧。又说高辛氏小子其日死,后人于日受吊。④

从上述材料可得知,敦煌文献中关于七夕节的起因,有为了凭吊高辛氏小子的说法。有关高辛氏的记载,在 S.4663、P.3671《杂抄一卷》中亦有出现:

> 五月五日何谓?高辛子性耆(嗜)粽,以其因之。⑤

这则材料给出的信息是,不但七夕节的起源与高辛氏有关,

---

① [日]长泽规矩也编:《和刻本类书集成第一辑》,上海古籍出版社1990年版,第23页。
② 彭定求等编:《全唐诗》卷542,中华书局1960年版,第6263页。
③ 图版见《法藏敦煌西域文献》第26册,上海古籍出版社2001年版,第284页。
④ 图版见《法藏敦煌西域文献》第17册,上海古籍出版社2001年版,第357页;图版见《英藏敦煌文献》第9册,四川人民出版社1995年版,第123页。
⑤ 图版见《英藏敦煌文献》第6册,四川人民出版社1995年版,第227页;图版见《法藏敦煌西域文献》第26册,第284页。

连五月五日端午节的起源也同高辛氏扯上了关系。那么，高辛氏何许人也？《史记·五帝本纪》载："帝喾高辛者，黄帝之曾孙也……帝喾娶陈锋氏女，生放勋。娶娵訾氏女，生挚。帝喾崩，而挚代立。帝挚立，不善，崩。而弟放勋立，是为帝尧。"①谭蝉雪据此认为根据敦煌文书的记载，尧的忌辰是七月七日，故而敦煌文书中留有凭吊尧的一笔之迹。②《春秋左传》中亦有对高辛氏子孙的记载："昔高辛氏有二子：伯曰阏伯，季曰实沈，居于旷林，不能相也，日寻干戈，以相征讨。后帝不臧，迁阏伯于商丘，主辰，商人是因，故辰为商星；迁实沈于大夏，主参，唐人是因，以服事夏商。"③高国藩认为此则材料中的"唐"与唐朝的"唐"同字，所以古敦煌民间以此风俗来强调自己是大唐王朝的子孙。④相对于谭氏的分析，高氏的推测稍显牵强，但却都给七夕节的起源提供了一种新的说法。当然，人们对七夕节的认同还是集中在牛郎织女的传说上，尤其是他们凄美的爱情，更是成为后世文学作品中的一类主题，尤其是女子们更是借以抒发自身的情感。S.1497v《曲子喜秋天》对七夕之夜少女的情怀进行了细致的描述：

（一更）每年七月七，此时受夫日。在处敷尘（陈）结交伴，献供数千般。今晨连天暮，一心待织女。忽若今夜降凡间，乞取一教言。

二更仰面碧霄天，参次众星（前）。月明遍周效，□□□□□□。算会甚北斗，渐觉更星流。月落西山觌（觇）星流，将谓是牵牛。

---

① 司马迁：《史记》，中华书局1999年版，第10—11页。
② 谭蝉雪：《敦煌民俗——丝路明珠传风情》，甘肃教育出版社2006年版，第98页。
③ 左丘明著，陈成国撰：《春秋左传校注》，岳麓书社2006年版，第804页。
④ 高国藩：《敦煌民俗学》，上海文艺出版社1989年版，第466页。

第三章 敦煌岁时节日类游艺

三更女伴近彩楼,顶礼不曾休。佛前灯暗更添油,礼拜再三候。诸女彩楼伴,烧取玉炉烟,不知牵牛在哪边,望作眼睛穿。

四更换(缓)步出门听,直是到街庭。今夜斗末见流星,奔逐向前迎。此时难将见,发却千般愿,无福之人莫怨天,皆是上(少)因缘。

五更敷设了,取(处)分总交收。五个恒(姮)娥结交楼,那件(边)见牵牛。看看东方动,来把秦筝弄,黄丁掇镜再梳头,看看到来秋。①

这首曲子刻画了少女们在七夕之夜对牛郎期盼的心理过程,描写得高低起伏,相当生动。P.2838v《曲子拜新月》则是表达了一位怨妇乞求丈夫回家团聚及月下祈福的情感:

荡子他州去,已经新岁未还归,堪恨情如水。到处狂迷,不思家国。花下遥指祝神明,直至于今。抛妾独宇(寓)空畎(门),上有穹苍在,三光也合遥知。倚并(屏)帏,坐泪流点的(滴),金粟罗衣。自嗟薄命,缘业(孽)至于思(斯)。乞求待见面,誓不辜(负)伊。

国泰时清晏,咸贺朝列乡贤士,播得群臣美卿,敢同如鱼水。况当秋景,蓂叶初敷卉。向登新楼上,仰望蟾色光翅回,愿遇玉兔影媚。明镜匣参差斜坠,澄波善由,怯怕冲半钩。万家向月下,祝告深深跪,愿皇寿千千岁,登宝位!②

---

① 图版见《英藏敦煌文献》第6卷,四川人民出版社1995年版,第83页;录文参张锡厚主编《全敦煌诗》第2编,作家出版社2006年版,第5085—5092页。

② 图版见《法藏敦煌西域文献》第19册,上海古籍出版社2001年版,第67页。

由"况当秋景，蕣叶初敷卉"可知此乃七夕时节，这位妇人在半钩新月之下，诉说着对丈夫归来的期盼，与七夕"情人节"的意境也正相吻合。

(二) 敦煌七夕节的乞巧娱乐

七夕节最主要的活动内容即是乞巧。所谓乞巧，是指妇女们于七夕之夜向天上的织女星乞求智巧，期盼自己能掌握高超的纺织技术的活动。乞巧活动与牛郎织女的传说不断融合，由最初的民间信仰逐渐演变成为一个以女子夜间娱乐活动为主的节日。乞巧娱乐的活动内容不断发展，有浮针试巧、蛛网占巧、祭魁求仕等形式，当然，占据主要地位的还是穿针乞巧。

穿针乞巧可以说是遍布全国的一种乞巧方式，即把穿针引线作为手段，以穿得又快又准者为"得巧者"，活动带有赛巧的性质。民间有广为流传的《乞巧歌》，其一："乞手巧，乞貌巧；乞心通，乞颜容；乞我爹娘千百岁；乞我姊妹千万年。"其二："天皇皇地皇皇，俺请七姐姐下天堂。不图你的针，不图你的线，光学你的七十二样好手段。"① 穿针所用的线，一般为用五种颜色的丝线缠成一根的五色缕（五色线）；所使用针的针孔数目通常为七个，俗称七孔针。

穿针乞巧风俗起源很早，《西京杂记》卷1《七夕穿针开襟楼》中即云："汉彩女常以七月七日穿七孔针于开襟楼，俱以习之。"② 这说明早在西汉时期，七夕节穿七孔针的乞巧风俗就已经在宫中流行了，甚至成为后宫们争宠的工具，《西京杂记》卷3 载有："至七月七日，临百子池，作于阗乐。乐毕，以五色缕相羁，谓为相连爱。"③ 穿针乞巧甚至得到皇帝的御制诗歌，梁简文帝《七

---

① 宋兆麟、李露露：《中国古代节日文化》，文物出版社1991年版，第118页。
② 葛洪：《西京杂记》，中华书局1985年版，第3页。
③ 同上书，第20页。

第三章 敦煌岁时节日类游艺

夕穿针诗》云:"针欹疑月暗,缕散恨风来。"① 至宗懔《荆楚岁时记》一书,不仅记载了七夕穿针之习俗,还订立了乞巧的名目与内容:

> 七月七日,为牵牛织女聚会之夜。是夕,人家妇女结彩缕,穿七孔针。或以金、银、鍮石为针。陈瓜果于庭中以乞巧,有喜子网于瓜上,则以为符应。②

乞巧活动深受宫中女侍及上层统治者的喜爱,专门的乞巧楼也得以建立。《舆地志》载:"齐武帝起层城观,七月七日,宫人多登之穿针,世谓之穿针楼。"③《开元天宝遗事》卷下"乞巧楼"亦记载:

> 宫中以锦结成楼殿,高百尺,上可以胜数十人,陈以瓜果、酒炙,设坐具,以祀牛、女二星。嫔妃各以九孔针、五色线,向月穿之,过者为得巧之候。动清商之曲,宴乐达旦,士民之家皆效之。④

当然,穿针乞巧活动的流行,最主要还要归功于其娱乐功能。早在汉乐府民歌《孔雀东南飞》中便记载有"初七及下九,嬉戏莫相忘。"⑤ 此处"初七"当指七夕节,"嬉戏莫相忘"则直接反映出该日的游戏娱乐活动深受欢迎。后世诗歌中表现穿针乞

---

① 逯钦立辑校:《先秦汉魏晋南北朝诗》梁诗卷22,中华书局1983年版,第1975页。
② 宗懔:《荆楚岁时记》,山西人民出版社1987年版,第55页。
③ 陈元靓编:《岁时广记》,中华书局1985年版,第300页。
④ 王仁裕撰,丁如明辑校:《开元天宝遗事十种》,上海古籍出版社1985年版,第50页。
⑤ 郭茂倩编撰,聂世美、仓阳卿校点:《乐府诗集》,上海古籍出版社1998年版,第781页。

巧游乐主题的诗歌亦存有很多，尤以唐诗为主。① 权德舆《七夕》记载道："今日云耕渡鹊桥，应非脉脉与迢迢。家人竞喜开妆镜，月下穿针拜九霄。"② 林杰《乞巧》亦云："七夕今宵看碧霄，牵牛织女渡河桥。家家乞巧望秋月，穿尽红丝几万条。"③ 罗隐《七夕》云："络角星河菌茜天，一家欢笑设红筵。应倾谢女珠矶筐，尽写檀郎锦绣篇。香帐簇成排窈窕，金针穿罢拜蝉娟。铜壶漏报天将晓，惆帐佳期又一年。"④ 从这些生动的诗句中，穿针乞巧成为了一种诗意化了的游戏，在这一刻，我们仿佛可以看到唐代女儿穿针乞巧、通宵嬉戏娱乐的场景。

敦煌地区在七夕节的穿针乞巧习俗同于中原地区，也是深受女子们的欢迎。上文 P.2721、P.3636《珠玉抄》中载有："七月七日何谓？看牵牛织女，女人穿针乞巧。" P.3671《杂抄》亦云："七月七日何谓？看牵牛郎、织女穿针，女人乞巧。" S.2832《十二月应时》载："七月七日，属以蝉方噪树、鹊正填河、牵牛渡银汉之辰，织女上针楼之夜。"⑤

对于穿针乞巧活动中使用的针，S.6537《节候赏物》记载有"七月七日赏金针、织女台、巧果花、炉饼"。⑥ 以上几则材料都提及了七夕节的穿针乞巧习俗，这些材料或许是从中原传抄到敦煌的，但其在敦煌文献中的流传，至少说明敦煌地区的人们熟知这项活动。

另外，敦煌文献中也有对敦煌七夕节乞巧活动的直接记载，S.2014《赠清师诗三首并序》云：

---

① 对于唐诗中七夕题材作品数量繁多的现象，董乃斌认为"此类作品在民俗学研究中，很能说明一种带规律的现象，即原先具有某种特定涵义的民俗节日，在演变过程中因种种原因，其原有性质淡化乃至消失，而逐渐向游艺娱乐为主发展"。参见董乃斌《唐人七夕诗文论略》，《文学评论》1993 年第 3 期。
② 彭定求等编：《全唐诗》卷 329，中华书局 1960 年版，第 3679 页。
③ 彭定求等编：《全唐诗》卷 472，中华书局 1960 年版，第 5361 页。
④ 彭定求等编：《全唐诗》卷 656，中华书局 1960 年版，第 7539 页。
⑤ 图版见《英藏敦煌文献》第 4 卷，四川人民出版社 1995 年版，第 242 页。
⑥ 图版见《英藏敦煌文献》第 11 卷，四川人民出版社 1995 年版，第 101 页。

第三章 敦煌岁时节日类游艺

自到敦煌有多时,每无管领接括(话)希。寂莫(寞)如今不请说,苦乐如斯各自知。思量乡井我心悲,未曾一日展开眉。耐得清师频管领,似逢亲识是人知。

切以某乙家乡万里,涉歧路而长赊;羡爱龙沙,收心驻足。初听蛩吟于阶砌,乍闻产燥于高梧。是千门求富之辰,乃巧女七夕之夜。辄奉诸贤,宁无谁思,遂述七言,清法师勿令怪笑。

七月佳人喜夜情(晴),各将花果到中庭。为求织女专心座(坐),七(乞)窍(巧)楼前直到明。

《又述五言》:乞巧望天河,双双并绮罗。不犹(忧)针眼小,只要明月多。①

根据徐俊的研究,该诗的作者当为从内地远到敦煌巡视的官员,并且此官员或许曾受到道清法师的关照,而道清法师即是金光明寺的道清上人。②从诗文中"七月佳人""乞巧"等词语看显然是因七夕节而作,而从"遂述七言""清法师"等字词则可推测此文应写于一个以道清法师为尊的七夕节宴会上。从文中出现的乞巧、针眼等词语来看,敦煌七夕节的穿针乞巧游艺在七月七日的宴会上是被作为常规娱乐项目而开展的。

通过对敦煌文献中有关七夕节起源及乞巧游艺资料的分析,并借助其他史籍资料中的相关内容,我们可以认识到:"游戏一旦作为调剂社会生活的一种文化需要时,它就天生具有一种娱乐意义。"③七夕节原本起源于祭拜织女、祈求幸福的仪式,却在发展过程中形成了以穿针乞巧为主的、娱乐身心的游戏形态。在七

---

① 图版见《英藏敦煌文献》第4卷,四川人民出版社1995年版,第5页;录文参见徐俊纂辑《敦煌诗集残卷辑考》,中华书局2000年版,第867—868页。
② 徐俊纂辑:《敦煌诗集残卷辑考》,中华书局2000年版,第867页。
③ 钟敬文主编:《民俗文化概论》,上海文艺出版社1998年版,第369页。

夕之夜，无论是上层社会的仕女，抑或普通的百姓女子，都能在穿针乞巧等游戏活动中得到片刻的休憩，享受到生活的乐趣，这也充分说明了乞巧游艺以其与生俱来的娱乐性适应了古代社会女子生活的需要，成为她们节日生活中不可或缺的调剂品。

第四节　其他节日中的游艺

上文讨论了敦煌上元节、寒食清明节、端午节、七夕节等具有代表性的节日中所开展的游艺活动。除此之外，敦煌文献中还记载有其他节日中的游艺资料，但因为材料相对较少，故而放到本节集中进行探讨。

一　上巳日临水而乐

上巳日，是指以干支纪日的历法中的夏历三月的第一个巳日，亦即农历三月三日，又称三巳、元巳、重三。尚秉和在其《历代社会风俗事物考》一书中对上巳日论证道："惟《风俗通》引《韩诗》曰：'三月桃花水之时，郑国之俗，三月上巳，于溱洧两水之上，执简招魂，祓除不祥。'是三月上巳，为周时令节，士民游春，祓禊水上，娱乐可知。郑建国在春秋初，在列国为最后，郑如此，列国可知。再证以《周礼》，上巳为令节无疑矣。"[1] 由此可知上巳日有着悠久的历史，而从"士民游春，祓禊水上，娱乐可知"亦可知游艺娱乐活动在上巳日中占据重要的地位。

（一）敦煌文献中上巳日起源说

关于上巳日的起源及其演变，学界说法不一，张勃、荣新等

---

[1] 尚秉和：《历代社会风俗事物考》，江苏古籍出版社2002年版，第341页。

第三章 敦煌岁时节日类游艺

对这些学说做过系统性的介绍，① 本文不再累述，仅以敦煌文献中有关上巳日起源的材料为切入点，其主要观点有三：

一是与周人曲水之宴相关。P.3671《珠玉抄》云：

三月三日何谓？昔幽王临水而游，妻将亡，女赍酒食，至于河上，眺望观看，作乐解除幽王恶事，方收艾，大良。②

此种说法在《续齐谐记》也有记载："昔周公成洛邑，因流水以泛酒，故《逸诗》云：'羽觞随波流。'"③ 又《三才图会·时令·上巳》引《十节录》云："昔周幽王淫乱，群臣愁苦之，于是设河上曲水宴……从此始也。"④

二是与水滨祓禊之俗有关。《续汉书·礼仪志》："是月上巳，官民皆洁于东流水上，曰洗濯祓除，去宿垢疢，为大洁。"⑤ 祓除即祓禊，又曰祓祭，意即通过祭祀，于水边洗濯，以示去宿垢，除灾疾。P.4640v《归义军衙府纸破历》载："三月三日三（东）水池并百尺下、分流泉等三处赛神，用钱财粗纸壹帖。""三月三日东水池及诸处赛祆，用粗纸壹帖。"⑥ S.3728《归义军柴场司账目》载："三月三日东水池赛神，熟肉柽玖束。"⑦ 由此可见，三月三日在水边祓禊祭祀风俗在敦煌地区也有发生，并且在敦煌地区发生了变异，得到进一步的发展，地点由水边扩展到水池、水泉等地，并且祭祀的形式和对象也演变为赛神这种敦煌本土化的

---

① 张勃：《唐代节日研究》，博士学位论文，山东大学，2007 年，第 128—144 页。
② 图版见《法藏敦煌西域文献》第 26 册，第 283 页。
③ 金沛霖主编：《四库全书子部精要·下》，天津古籍出版社、中国世界语出版社 1998 年版，第 954 页。
④ ［日］寺岛良安编纂：《倭汉三才图会》，日本随笔大成刊行会六合馆 1929 年版，第 50 页。
⑤ 范晔：《后汉书》，中华书局 1965 年版，第 3110 页。
⑥ 图版见《法藏敦煌西域文献》第 32 册，第 263、266 页。
⑦ 图版见《英藏敦煌文献》第 5 卷，四川人民出版社 1995 年版，第 152 页。

仪式。

三是与秦昭王"金人捧水心剑"的典故有关。《晋书》卷51《束皙传》载:"昔周公成洛邑,因流水以泛酒。故《逸诗》云:'羽觞随波'。又秦昭王以三日置酒河曲,见金人奉水心之剑曰:'令君制有西夏乃霸诸侯。'因此,立为曲水。二汉相缘,皆为盛集。"① 敦煌文献中亦有与之相吻合的记载,S.2832《十二月应时》中记载:"三月三日,暮春上巳,禊事良辰。三月重三,水神捧水心(剑)之日。"②

上文有关上巳日起源的三种说法不尽相同,但是它们却也有一致之处,那便是与水相关。可以说,随着上巳节内涵在不同历史时期的不断演变,人们来到水边,已不仅仅是举行某种仪式,而是发展成为乘兴宴饮游乐等充满生活情趣的游艺活动。

(二) 敦煌上巳日的临水之乐

对上巳日临水之乐的探讨,有必要提及两个著名的典故。其一与孔子有关,出自于《论语·先进》篇:"(曾点)曰:'暮春者,春服既成,冠者五六人,童子六七人,浴乎沂,风乎舞雩,咏而归。'夫子喟然叹曰:'吾与点也。'"③ 孔夫子把这种寄情于山水间的乐趣当作理想追求,历来为后世儒家学者所推崇。或许正是受此影响,才有了东晋永和九年三月三日,王羲之、谢安等四十一人的那次著名的兰亭之会,以及众所周知的《兰亭集序》:"永和九年,岁在癸丑,暮春之初,会于会稽山阴之兰亭,修禊事也。群贤毕至,少长咸集。此地有崇山峻岭,茂林修竹,又有清流激湍,映带左右。引以为流觞曲水,列坐其次,虽无丝竹管弦之盛,一觞一咏,亦足以畅叙幽情。"④ 从此之后,

---

① 房玄龄等:《晋书》卷51,中华书局1974年版,第1433页。
② 图版见《英藏敦煌文献》第4卷,四川人民出版社1995年版,第242页。
③ 杨伯峻译注:《论语译注》,中华书局1980年版,第119页。
④ 吴楚材、吴调侯选编:《古文观止》,北京古籍出版社1994年版,第253—254页。

第三章 敦煌岁时节日类游艺

上巳日曲水宴乐便为文人骚客所津津乐道,成为他们心之向往,陈子昂《三月三日宴王明府山亭》云:"暮春嘉月,上巳芳辰,群公禊饮,于洛之滨。奕奕车骑,粲粲都人,连帷竞野,袚服缛津。"① 由此可见,连普通民众亦在这一天倾城而出,水边聚会,热闹非凡。

敦煌上巳日的临水之乐是有着前代传统的,其可追溯到东晋末期,《晋书》记载李暠迁都酒泉后:"玄盛上巳日宴于曲水,命群僚赋诗,而亲为之序。"② 李暠发迹于敦煌后委托其子镇守,而敦煌与酒泉又相互毗邻,可想此俗在敦煌应是同样盛行的。S.361《书仪镜》对此则有直接的记载:

> 三月三日,不审何处追赏,欲泛觞曲水,同往南亭,速驾!幸甚!③

从"欲泛觞曲水"可知邀请参加的是在南亭举行的上巳日临水宴乐活动,而"速驾""幸甚"则明显表现出参加者及受邀者对这次宴会的急切盼望和欣喜之情。当然,宴会是需要一定的物质消费的,P.4909《辛巳年十二月东窟油面抄》载:"(三月)三日造饼面壹斗,胡饼面贰斗,煮油面贰斗伍升,蒸饼面贰斗,糕面伍升。"④ 虽然此则材料未能直接说明这些面食的用途,但是考虑到上巳日在敦煌节日生活中的重要性,可推测它们很有可能是为上巳日宴会所准备的。

上巳日同端午节、七夕节等节日不同,它本身没有不可或缺的纪念性和代表性,得不到强制的制约,故而在唐宋之后便开始

---

① 彭定求等编:《全唐诗》卷84,中华书局1960年版,第917页。
② 房玄龄等:《晋书》卷87,中华书局1997年版,第2264页。
③ 图版见《英藏敦煌文献》第1卷,四川人民出版社1995年版,第151页。
④ 图版见《法藏敦煌西域文献》第33册,上海古籍出版社2001年版,第260页。

渐渐消失，而其所衍生的流觞宴饮、郊游踏青等娱乐，其后也就渐渐汇入清明节的活动中去了。

二 重阳节赏菊、登高

农历九月九日，是中国传统的重阳节，按照中国古代奇数为阳、偶数为阴的二元分类方法，九是阳数，而九月初九的月份和日期都为阳数，故而也被称为"重九""重阳"或"九日"。魏文帝曹丕在《九日与钟繇书》中云："岁往月来，忽复九月九日。九为阳数，而日月并应，俗嘉其名，以为宜于长久，故以享宴高会。"① 另据《中国岁时节令辞典》载："重阳节因其节俗活动的不同，而有许多不同的别称。一曰'登高节'，因有登高之举而名。一曰'茱萸节'，因插茱萸、配萸囊、泛酒茱萸之举而名。"② 或许正是因为处于秋风送爽、金菊怒放、丹桂飘香、万里艳阳的好时光，人们乐意开展赏菊、登高、宴乐等游艺活动，这些活动也带给他们无尽的乐趣。

（一）敦煌文献所见重阳节起源说

关于重阳节起源的观点，主要有辟邪说、求寿说、尝新说三种说法，③ 这几种解释各有道理，但笔者一直坚持认为各种节庆活动的起源不应单一地归功于某一项事物，而是要充分考虑节庆活动形成、演变过程中受到多种外在活动因素的影响，才最终定型。敦煌文献中有关重阳节起源的记载集中在两个方面，下文结合其他传世文献做简要讨论。

一是登高辟邪之说，这种也是流传于世的最为广泛的观点，梁吴均《续齐谐记》云："汝南桓景随费长房游学累年，长房谓

---

① 严可均辑，陈廷嘉等校点主编：《全上古三代秦汉三国六朝文》第3册，河北教育出版社1997年版，第75页。

② 乔继堂、朱瑞平主编：《中国岁时节令辞典》，中国社会科学出版社1998年版，第446页。

③ 杨琳：《中国传统节日文化》，宗教文化出版社2000年版，第332页。

第三章 敦煌岁时节日类游艺

曰：'九月九日汝家中当有灾，宜急去。令家人各作囊，盛茱萸，以系臂，登高饮菊花酒，此祸可除。'景如言，齐家登山。夕还，见鸡犬牛羊一时暴死。长房闻之曰：'此可代也。'今世人九日登高饮酒、妇人戴茱萸囊，盖始于此。"① 此材料中避难者为桓景全家人，而传道者是费长房，到了敦煌文献中，故事情节虽相似，但人物发生了变化，S.6537v《郑余庆书仪》载：

> 九月九日，昔费长房携酒将家口鸡犬，登高山避火灾，佩茱萸，饮菊花酒以□□也。至晚还家，屋宅悉被火烧尽。②

此则故事中的避难者竟变成了前文材料中的传道者费长房，但是，九月九日登高、佩茱萸、饮菊花酒的风俗却是没有任何变化，也说明了这些习俗已成定式活动。

二是与纪念帝喾、帝尧的活动有关，这是敦煌文献中所特有的对于重阳节起源的解释。P.3671《杂抄一卷》云：

> 九月九日何谓？昔帝喾子名尧，八岁封为唐侯，十六升天等位。尧九月九日大会诸侯，用面米拟造酒曲，米未到之间，其九日帝喾崩，扶尧登位。百官总集，不得用酒，即用米曷吹（炊）之，团作番饼，用胡麻作米曷会诸侯。自尔以来不令断绝。③

当然，前文在讨论端午节、七夕节的起源所运用的敦煌文献中，也出现了把其起源归结于纪念高辛氏（帝喾及其子孙）的内

---

① 金沛霖主编：《四库全书子部精要·下》，天津古籍出版社、中国世界语出版社 1998 年版，第 954 页。
② 图版见《英藏敦煌文献》第 11 卷，四川人民出版社 1995 年版，第 102 页。
③ 图版见《法藏敦煌西域文献》第 26 册，上海古籍出版社 2001 年版，第 284 页。

容，这说明古代敦煌该时期应该流行高辛氏信仰。

（二）敦煌重阳节的赏菊宴乐及登高

重阳时节秋高气爽，便于人们开展丰富多彩的户外活动，走向田野去亲近自然。正如孙思邈在《齐人月令》中所言："重阳之日必以肴酒登高眺迥，为时宴之游赏，以畅秋志。酒必采茱萸、甘菊以泛之，既醉而还。"① 可以想象，在重阳节上人们相邀聚会、赏菊登高、饮茱萸酒，再加上热闹欢腾的乐舞表演，当然受到民众的欢迎了。除此之外，中国人对重阳节还有特殊的情感寄托，王维那首脍炙人口的《九月九日忆山东兄弟》中有云："独在异乡为异客，每逢佳节倍思亲。遥知兄弟登高处，遍插茱萸少一人。"② 这首诗深刻又细腻地表现出重阳节思念亲友的心理状态，令人产生心灵共鸣。

敦煌重阳节的游艺活动与中原同俗。S.555v《九至江州问王使君》云："九日浔阳县，门门有菊花。□□今送酒，若个是陶家。"③ S.2832《十二月应时》亦记载："九月九日，将菊初繁，香英正嫩，桓景登高之日，潜蒿下鞠（菊）之辰。"④ 这两则材料虽未明确所记为敦煌之事，但都提及了重阳日的饮菊花酒习俗，料想敦煌应也盛行此俗。当然，只是饮菊花酒不能尽兴，还要有盛大的登高宴饮等娱乐活动，S.2200《书牍轨范》载：

> 重阳之节，玩菊倾思，县珠一杯，倍加渴慕。亦云茱萸之酒，不可独斟，思忆朋寮，何以言述！谨令奉屈，幸速降临，不宣。谨状。⑤

---

① 李昉等撰：《太平御览》卷32"九月九日"引，中华书局1960年版，第154页。
② 彭定求等编：《全唐诗》卷128，中华书局1960年版，第1306页。
③ 图版见《英藏敦煌文献》第2卷，四川人民出版社1995年版，第56页。
④ 图版见《英藏敦煌文献》第4卷，四川人民出版社1995年版，第242页。
⑤ 同上书，第38页。

第三章 敦煌岁时节日类游艺

S.361《书仪镜》中亦云：

> 九月九日，菊酒一鐏（樽），欲登高饮，不惜马蹄，即同往，幸也。《答书》：刀札忽临，具承来意。缘厶尊者，处分少事未了，了即奔赴，无怪迟迟，不宣。谨状。①

"欲登高饮，不惜马蹄"字里行间流露出对重阳节登高宴饮活动的喜爱，这两则反映重阳节相邀的文书，无一不说明了重阳节赏菊、登高宴会在敦煌是非常流行的，并且作为当时人们社会交往的一种规范而形成惯例。

当然，敦煌重阳节的游艺活动也需要一定的物质品消费，P.4640v《归义军破历》载："九月七日，支与帐设王文胜补大幕粗布壹疋；同日，支与音声张保升造胡滕（腾）衣贰丈肆尺。九日支与设司吹丹粗布壹丈肆尺。"② 材料中的"设司"即宴设司，主要负责归义军衙府内外的设宴事宜，从九月七日到九日连续有物料支出，也说明了敦煌归义军官员们在重阳节举行宴饮娱乐活动。S.1053v《丁卯至戊辰年某寺诸色斛斗破历》："麦壹斗换黑豆，登高日用。"③ 由此可知敦煌寺院的僧人也有重阳节登高的习俗，敦煌民间应当更为普遍。

敦煌的九九重阳节，人们从事登高游乐、聚会宴饮、赏菊品酒等游艺活动。登高令人心旷神怡、舒展胸怀；宴会能增进感情、共享欢乐；饮菊花酒有益健康、益寿延年，可以说这些游艺活动背后无不反映出敦煌民众享受生活、追求幸福的心理诉求。

---

① 图版见《英藏敦煌文献》第1卷，四川人民出版社1995年版，第151页。
② 图版见《法藏敦煌西域文献》第32册，上海古籍出版社2001年版，第260页。
③ 图版见《英藏敦煌文献》第1卷，四川人民出版社1995年版，第221页。

三 除夕驱傩之假面戏

除夕是阴历一年当中最末的一个节日，在这个节日中有一项具有神秘性而又带有宗教性的活动，便是傩戏。傩在中国拥有悠久的历史，初期属于宗教祭祀活动，具有浓厚神秘的宗教意味，但是随着人们的多方参与喜爱，结合歌舞装扮，带有戏剧效果，因此发展成傩戏，后渐演变成为节俗的活动项目之一。对于傩戏的起源、演变及其文化内涵，已有丰硕的研究成果面世，[①] 敦煌文献中亦有诸多记载傩文化的资料，并得到学界较多的关注。[②] 本文对傩文化的宗教内涵、文化特征等内容不做研究，集中对敦煌除夕驱傩之戏中的游艺成分进行讨论。

王重民在《敦煌变文研究》中曾云："我国历史上有一个传统风俗，就是每年腊月的驱傩。驱傩本来是一种迷信，在新岁没有到来以前，想赖借群众力量，把鬼都驱走。到后来，变成一种游戏，因而有聚会，有化装，有歌唱。"[③] 通过王氏之论断，可得知驱傩之戏的游戏因素主要是聚会、化装和歌唱。在这当中，化装应该是娱乐气氛最浓的，据《新唐书》卷16"大傩之礼"载："选人年十二以上，十六以下为侲子，假面，赤布跨褶。二十四人为一队，六人为列。执事十二人，赤帻、赤衣、麻鞭。工人二

[①] 中国的傩文化研究取得了丰富的研究成果，此处仅列些代表性的论著：柯琳《傩文化刍论》，中央民族大学出版社1994年版；林河《傩史——中国傩文化概论》，台北东大图书股份有限公司1994年版；余大喜《中国傩神谱》，广西民族出版社2000年版；钱茀《傩俗史》，广西民族出版社2000年版；陈跃红、徐新建、钱荫榆编著《中国傩文化》，中央编译出版社2008年版，等等。

[②] 谭婵雪：《岁末驱傩》，《西北民族研究》1990年第2期；李正宇：《敦煌傩散论》，《敦煌研究》1993年第2期；黎蔷：《西域敦煌傩戏考》，《敦煌研究》1996年第2期；张兵、张毓洲：《从敦煌写本〈除夕钟馗驱傩文〉看钟馗故事的发展和演变》，《敦煌研究》2008年第1期；康小花、王育梅：《甘肃巫傩面具文化研究综述》，《天水师范学院学报》2008年第6期；陈烁：《敦煌民间驱傩仪式与驱傩词》，《第三届中国俗文化国际学术研讨会暨项楚教授七十华诞学术讨论会论文集》，2009年，等等。

[③] 王重民：《敦煌遗书论文集》，中华书局1984年版，第201页。

十二人，其中一人方相氏，假面，黄金四目，蒙熊皮，黑衣、朱裳、右执盾；其中一人为唱帅，假面，皮衣，执棒，鼓、角各十，合为一队。"① 此则材料所反映的三支驱傩队伍中，都有"假面"人的出现，可知化妆假面在驱傩之戏中占据重要地位。

敦煌地区除夕驱傩仪式中亦有假面戏的娱乐，S.2055《除夕钟馗驱傩文》云：

亲主岁领十万，熊罴爪硬，钢头银额，魂（浑）身总着豹皮，尽使朱砂杂赤，感称我是钟馗。②

文中"钢头银额""身总豹皮"等词语明显说明了敦煌驱傩队伍中有经过化妆，戴着假面的人。胡同庆、王义芝等人认为唐宋时期敦煌地区流行的这种佩戴野兽神怪面具的驱傩活动类似于源自西域的"苏莫遮"舞蹈。③ 对于苏莫遮，慧琳在《一切经音义》中云："苏莫遮，西戎胡语也。正云飒磨遮。此戏本出西龟兹国，至今犹有此曲，此国浑托、大面、拨头之类也。或作兽面，或象鬼神，假作种种面具形状。或以泥水沾洒行人，或持羂索，搭钩捉人为戏。每年七月初公行此戏，七日乃停。"④ 据此可知苏莫遮与傩戏在"假作种种面具"方面确实存在相似之处，但苏莫遮是七月举行，而傩戏一般在除夕开展，笔者认为有可能是苏莫遮传入敦煌后，被当地除夕驱傩仪式所运用，吸收了假面舞蹈内容，从而发生了变异。P.3552《儿郎伟驱傩文》中载："弓刀左右趁，把火纵横烛，随头使厥傩，个个交屈（曲）律。"⑤ 反映的是配合驱傩戏的象征动作，其与假面舞相结

---

① 欧阳修、宋祁：《新唐书》第2册，中华书局1975年版，第392页。
② 图版见《英藏敦煌文献》第3卷，四川人民出版社1995年版，第235页。
③ 胡同庆、王义芝：《敦煌古代游戏》，甘肃少年儿童出版社2012年版，第146—147页。
④ 《大正藏》第54册，第576页。
⑤ 图版见《法藏敦煌西域文献》第25册，上海古籍出版社2001年版，第231页。

合，把严肃而神圣的驱傩仪式营造出浓厚的世俗娱乐氛围。

　　敦煌岁末除夕的驱傩之戏，能够把民众聚集起来，不论是表演者还是观看者，都能以极大的热情来参与和面对，可以在很大程度上增强不同民族、阶层的向心力和凝聚力，缓解人们的生活压力，使人们沉浸在欢乐的节日喜悦之中。

第五节　小结

　　一个国家或一个地区的文明程度，经常反映在其岁时节日文化中。敦煌地区的岁时节日具有丰富多彩的活动内容，其最显著特征是节日成分的混合性。所谓混合性，即敦煌节庆活动中不但包含宗教、祭祀、民俗、娱乐等多种因子，而且这些因子是综合交织在一起的，没有绝对明显的主轴，本文则侧重对敦煌岁时节日中娱乐成分的讨论。在敦煌地区的上元、上巳、寒食、清明、端午、七夕、重阳等重要的节令中，敦煌人民从事各项的活动有歌舞、驱傩、观灯、踏歌、蹴鞠、秋千、走马、击鞠、斗鸡、春游、赏花、踏青、聚会、竞渡、乞巧、登高、泼寒胡戏等多种的游艺休闲活动，我们可以说欢乐的节日里正是游艺活动的具体呈现，同时不只有一项的游艺活动，许多活动都在节日里受到人们的重视与喜爱，满足人们不同的需求。

　　敦煌岁时节日游艺活动还有一个显著的功能，在于可以借助娱乐活动，暂时融通平时社会各阶层的社会差异。巴赫金曾以欧洲中古狂欢节为出发点，提出节日庆典不仅具备娱乐休闲的功能，同时也能促进人之身心与阶级解放的观点。[①] 在敦煌的岁时

---

① ［俄］巴赫金：《拉伯雷研究》，李兆林等译，河北教育出版社1998年版，第225—320页。

第三章　敦煌岁时节日类游艺

节日游艺娱乐中，我们也可以看到不同社会阶层民众的普遍参与性，如上元灯节，既有归义军政权的燃灯窟，亦有普通民众乃至寺院僧人的参与，最大限度地实现了官民同乐，僧俗共享。

综上所述，敦煌的岁时节令游艺休闲活动丰富、生动而多元，是敦煌人最重要的休闲娱乐。除了有浓厚的纪念意味，人们更是借此来休养生息、放松心情、娱乐、调整生活步调、联络情感、活络人际关系、增加民族情谊。可以说在漫长的岁月里，没有了岁时节令游艺活动的调适，日子将是孤寂而漫长的，生活将是单调、乏味而无趣的。与此相反，这些热闹非凡，具有不同风采特征的各式各样节令游艺活动，充实了敦煌人的生活和精神文明。

第四章 敦煌博弈类游艺

博弈类游艺活动是古代游艺活动中的重要类型，它们种类繁多、各有特色，极大地丰富了游艺生活。博弈类游艺活动的一个显著特征，便是其能在一定程度上启迪人们的思维与智慧，无论是成人抑或儿童都能在充满乐趣的游艺活动中开发智力、益智雅趣。

"博弈"一词，在《论语·阳货》中就已经有所记载："饱食终日，无所用心，难矣哉。不有博弈者乎？为之犹贤乎已！"①孔子认为与其整天吃得饱饱的，一点也不肯动脑筋，还不如玩玩下棋之类的博弈游戏。博弈类游艺活动主要分为两类：一是通过掷骰子等手段，借助运气来赌输赢的投机类游戏，即所谓的博，主要有樗蒲、双陆等；二是依靠自身的思维和才智定夺胜负的智力类游戏，即所谓的弈，主要有围棋、象棋、弹棋等。另外有一种酒令类游戏藏钩，其本身也带有智慧性特征，本文把它纳入弈类游艺活动中讨论。博弈类游艺有着悠久的历史，在先秦时就已出现，并且形制多样，② 发展到秦汉时期更为盛行，③ 此后经久不

---

① 杨伯峻：《论语译注》，中华书局1980年版，第196页。
② 张院利、耿献伟：《从考古发现看先秦的博戏》，《南阳师范学院学报》2012年第4期。
③ 出土于秦汉时期的铜镜、画像砖等文物中，有很多博弈类游艺活动的图像，相关研究参见傅举有《论秦汉时期的博具、博戏兼及博局纹镜》，《考古学报》1986年第1期；张文利《秦陵博琼与秦汉博戏之风》，《文博》1989年第5期；李凯《陕北东汉画像石里展现的体育娱乐活动》，《文博》2008年第3期；秦立凯、郑贺、裴德超《淮北汉画像石与汉体育文化》，《体育文化导刊》2008年第8期；李学砦《浅谈汉画像石中的古代休闲体育方式》，《开封大学学报》2009年第4期；王煜《四川汉墓画像中"钩绳"博局与仙人六博》，《四川文物》2011年第2期。

第四章 敦煌博弈类游艺

衰,成为上至皇亲国戚、下至贩夫走卒都所喜欢的娱乐活动,并由此产生了众多以此为主题的文学作品。[①] 敦煌文献和莫高窟壁画中有较为丰富的博弈类游艺资料,其中樗蒲、双陆、围棋、藏钩等是本文所关注的重点。

第一节 樗蒲

樗蒲属于典型的投掷类博戏,这类游戏的显著特征即是游戏胜负的偶然性和随机性,导致游戏本身产生有强烈的刺激性。正是这种刺激,使得博戏类游戏的娱乐功能得到进一步强化,参与者沉迷于其周而复始的单调模式之中。在一个共同游戏规则下,参与者取得胜负的机会看似均等,但由于随机性和或然率的作用,胜负的取得不但不取决于参与者整体的体力和智力素质,而在于侥幸、投机和冒险。东汉班固《弈旨》中曾云:"夫博悬于投,不专在行,优者有不遇,劣者有侥幸,畸拿相凌,气势力争,中有雌雄,未足为平也。"[②] 可见博戏类游戏对参与者智力和体力的要求较小,胜负多凭机遇、侥幸和投机,也正是这个特征使它成为人人都能普遍参与的雅俗共享的游戏。当然,樗蒲、双陆等博戏类游戏也带有明显的赌博色彩,但这似乎没有过多影响其在中国传统文化中的地位,涂文学在《趋同与离异:中国赌博史的社会文化透视》一文中对此进行了阐述:"首先,中国传统文化有意强化博戏的游乐功能,使之迎合并适应传统中国人尤其是士大夫阶层追求怡情养性的'雅尚'趣味和物我

[①] 对古代以博弈类游戏为主题的文学作品研究,参见陈正平《唐诗中的游艺》,第175—262页;黄水云《历代博弈赋及其时代内蕴》,《东方丛刊》2009年第1期。

[②] 严可均辑,陈廷嘉等校点主编:《全上古三代秦汉三国六朝文》第2册,河北教育出版社1997年版,第258页。

两忘的至高境界……其次，中国传统文化善于利用赌博的偶然性与投机特征来强化社会成员的宿命意识，以达到抚慰情绪、稳定社会的目的……最后，传统主流文化在政治伦理的文化层面上对赌博予以诠释和改造，使其在更深、更广的层面上与传统文化保持同一。"① 涂氏的论断充分肯定了博戏的社会功效，尤其是樗蒲、双陆等博戏类游戏的娱乐功能，这也是本文讨论的重点所在。

一 樗蒲的起源

樗蒲，是盛行于魏晋南北朝及隋唐时期的一种博戏，② 其名或因"由樗叶脱处有痕之形而来。"③ 宋人郑樵《通志·草木略》记载有："樗，似椿，北人呼为山椿，江东人呼为虎目，叶脱处有痕如樗蒲子，又如眼目，故有其名。"④ 因此，樗蒲也被称为樗蒱或摴蒲。又因为樗蒲所掷之骰子多为五枚，因此亦被称为五木、五投或五骰。

关于樗蒲的起源，主要有三种不同的观点。其一认为樗蒲为老子所创，其主要支撑材料，见于《艺文类聚》卷74《巧艺部·樗蒲》所引的两则史料：一是东汉马融《樗蒲赋》中所言："昔有玄通先生，游于京都，道德既备，好此樗蒲，伯阳入戎，以斯消忧。"此处"玄通""伯阳"皆指代老子；二是西晋张华《博物志》中记载："老子入胡，作樗蒲。"⑤ 另外，《一切经音义》卷25《大般涅槃经》亦载有："摴蒲，上敕于反。《博物志》云：

---

① 冯天瑜主编：《人文论丛》2001年卷，武汉大学出版社2002年版，第34—36页。
② 樗蒲不仅流行于中古时期的中国，在朝鲜、日本及南美洲的一些游戏中也可以看到樗蒲游戏的主要特征，参见大谷通顺《中国古代游戏"樗蒲"在世界游戏史上的定位》，《新世纪文化交流与汉语教学国际学术研讨会论文集》，2000年，第21—27页。
③ 杨荫深：《中国游艺研究》，世界书局1946年版，第72页。
④ 郑樵：《通志二十略》，中华书局1995年版，第2022页。
⑤ 欧阳询等撰：《艺文类聚》卷74，中华书局1982年版，第1278页。

第四章 敦煌博弈类游艺

'老子作之用卜。'今人掷之为戏。"① 学界对此种观点持非议者较多，李洪岩曾指出："老子置樗蒲，盖不可信。入西戎故事，乃是后世道家敷演《后汉书·襄楷传》'或言老子入夷狄为浮屠'一语臆造。"② 其二认为樗蒲是由六博演变而来的，③ 徐厚广对此论证："（樗蒲）它是根据六博演化过来的，只是六博当时已经慢慢地雅化，而比较世俗的樗蒲才日渐赢得了人们的喜欢，所以才能够慢慢地成为当时社会上主要的博戏。"④ 此种观点从流行性和接受性角度推测了六博向樗蒲的转变，但未给出此种转变的具体形态、方式等细节，并且魏晋时期六博、樗蒲还曾并行存在过一段时间，故笔者认为此观点虽有合理之处，却未能给出让人完全信服的论据。其三认为樗蒲产生于西域，与胡人有关，笔者比较同意此种观点，并且有文字和实物资料为证。前文论及樗蒲为老子创制时所使用的史料，无一例外都提及了"戎""胡"等词语，《晋中兴书》卷7亦载有："樗蒲，老子入胡所作，外国戏耳。"⑤ 此处虽然依旧提及老子，但却直接把樗蒲归为外国戏。另据《晋书·陶侃传》中的记载："樗蒲者，牧猪奴戏耳!"⑥ "牧猪奴"带有明显的蔑视意味，是当时中原政权对草原游牧胡族的称呼，但却从侧面说明了樗蒲的产生与胡人直接相关。因此，从上述文

---

① 《大正藏》，第467页。类似的说法，亦见于《事物纪原》中引《博物志》的记载："挎蒲，老子入西戎所造，或云胡亦以此为卜也。"高承、李果撰，金圆、许沛藻点校：《事物纪原》，中华书局1989年版，第490页。

② 李洪岩：《樗蒲考略》，《体育文史》1989年第4期。郭双林、肖梅花则认为此种说法目的在于意在提高樗蒲的社会地位，郭双林、肖梅花：《中华赌博史》，中国社会科学出版社1995年版，第33—36页。

③ 六博，意即两人相博，每人六枚棋子，故称六博，又称陆博，其胜负的关键在于掷采，偶然性很强，双方按照各自掷出的齿采捷棋，是一种带有比赛性质的娱乐游艺活动。《楚辞·招魂》中有："菎蔽象棋，有六博些。分曹并进，遒相迫些。"《史记·苏秦列传》亦云："斗鸡走狗，六博蹴鞠"，说明六博在先秦时期是非常流行的一种游艺项目。

④ 徐厚广：《博弈》，重庆出版社2006年版，第26页。吴玉贵对此种说法也持赞同态度，见吴玉贵《中国风俗通史·隋唐五代卷》，上海文艺出版社2001年版，第803页。

⑤ 汤球辑：《九家旧晋书辑本》，中华书局1985年版，第433页。

⑥ 房玄龄等：《晋书》卷66，中华书局1974年版，第1774页。

字材料可得知无论樗蒲的出现是否与老子有直接关系，它与西域胡人之间的密切关系却是无法避开的事实。另外，马融《樗蒲赋》中对樗蒲的棋盘及棋子等有细致的描述："抨（枰）则素旃紫罽，出乎西邻，缘以缋绣，䄖以绮文；杯则摇木之干，出自昆山；矢则蓝田之石，卞和所工，含精玉润，不细不洪；马则玄犀象牙，是磋是砻。"① 此文中，"（枰）则素旃紫罽"一句说明樗蒲棋盘应该由白色和紫色的毡类所制作，在汉朝使用毡类东西，多与胡人有关，与"出乎西邻"则直接吻合，而杯、马等器具也均产自西域，也说明了胡人在樗蒲中的重要地位。因此，笔者认为樗蒲最初应是出现并流行于西域地区，随着中西文化交流，大约在西汉时期流传到中原。

二 樗蒲的游戏规则

樗蒲作为中国古代一种重要的博戏类游艺活动，在宋以前相当盛行，但到宋代便逐渐消逝，加之在其发展过程中形制多有变化，且传统史籍中对其游戏规则的记载也多有出入，因此对于樗蒲的游戏规则和赛制的讨论一直是学界关注的热点。学者们根据有关樗蒲的片段史料对樗蒲的棋盘、棋子形貌及行棋规则有了初步的认识，但目前尚未得到明确结论。② 本文此处根据马融《樗蒲赋》、鲍宏《博经》、李翱《五木经》、李肇《唐国史补》、程大昌《樗蒲经》等传统史籍中的记载，在前辈学者已有研究成果的基础上，对樗蒲的游戏规则再做探讨。

---

① 欧阳询等撰：《艺文类聚》卷74，中华书局1982年版，第1278页。
② 对于樗蒲游戏规则的讨论，主要参见大谷通顺《五木の形状和樗蒲の遊戲法——〈五木经〉の合理的解釋》（上），《北海学园大学学园論集》1990年第67号；大谷通顺《五木の形状和樗蒲の遊戲法——〈五木经〉の合理的解釋》（下），《北海学园大学学园論集》1991年第68号；李慕南主编《游艺文化》，河南大学出版社2005年版，第162—164页；王永平《游戏、竞技与娱乐——中古社会生活透视》，中华书局2010年版，第216—218页；薛新刚、林飞飞《中国古代休闲体育及社会之对待——以六朝之樗蒲为例》，《体育科学》2012年第10期。

第四章 敦煌博弈类游艺

东汉马融的《樗蒲赋》可谓是对樗蒲游戏规则的较早记录："杯为上将，木为君副，齿为号令，马为翼距，筹为策动，矢法卒数。于是芬葩贵戚，公侯之筹，坐华榱之高殿，临激水之清流。排五木，散九齿，勒良马，取道里。是以战无常胜，时有逼遂，临敌攘围，事在将帅，见利电发，纷纶滂沸，精诚一叫，入卢九雉，磊落蹉跎，并来猥至，先名所射，应声粉溃，胜贵欢惋，负者沉悴。"① 此处马融对汉朝樗蒲的玩法作了简要说明，可知樗蒲游戏采用五木掷采行棋，齿采的变化也是多种多样。

唐代李肇《唐国史补》卷下中则记载为："洛阳令崔师本，又好为古之摴蒲。其法：三分其子，三百六十，限以二关，人执六马，其骰五枚，分上为黑，下为白。黑者刻二为犊，白者刻二为雉。掷之全黑者为卢，其采十六；二雉三黑为雉，其采十四；二犊三白为犊，其采十；全白为白，其采八。四者贵采也。开为十二，塞为十一，塔为五，秃为四，撅为三，枭为二。六者杂采也。贵采得连掷，得打马，得过关，余采则否。新加进九退六两采。"② 唐人李翱在《五木经》中亦有类似的记载："樗蒲五木，元白判，厥二作雉，背雉作牛。王采四：卢、白、雉、牛。甿采六：开、塞、塔、秃、橛、撅。全为王，驳为甿。皆元曰卢，厥筭十六；皆白曰白，厥筭八；雉二元三曰雉，厥筭十四；牛三白三曰犊，厥筭十；雉一牛二白三曰开，厥筭十二；雉如开厥余皆元曰塞，厥筭十一；雉白各二元一曰塔，厥筭五；牛元各二白一曰秃，厥筭四；白三元二曰撅，厥筭三；白二元三曰撅，厥筭二。矢百有二十，设关二，间矢为三，马筭二十，厥色五。凡击马及王采皆又投。马出初关叠行，非王采不出关，不越坑，入坑有谪。行不择筭马。一矢为坑。"③ 根据上述材料中的记载，可知樗蒲的

---

① 欧阳询等撰：《艺文类聚》卷74，中华书局1982年版，第1278页。
② 李肇：《唐国史补》，中华书局1991年版，第160—161页。
③ 董诰等编：《全唐文》卷638，中华书局1983年版，第6441页。

棋子有矢和马两种,其中矢分3份,每份120枚,共340枚;另外每人还执有6马。马要通过关、坑、堑等障碍,便可获胜,而矢是用来阻挡和围杀马的。所谓的五木,即是用来投掷的骰子,有5枚,每一枚都是上下两面,上面为黑色,下面为白色,并且上面写有犊、雉等不同字样,因此就会有黑、白、犊、雉四种色别,这四种色别相组和成不同的彩数,然后根据所投掷彩数的不同决定着马和矢的行动。朝鲜半岛存有类似樗蒲的这种棋具,可以使我们有比较形象和直观的了解(图4.1—图4.2)。

图4.1 樗蒲五木

通过对上述两则史料的分析,可知掷五木所得到的组合,在樗蒲游戏中发挥着关键性的作用。根据前文记载,笔者认为五木可形成12种不同的组合,具体可见表4.1。

表4.1　　　　　　　　　　五木排列组合

色别	实际组成	采名	数	出现概率
五白	雉雉白白白	白	8	1/32
一黑四白	犊犊白白白	开	12	2/32
一黑四白	黑雉雉白白	塔	5	3/32
二黑三白	黑犊雉白白	犊或牛	10	1/32

第四章 敦煌博弈类游艺

续表

色别	实际组成	采名	数	出现概率
二黑三白	黑黑雉雉白	撅	3	6/32
二黑三白	黑黑雉雉白	揪	3	3/32
三黑二白	黑犊犊白白	揪	2	3/32
三黑二白	黑黑犊雉白	揪	2	6/32
三黑二白	黑黑黑雉雉	雉	14	1/32
四黑一白	黑黑犊犊白	秃	4	3/32
四黑一白	黑黑黑犊雉	塞	11	2/32
五黑	黑黑黑犊犊	卢	16	1/32

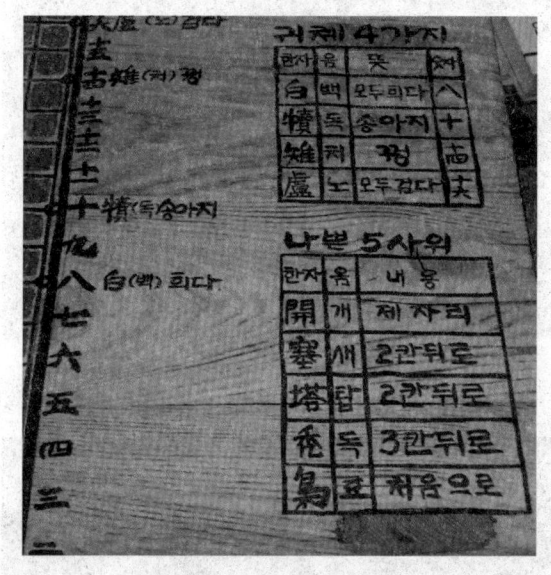

图 4.2 樗蒲彩数组和

上文对樗蒲的游戏规则进行了初步讨论，因为史料中的记载稍显不足，因此樗蒲行棋中的某些细节性技巧尚不得而知。但是，就已得知的樗蒲游戏规则来看，掷采行马的步骤相对来说还是比较复杂的，需要掌握相当高超的技巧和花费大量的时间，也正是如此，后世逐渐淘汰了这种玩法，而是演化出一种仅凭所投掷五木的采数而定输赢，不需要打马过关的简单玩法。

三 敦煌的樗蒲游戏

前文论述樗蒲的起源问题时，虽有三种不尽相同的观点，但都和西域有着密切的联系，这说明博戏在西域是非常流行的，河西地区大量出土的博戏类文物也能印证这个观点。张有在《甘肃魏晋墓遗存的"博戏"图辨析》《丝绸之路河西地区魏晋墓彩绘砖画——六博新考》两篇文章中，对河西地区的博戏类文物进行了集中讨论，①现将张氏文中所用的文物图片转引如下（图4.3—图4.6）：

图4.3 博戏图 甘肃武威磨嘴子48号汉墓出土

图4.4 博戏图 甘肃嘉峪关魏晋7号墓砖画

---

① 张有:《甘肃魏晋墓遗存的"博戏"图辨析》,《成都体育学院学报》2011年第3期；张有:《丝绸之路河西地区魏晋墓彩绘砖画——六博新考》,《敦煌研究》2011年第2期。

第四章 敦煌博弈类游艺

图 4.5　博戏图　高台骆驼城魏晋墓室砖画

图 4.6　博戏图　高台许三湾魏晋墓室砖画

张氏文中，对前三幅图皆定名为博戏图，而对第四幅图定名为樗蒲图，第一幅图的年代为西汉时期，并且图中只有棋盘未见棋子，定名为博戏图比较合理，而后三幅砖画图皆为魏晋时期，画面中都是二人相对而坐，棋盘、棋子的样式也很相似，游戏者举手投足的动作也如出一辙，因此很显然，如果把第四幅图定名为樗蒲图，而第二、第三幅图亦应为樗蒲图。虽然后三幅图中游戏者投掷的棋具与史料中记载的木很相似，但考虑到樗蒲无论是器具还是规则都未能形成明确结论，因此，笔者认为后三幅图定名为博戏图相对稳妥，通过分析河西地区这四幅不同时期的博戏图，再次证明了河西地区博戏的盛行，这其中当然也包括敦煌地区。

敦煌的樗蒲游戏在敦煌文献中多有记载，S.525《搜神记一卷》叙述了人们在野外樗蒲博戏的场景：

辂明日依时即来，语颜子曰："卿昨日刈麦处南头大桑树下，有三人樗蒱博戏，卿今将酒脯前头，自取食之。若即问卿时，但向拜之，慎勿言，其中有一人救卿，吾心在卿耳。"颜子用管辂之言，即将酒脯往桑树下，有三人樗蒱博戏，前后甚有骑从。颜子遂酌酒与之，其人把酒即饮。①

这则怪异小说中，颜子的性命最终被三人中的一人救下，而这三人实则为天上神仙，而三位神仙的场景则设置为玩樗蒱游戏，由此可见樗蒱流行之广泛，甚至在志怪小说中也有出现。P. 2819v《东皋子集》云："曾王之为六博，退而鱼画樗蒱，停而马乏。"② S. 610《启颜录》中则记载了利用樗蒱与僧人论道的故事：

隋卢嘉言尝就寺礼拜，因入僧房，有一僧善于论议，嘉言即与之谈话，因相戏弄，此僧理屈。同座更有二僧，即助此僧酬对。往复数回，三僧并屈，嘉言乃笑而谓："三个阿师，并不解樗蒱，何因共弟子论议？"僧即问曰："何意论议须解樗蒱？"嘉言即报曰："可不闻樗蒱人云：'三个秃不敌一个卢。阿师何由可得弟子？'"观者大笑，三僧更无以应。③

由表 4.1 中可知，秃的彩数为 4，而卢的彩数为 16，卢嘉言巧妙地利用自己的姓作为彩数，而三个僧人皆为秃头者，三人相加彩数不过 12，当然比不过卢氏了。把樗蒱的游戏规则纳入到与僧人的辩论中去，足可见樗蒱流传之广泛。

---

① 图版见《英藏敦煌文献》第 2 卷，第 1 页；录文参见郝春文、金滢坤编著《英藏敦煌社会历史文献释录》第 3 卷，社会科学文献出版社 2003 年版，第 5—6 页。
② 图版见《法藏敦煌西域文献》第 18 册，上海古籍出版社 2001 年版，第 368 页。
③ 图版见《英藏敦煌文献》第 2 卷，四川人民出版社 1995 年版，第 65 页；录文参见郝春文、金滢坤编著《英藏敦煌社会历史文献释录》第 3 卷，社会科学文献出版社 2003 年版，第 261 页。

第四章　敦煌博弈类游艺

敦煌文献关于樗蒲的记载，更多的还是谈及樗蒲与赌博的关系，警示樗蒲给普通人家，尤其是少年儿童带来的危害。P.4899＋P.5546《武王家教》中云："孤寡莫近，小人莫欺。樗蒲六博，令汝家贫；贪淫嗜酒，岂不灭身。"① S.705《开蒙要训一卷》中亦云："撑蒱滩（贪）赌，酧塞（赛）输殇；围棋握槊，戏弄披倡。"② 上述材料在宏观层次上指出了樗蒲的危害性。或许是敦煌地区樗蒲游戏的开展似乎更加疯狂，以至于敦煌文献中的世俗诗歌和佛教经文都有对青少年痴迷樗蒲游戏的劝解。S.3393《王梵志诗残卷》诗云：

男年十七八，莫遣倚街衢，
若不行奸盗，相构即樗蒲。
……
饮酒妨生计，樗蒲必破家。
但看此等色，不久作穷查。③

P.2418《父母恩重经讲经文》中亦记载：

贪欢逐乐无时歇，打论樗蒲更不休……伴恶人，为恶迹，饮酒樗蒲难劝激；常遣慈亲血泪垂，每令骨肉怀愁戚。④

由上述记载可知，本来是作为娱乐游戏的樗蒲在和赌博扯上关系后，便成为不务正业的代表，甚至有人因此而倾家荡产，岑参在《送费子归武昌》诗中云："知君开馆常爱客，樗蒲百金每

---

① 图版见《法藏敦煌西域文献》第33册，上海古籍出版社2001年版，第249页。
② 图版见《英藏敦煌文献》第2卷，四川人民出版社1995年版，第120页；录文参见郑阿财、朱凤玉《敦煌蒙书研究》，甘肃教育出版社2002年版，第60页。
③ 图版见《英藏敦煌文献》第5卷，四川人民出版社1995年版，第69页。
④ 图版见《法藏敦煌西域文献》第13册，上海古籍出版社2001年版，第302、312页。

一掷。平生有钱将与人，江上故园空四壁。"① 或许正是意识到了把樗蒲作为赌博工具的危害，敦煌文献中对樗蒲多持禁止的态度，不过这也从侧面反映了樗蒲游戏在敦煌民间的盛行。

第二节 双陆

除了樗蒲之外，古代博戏中还风行一种叫双陆的盘局游戏。"双陆"一词，因其对局双方各有6枚棋子而得名，《资治通鉴》卷207《神龙元年二月》云："双陆者，投琼以行十二棋，各行六棋，故谓之双陆。"② 双陆流行于曹魏时期，在隋唐达到高峰，因为其具有极强的娱乐性和可操作性而受到各族人民的喜爱。值得注意的是在双陆走向衰落的南宋时期，这种游戏"在与南宋同时及其前后的辽金元的契丹、女真、蒙古和汉人中却得到广泛的传播"，③ 这说明双陆不仅有广泛的流传范围，亦能促进各民族的文化传承和融合。

一 双陆的起源

双陆自清代便已失传，传世史籍中对其的记载也有出入，使得双陆的起源问题尚不甚明了。因此，一直以来，社会史、民俗学、体育史等学者纷纷撰文就双陆的起源、名称等问题进行正本溯源式的讨论。④ 总体来说，对于双陆起源观点的争论集中在本土说和外来说两个方面。支持本土说的观点认为双陆纯属

---

① 彭定求等编：《全唐诗》卷199，中华书局1960年版，第2054页。
② 司马光编著，胡三省音注：《资治通鉴》，中华书局1956年版，第6587页。
③ 宋德金：《双陆与民族文化的交流和融合》，《历史研究》2003年第2期。
④ 有关双陆的代表性文章参见陈增弼《双陆》，《文物》1982年第4期；罗时铭《古代棋戏——双陆》，《体育文史》1986年第5期；胡德生《双陆棋》，《紫禁城》1990年第3期；马建春《大食双陆棋弈的传入及其影响》，《回族研究》2001年第4期；杜朝晖《"双陆"考》，《中国典籍与文化》2006年第2期；刘欣《我国古代双陆传播考述》，《体育文化导刊》2010年第7期。

第四章 敦煌博弈类游艺

于土生土长的中原游戏,由三国时期的曹植所创作。此种观点的史料来源为《事物纪原》卷9引《续事始》云:"陈思王曹植建制双陆,置投子二。"① 支持外来说的观点则宣称双陆为胡戏,源自于天竺。② 此种观点的代表性说法见南宋人洪遵《谱双序》中的记载:"双陆最近古,号雅戏。以传记考之,获四名:曰'握槊',曰'长行',曰'波罗塞戏',曰'双陆'。盖始于西竺,流于曹魏,盛于梁、陈、魏、齐、隋、唐之间。"③ 谢肇淛《五杂俎》卷6亦云:"双陆一名握槊,本胡戏也……曰握槊者,象形也;曰双陆者,子随骰行,若得双六则无不胜也。又名'长行',又名'波罗塞戏'。"④ 在这两种相对立的观点之间,还有一种折中的说法,意即双陆源自天竺,后由曹植引入,并加以改造后流传于中国。如洪遵《谱双》卷5中记载:"双陆,刘存、冯鉴皆云魏曹植始制。考之《北史》胡王之弟为握槊之戏,近入中国。又考之竺贝双陆出天竺,名为波罗塞戏。然则外国有此戏久矣。其流入中国则曹植始之也。"⑤《山樵暇语》卷8亦记载:"双陆出天竺,名为波罗塞戏,然则外国有此戏久矣,其流入中国则自曹植始之也。"⑥ 目前学界多倾向于第二种观点,即双陆为外来游戏,其源自天竺。⑦ 不过,必须指出的是,这种观点存在一个前

---

① 高承:《事物纪原》,《丛书集成初编本》第1212册,中华书局1985年版,第348页。
② 马建春曾撰文提出双陆源自天竺为误传,实应来自大食,参见马建春《大食双陆棋弈的传入及其影响》,《回族研究》2001年第4期。
③ 洪遵:《谱双》,《说郛三种》第8册,上海古籍出版社1998年版,第4659页。
④ 谢肇淛撰,郭熙途校点:《五杂俎》,辽宁教育出版社2001年版,第123页。
⑤ 洪遵:《谱双》,《说郛三种》第8册,上海古籍出版社1998年版,第4669—4670页。
⑥ 俞弁撰:《山樵暇语》,《丛书集成续编》第95册,上海书店出版社1994年版,第869页。
⑦ 对此种观点的支持者,参见郭双林、肖梅花《中华赌博史》,中国社会科学出版社1995年版,第37—38页;李重申《敦煌古代体育文化》,甘肃人民出版社2000年版,第87页;宋德金《双陆与民族文化的交流和融合》,《历史研究》2003年第2期。

提，即双陆与波罗塞戏、握槊以及长行为同一个游戏，只是称呼不同而已。

然而，部分学者对双陆等同于长行、波罗塞戏、握槊的观点提出了质疑。① 其实早在唐代，李肇在《唐国史补》中就曾提出："（长行）其法生于握槊，变于双陆。"② 明人胡应麟在其《少室山房笔丛》卷40中则进一步说道："李肇所言，则唐之长行正与今双六合，而李以为生于握槊，变于双六，则唐之双六或反与今不同，而洪氏《谱双》合而为一，尚似未妥。总之，三者亦小在异同之间，非必相悬绝也。"③ 胡氏在此文已经点明了双陆与长行、握槊之间存在着一定程度的差异，而明末清初的周亮工在其《书影》卷5中则更直接指出："予按李易安《打马图序》云：'长行、叶子、博塞、弹棋，世无传焉。若云双陆即长行，则易安之时，已无传矣。岂双陆行于当时，易安独未之见；或不行于当时，反盛于今日耶！则长行非双陆□矣。"④ 文中李易安即李清照，如若按照周氏的推测，李清照所处的南宋时期，长行是不被称为双陆的。因此，前文中把双陆等同于长行、握槊、波罗塞戏的提法有一定的风险，而以其为论据推断出的双陆来自天竺说也应谨慎使用。不过，从史籍中的记载及出土的双陆文物来看，笔者认为其同樗蒲一样，也是外来之戏，这一点是毋容置疑的。

二　双陆的游戏规则

双陆是一种典型的棋盘类游戏，玩家以所投掷骰子点数的多少来决定棋子移动的步数，王昆吾对此颇有研究："按掷骰所得

---

① 主要代表性文章参见王赛时《古代的握槊与双陆》,《体育文史》1991年第5期；王俊奇《长行是双陆之异名吗》,《体育文史》1997年第2期；王永平《唐代的双陆与握槊、长行考辨》,《唐史论丛》2007年，第297—311页。
② 李肇：《唐国史补》，上海古籍出版社1979年版，第158页。
③ 胡应麟：《少室山房笔丛》，上海书店出版社2001年版，第421页。
④ 周亮工：《书影》，古典文学出版社1957年版，第137页。

之彩行马；各自棋盘一方行至另一方，以叠行之马打对方单行之马，据到达目的地的先后和打落敌马的多少决定胜负。"① 也就是游戏者每次投掷骰子后，都要从多种方案中选择出最佳的走法，尽量把棋子移动及移离棋盘，并伺机打落敌马。

　　传统史籍中也有较多对双陆游戏规则的记载，唐代张读《宣室志》中的一则志怪故事，记述了唐代双陆棋子、骰子的情况："东都陶化里有空宅，大和中，张秀才借居肄业……夜深欹枕，乃见道士与僧徒各十五人从堂中出，形容长短皆相似，排作六行，威仪容止，一一可敬。秀才以为灵仙所集，不敢惕息，因佯寝以窥之。良久，别有二物展转于其地，每一物各有二十一眼，内四眼剡剡如火色，相驰逐，而目光眩转，割然有声。逡巡间，僧道三十人，或驰或走，或东或西，或南或北，道士一人独立一处，则被一僧击而去之；其二物周流于僧道之中，未尝暂息。如此争相击搏，或分或聚。"② 由此则故事可知，道士、和尚各15人，实为双陆的30枚棋子，2个怪物则是骰子，每当一人单行时，很容易被对方的人众击倒而离开。

　　"奈良时代，双陆传入日本"，③ 故而日本保存下来的双陆资料多能反映唐代双陆的面貌，日本《日用百科全书》第25编《围棋与将棋》中有大原芳藏菊雄撰《双陆锦囊》一文，其记载："棋盘上下各十二道，棋子黑白各十五枚。黑棋自上左向右行，复由下右向左行；白棋自下左向右行，复由上右向左行。入局时布子如图。二人对坐，交互掷骰行棋。骰子二枚，如掷得二与三，掷者任择自己之棋内，一子行二，一子行三。同色之棋，一道中可任重数子。已有同色之棋二子在一道中，则敌棋不得入；已入者取除；取除之棋，于敌方下次掷骰时入局。黑棋自上左一道

---

① 王昆吾：《唐代酒令艺术》，东方出版中心1995年版，第15页。
② 丁如明等校点：《唐五代笔记小说大观》，上海古籍出版社2000年版，第1080页。
③ 李斌城等：《隋唐五代社会生活史》，中国社会科学出版社1998年版，第475页。

起,白棋自下左一道起,依点行棋。如取除之棋,不得入局;则他棋皆不得行。一方不能行棋时,即由对方掷骰。至一方之棋,均入最高之六道内(黑为下内六道,自为上内六道),即为胜利。若最高六道内,每道各有二棋(右方五星之右三道内各有一棋及二棋),则为大胜。"① 这则文字记载同《宣室志》中的内容有相似之处,但更为详尽。

由上述两则材料,结合《事林广记》中的相关内容,② 我们大体可以推知双陆大都是以六为限,其方法是左右各有十二路,白、黑各十五马,且白、黑相偶,用骰子二个,各按照所投掷骰子的数字行走。白马自右向左动,黑马自左向右动,马先出尽者为胜。游戏之初,两位玩家各投掷两枚骰子,点数大者先走,先走者再投掷两枚骰子,可以一马走两枚骰子数字之和的步数,也可以二马分别行二骰子之数。如果一方的马落单或单行,对方的马就可以伺机将它打掉。被打掉的马仍然可以回到棋盘中复活,但必须要等到它开局时的位置上没有其他的马之后,才能重新放到棋局中。一般以马先出尽为胜,但如果对方有其他马未归梁,或者已经归梁但无一马出局则胜出双筹,赏罚由游戏者自行提前约定,并无定数。

宋词中亦有与双陆游戏规则相对应的内容,《西江月打双陆例》载:"幺六把门已定,二四、三五成梁。须知四六做烟梁,五六单行无障。掷得幺三采出,填胲此处高强。到家先起妙无双,号曰全赢取赏。"③ 文中"幺六""二四""三五""四六""五六""幺三"等点数需要精妙地配合,先能到达方可获胜。如能掷得重色、浑花,则都呼为"双",称为"如双",属于比较高超的技巧。

---

① 转引自王赛时《古代的握槊与双陆》,《体育文史》1991年第5期。
② 陈元靓编、耿纪朋译:《事林广记》,江苏人民出版社2011年版,第171—172页。
③ 唐圭璋:《全宋词》,中州古籍出版社1996年版,第2502页。

第四章 敦煌博弈类游艺

三 敦煌的双陆游戏

同樗蒲流行于古代西域地区一样,双陆也深受丝绸之路沿线各族人民的喜爱,西域各地出土的双陆文物也能说明这一现象。1973年新疆吐鲁番阿斯塔那第206号唐代墓葬中出土有一件镶嵌螺钿的双陆局(图4.7),此双陆局"长20.8厘米、宽10厘米、高75厘米。棋盘带壶门底座,棋盘的盘面分成三个大小相同的区域,每个区域内都镶嵌骨片、绿松石组成飞鸟和花卉图案。另外,棋盘盘面的两条长边正中处,各用象牙镶嵌出一月牙形,彼此相对。以月牙图案为中心,两侧饰六朵花瓣纹。棋盘制作精美,工艺水平较高"[①]。自新疆向东,1980年在甘肃省武威市南营乡青嘴湾弘化公主墓出土了21枚唐代双陆棋子(图4.8),"这些棋子为象牙质,底径约1.6厘米,高约1.7厘米,重约80克;形状为半球体,底部圆平,顶部另嵌圆球形短柄,状如截柿;表面浅雕各色花朵、飞鸟、蝴蝶等图案,部分棋面涂红彩"[②]。这两件文物使我们对唐代的双陆形象有了直接的感官认识,更为重要的是它们皆出自墓葬中,是当时贵族阶层的陪葬品,寓意着他们死后能继续享受这种游戏所带来的乐趣。

图4.7 唐代双陆棋盘 阿斯塔那第206号墓出土

[①] 中国历史博物馆、新疆维吾尔自治区文物局编辑:《天山·古道·东西风:新疆丝绸之路文物特辑》,中国社会科学出版社2002年版,第203页。

[②] 胡同庆、王义芝:《敦煌古代游戏》,甘肃少年儿童出版社2012年版,第105页。

图 4.8　唐代双陆棋子　武威弘化公主墓出土

敦煌文献中亦存在有对双陆游戏的叙述，P.2999《太子成道经一卷》中记载：

> 是时净饭大王，为宫中无太子，优（忧）闷寻常不乐。或于一日，作一梦，[梦见] 双陆频输者，明日 [即] 问大臣是何意志（旨）？大臣答曰："陛下梦见双陆频输者，为宫中无太子，所以频输。"①

这则变文故事中大臣巧妙地借双陆棋子来纳谏大王应立太子，无独有偶，《新唐书·狄仁杰传》中也记载有类似的故事："久之，召谓曰：'朕（武则天）数梦双陆不胜，何也？'于是，仁杰与王方庆俱在，二人同辞对曰：'双陆不胜，无子也。'"② 这就历史上著名的"狄仁杰智保皇嗣"的故事，狄仁杰凭着其智勇，利用双陆为媒介，终于说服了武则天立李氏子孙为嗣。吐鲁番阿斯塔那第 38 号唐墓壁画六屏式人物的第二幅中，树下站立一名宫廷

---

① 图版见《法藏敦煌西域文献》第 21 册，上海古籍出版社 2001 年版，第 1 页；录文见王重民等《敦煌变文集》，人民文学出版社 1957 年版，第 287 页。
② 欧阳修、宋祁：《新唐书》卷 115，中华书局 1975 年版，第 4212 页。

侍者,另有一侍者半跪,手中捧着一双陆棋盘,二人旁边坐有一位贵族,手握棋子,正在指画陈说(图4.9)。常任侠认为:"就画面看起来,表情和人物与狄梁公握槊进谏武后的故事相合。"① 不过,常氏此处显然把握槊和双陆等同视之,考前文《新唐书·狄仁杰传》中的记载,改为狄梁公双陆进谏武后应更为合适。

图4.9 双陆图 吐鲁番阿斯塔那第38号唐墓壁画六屏式人物摹本

P.2718《王梵志诗一卷》把双陆作为智者的游戏:

双陆智人戏,围棋出专能。
解时终不恶,久后与仙通。②

此诗将双陆称赞为益智的游戏,持褒义色彩。除此之外,洪遵在《谱双》中亦把双陆称为"雅戏",因此,双陆也受到古代女性的欢迎,王建《宫词》中即有:"分朋闲坐赌樱桃,收却投壶玉腕劳。各把沉香双陆子,局中斗累阿谁高。"③ 由此可见双陆

---

① 常任侠:《常任侠艺术考古论文集》,文物出版社1984年版,第53页。
② 图版见《法藏敦煌西域文献》第17册,上海古籍出版社2001年版,第349页。
③ 彭定求等编:《全唐诗》卷302,中华书局1960年版,第3444页。

在宫中，尤其是在仕女阶层也是很盛行的。

双陆作为博戏的一种，在古代也曾被作为不务正业的代表，同样是敦煌文献中的记载，P.3883《孔子项托相问书》中云：

> 夫子曰："吾车中有双陆局，共汝博戏如何？"小儿答曰："吾不博戏也。天子好博，风雨无期；诸侯好博，国事不治；吏人好博，文案稽迟；农人好博，耕种失时；学生好博，忘读书诗；小儿好博，笞挞及之。此是无益之事，何用学之！"①

此则变文中假借项托之口，痛斥双陆的危害，令人深思。古代也确实有对双陆游戏着迷之人，《朝野佥载》记载："咸亨中，贝州潘彦好双陆，每有所诣，局不离身。曾泛海，遇船风吹，彦右手挟一板，左手抱双陆局，口衔双陆骰子。二日一夜至岸，两手见骨，局终不舍，骰子亦在口。"② 为了保住双陆局连性命都可以舍弃，足以说明潘彦是个棋迷及其对双陆的喜爱之深。

虽然敦煌文献中尚未发现直接描述敦煌当地双陆游戏的文字，但通过河西出土双陆文物以及《王梵志诗》《孔子项托相问书》等文献的记载，可推知双陆在古代敦煌应该也是非常流行的。

第三节 围棋

弈类游戏更是古代游艺活动中占据重要地位。所谓弈，在古

---

① 图版见《法藏敦煌西域文献》第29册，上海古籍出版社2001年版，第84页。
② 李昉等编：《太平广记》卷201，中华书局1961年版，第1515页。

第四章 敦煌博弈类游艺

代即是围棋的称谓，扬雄《方言》云："围棋谓之弈，自关而东，齐、鲁之间，皆谓之弈。"① 班固《弈旨》中亦云："北方之人，谓棋为弈。"② 弈棋游戏有着极强的娱乐功能，陈祖德认为围棋是非常健康的一种游戏，下围棋首先是娱乐，是不带有功利色彩、自由、快乐的游戏。③ 除了能给人带来欢乐外，弈棋还以开启心智而深受称赞，《尹文子》曰："以智力求者喻如弈。弈，进退取与，攻劫杀舍，在我者也。"④ 可以说，古代中国围棋游戏是智慧与处世哲理的象征，深受人们喜爱。藏钩虽不是严格意义上的博弈类游艺，但在其游戏过程中，参与者通过竞猜的手段来找寻钩母，在一定程度上带有赌胜的色彩，因此放到博弈类游艺中一并论述。

围棋，也写作围棊、围碁，汉魏之后成为文人学士的一种雅好。通过对弈可以显示出双方的心胸品性，犹如两人用手谈话一样，可以达到相互了解的目的，因此围棋又被称作"手谈"。围棋是中国各项游艺活动中流传最久的项目，提及其起源，张华《博物志》中的记载可谓最早的文字材料："尧造围棋以教子丹朱；或曰舜以子商均愚，故作围棋以教之。"⑤ 这种说法并不可信，后世学者从不同角度对围棋的起源及其发展演变进行了探讨。⑥ 尽管学界对围棋的起源还未形成一致看法，但古代围棋所代表的文化精神和哲理内涵却得到了公认，并取得了多角度的研

---

① 扬雄：《方言》，《丛书集成初编本》，第53页。
② 欧阳询等撰：《艺文类聚》卷74，中华书局1982年版，第1273页。
③ 陈祖德：《围棋与东方智慧》，《新华文摘》2007年第15期。
④ 萧统编，李善注：《文选》卷52，岳麓书社1995年版，第1859页。
⑤ 欧阳询等撰：《艺文类聚》卷74，中华书局1982年版，第1270页。
⑥ 有关围棋起源及其发展演变的文章，参见王健、唐永干《论围棋的起源与发展》，《南京体育学院学报》1999年第1期；王锋《论围棋的起源、演变与中国传统文化的关系》，《西安体育学院学报》1999年第2期；宋会群《围棋起源于西汉说》，《体育文化导刊》2003年第1期；崔乐泉《围棋起源在中国》，《中国体育》2003年第5期；唐永干、王正伦《围棋的起源与发展蠡测》，《山东体育学院学报》2004年第5期；高海潮《中国古代围棋追源》，《兰台世界》2012年第24期。

究成果。① 鉴于已有的研究中对围棋起源、游戏规则的关注较多，② 并且莫高窟壁画和敦煌文献中存有的围棋资料较为丰富，因此，本文对围棋起源、规则不做深入分析，而是着重探讨敦煌的围棋资料。

一 敦煌文物中的围棋

围棋在古代中国流传范围非常广泛，不仅在中原地区盛行，在西域地区也能寻觅到它的踪迹。梁全录曾撰文叙述了丝绸之路上的围棋，文中所使用的史料和出土围棋文物颇为翔实，为本研究提供了较为丰富的资料。③ 提及丝绸之路上的围棋，首先要想到的即是1972年在新疆吐鲁番阿斯塔那第187号墓出土的著名的唐代绢画《贵妇弈棋图》（图4.10）。在这幅图中可以看到："一位贵妇发束高髻、阔眉、额间描心形花钿，手戴镯，身穿绯色大袖裙襦，右手纤细的食指和中指正夹住一粒棋子正准备放在棋盘上，神情凝重，苦思冥想，举棋不定。"④ 图中贵妇专心致志的样子，正如《孟子·告子上》中所言："今夫弈之为数，小数也；不专心致志，则不得也。"⑤ 此幅图形象地展现了唐人下围棋的容貌。

---

① 学界从不同角度对古代围棋的文化精神和哲理内涵进行了研究，参见蔡中民《古代围棋诗词刍论》，《四川师范大学学报》1990年第1期；陈长荣《论围棋文化与中国智慧》，《苏州大学学报》1990年第2期；杨国庆、史国生《论围棋与中国古代思想文化流派》，《体育文化导刊》1990年第6期；杨史《论围棋文化的社会功能》，《体育与科学》1993年第4期；萧平汉《中国古代人的围棋竞技心理》，《北京体育大学学报》2003年第1期；何云波《围棋与中国文艺精神》，博士学位论文，四川大学，2003年；张孝平、毕亚旭《围棋文化的启迪》，《体育文化导刊》2006年第3期；章琦《论汉魏六朝围棋赋》，《体育文化导刊》2009年第1期。

② 中国古代围棋规则较为简洁自然，主要有3点：1. 双方先各自在对角星上摆子（称为座子），开始对局；2. 棋子生存法则，"气尽棋亡"和"打劫"的规定；3. 下到双方都无处落子为止，数一下棋盘上谁的棋子多，则谁胜。

③ 梁全录：《唐代"丝绸之路"上的围棋》，《体育文化导刊》1988年第4期。

④ 胡同庆、王义芝：《敦煌古代游戏》，甘肃少年儿童出版社2012年版，第97页。

⑤ 孟子著，李炳英选注：《孟子文选》，人民文学出版社1957年版，第145页。

第四章 敦煌博弈类游艺

图4.10 贵妇弈棋图 阿斯塔那出土

　　古代敦煌作为久负盛名的围棋子产地，与围棋有着更为密切的关系，传统史籍中有记载敦煌围棋子的材料。《通典》卷6记载："天下诸郡每年常贡，按令文，诸郡贡献皆尽当土所出……敦煌郡贡棋子廿具。"① 《新唐书》卷40《地理志四》中云："沙州敦煌郡，下都督府。本瓜州，武德五年曰西沙州，贞观七年曰沙州。土贡：棋子、黄矾、石膏。"② 更值得一提的是，敦煌文献中所存唐代天宝年间写本敦博〇七六《地志》中云："都四千六百九十，贡棋子。"③ 上述史料中有关敦煌进贡棋子的记载，说明唐代敦煌地区以出产高品质的围棋子而闻名天下，成为京师制定

---

① 杜佑：《通典》，中华书局1988年版，第112—119页。
② 欧阳修、宋祁：《新唐书》卷40，中华书局1975年版，第4212页。
③ 图版见段文杰主编《甘肃藏敦煌文献》第6卷，甘肃人民出版社1999年版，第224页。

的围棋子供应地。

20世纪80年代起，敦煌地区陆续有围棋子文物出土，与史料所载正相吻合。先是1980年在古玉门关以南、阳关以东的唐代敦煌郡寿昌古城遗址中发现有66枚棋子（图4.11），"其中黑色41枚，白色25枚，大多数为花岗岩石制成品。其中有少数棋子是玉石成品……棋子外形美观，磨制精细，分大、小两种型号。大号与现在流行的围棋子相仿，圆饼形、中间两面凸起，中园（间）直径为1.2厘米，中厚0.75厘米，重量12克左右。小号在形体重量方面都低于大号。"① 1985年9月，在该地区又挖掘出围棋子两枚。② 2008年8月，在敦煌地区进行体育文物调查期间，在一收藏家的家中无意中发现了大量古代围棋子，总共有81枚。围棋子都为玉质材料，表面有受沁，风沙吹蚀的痕迹明显，这和敦煌博物馆时所存的围棋子非常相似。③ 由上述内容可知，无论史料记载还是出土文物，都表明古代敦煌地区盛产围棋子。由此可推知，唐时敦煌城中居民有相当一部分人参加围棋子的制造，要从寿昌城西南几十公里外的龙勒山北面的博格多山脉运输石料。每天生产二三具，全年生产量不少于千具。这在古代的西北边陲也算是较大的手工业作坊了。因为寿昌城南所靠龙勒山属于当金山系，盛产白玉石和水晶石。北面搏格多山脉属天山系余脉，多为红、黑玉石和冰洲石。其中玉石质地的棋子无疑是用两山中的白、黑玉制造而成，作为贡品进贡。这就是寿昌城出土围棋子的原因。④

除了出土文物外，莫高窟壁画、榆林窟壁画中也保存有围棋游艺的图像资料。这些图像资料的故事背景主要分为两类，一类与维摩诘居士有关，占这些图像资料的主要部分，另一类则与悉

---

① 梁全录：《唐代"丝绸之路"上的围棋》，《体育文化导刊》1988年第4期。
② 陈康编著：《敦煌体育研究》，中国社会科学出版社2012年版，第111页。
③ 陈康：《敦煌民间发现古代围棋子的初步研究》，《敦煌研究》2011年第5期。
④ 萧巍：《浅论敦煌出土的唐代围棋子——兼谈围棋的发展历史》，《丝绸之路》2011年第12期。

第四章 敦煌博弈类游艺

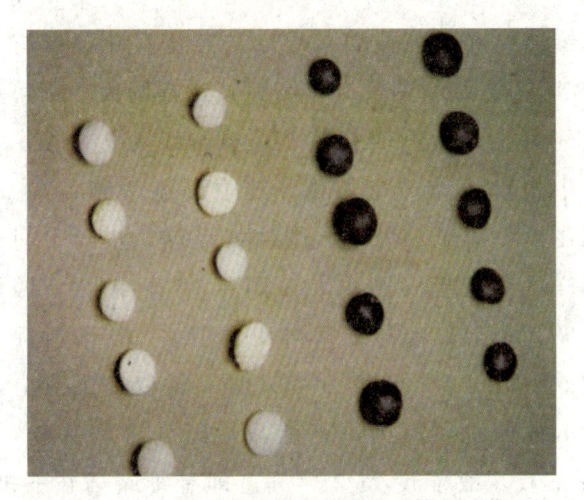

图4.11 寿昌出土棋子 敦煌市博物馆藏

达多太子相联系。榆林窟第32窟北壁五代《维摩诘经变》中画有一幅对弈图。图中棋盘为长条状，棋盘中能较为清晰地看到刻有17条横线（即棋格直17道），纵刻线相对模糊，约有9—11条，有的线条已脱落，致使棋盘上下格宽窄不等。画面中有三人席地而坐，其中两人相对坐于棋盘两侧，为对弈者，一人全神贯注于棋盘，手中握有一围棋子，意欲行棋；另一人则安详端坐，揣摩对方落子位置，并冥思苦想应对策略。还有一人安坐于棋盘中间，似乎为裁判。这幅画虽为佛教故事，却真实地记录了唐五代敦煌当地人们下围棋的生动场面（图4.12）。另外，莫高窟中唐第7窟东壁、[①] 莫高窟宋代第454窟东壁、莫高窟第454窟中

---

① 李重申、李金梅认为莫高窟中唐第7窟所绘博戏图为双陆图，并论述道："画面中坐者是维摩居士，棋盘左右各六路，乃双陆博戏，两人正在对弈之中。"参见李重申、李金梅《忘忧清乐——敦煌的体育》，第95页。胡同庆、王义芝则提出不同见解，认为该幅弈棋图绝不是"双陆图"，而是"围棋图"。参见胡同庆、王义芝《敦煌古代游戏》，甘肃教育出版社2007年版，第99页。笔者同意胡氏、王氏书中的观点，首先是该图与其他三幅围棋图有着极高的相似度，画面中都有三人出现，并且三人的坐姿、形态都如出一辙；其次仔细辨认莫高窟第7窟弈棋图中棋盘的形貌，可见棋盘上纵刻线约有14条，横刻线为9—11条，与李氏所谓的"左右各六路"相悖。因此，笔者认为莫高窟中唐第7窟所绘博戏图并非双陆图，而应定名为围棋图更妥。

心佛坛所绘清代屏风画中的《维摩诘经变》中，皆有与榆林窟五代第32窟相类似的围棋对弈场面，三幅画面中都可见长条形棋盘，纵刻线从9条至14条不等，横刻线为9条至17条不等，另外画面中也都绘有3个人物，其中棋盘两侧各有一弈棋者，一人似乎在抬手落子，另一人则注视盘局，棋盘中间还有一貌似裁判模样的旁观者（图4.13—图4.15）。总之，四幅图所描绘的场景极其相似，都与维摩诘变文相关。吉藏所撰《维摩经义疏》卷6中有云："若至博弈戏处，辄以度人。上来叹处方便。此叹出方便也。以为人行藏故。出处皆利物。弈即碁也。盖欲因戏止戏。故能度人。"① 其意即是维摩诘在下棋的场所，通过观看他人下棋为之说法度人，这些画面也是古代围棋游艺的真实写照。

图4.12　弈棋图　榆林窟第32窟北壁

除去上述四幅《维摩诘经变》中的围棋图外，莫高窟五代第61窟西壁佛传故事屏风画中亦存有一幅围棋图，画面表现的是悉达多太子与人对弈围棋的场景（图4.16）。尽管这幅图所绘棋盘并不是很清晰，但根据前文中的四幅图画中的场景，依然可以判

---

① 《大正藏》第38册，第931页。

第四章 敦煌博弈类游艺

图4.13 弈棋图 莫高窟第7窟东壁

图4.14 弈棋图 莫高窟第454窟北壁

图 4.15　弈棋图　莫高窟第 454 窟屏风画

断此图为围棋图,这也与《佛本行集经·角术争婚品》中的内容相吻合:"博弈摴蒲,围棋双六,握槊投壶,掷绝跳坑,种种诸技,皆悉备现。如是技能,所试之者,而一切处,太子皆胜。"①围棋同样被纳入太子比武的项目中,亦可知其是古代游艺生活的重要项目之一。

二　敦煌文献中的围棋资料

如果说敦煌地区出土的围棋文物和壁画中的围棋图像给我们带来视觉上的冲击,那么敦煌文献中所存的围棋资料则在一定程度上改变了中国围棋的历史。在这些资料中,最为重要的当属

---

① 《大正藏》第 3 册,第 711 页。

第四章 敦煌博弈类游艺

图 4.16 围棋图 莫高窟第 61 窟西壁

S.5574《棋经一卷》，这是我国最早的一部棋经，对唐以前围棋状况的深入研究有着重要意义，成恩元曾撰文列举了"敦煌写本《棋经》的十大贡献"。① 敦煌本《棋经一卷》卷首残缺，卷尾完整，现存159行，其中最后一行为标题，全文共分为七篇，其问世以来，受到多方关注，本文正是在前贤学者录文的基础上，② 将S.5574《棋经一卷》的录文放置于此：

（前缺）

平之计，有节便打，使有劣形，纵使无功，于理不损。前锋得悚，宜可侵凌。势若已输，自牢边境。贪则多败，怯则多功。喻两将相谋，有便而取。古人云："不以实心为善，还须巧诈为能。"或意在东南，或诈行西北。似晋君之伐虢，更有所窥；若诸葛之行兵，多能好诈。先行不易，后悔实难。

---

① 成恩元：《敦煌碁经笺证》，蜀蓉棋艺出版社1990年版，第28—32页。
② 对S.5574《棋经一卷》进行录文的有郝春文、许福谦《敦煌写本围棋经校释》，《敦煌学辑刊》1987年第2期；成恩元《敦煌碁经笺证》，蜀蓉棋艺出版社1990年版，第303—314页；李重申《敦煌古代体育文化》，甘肃人民出版社2000年版，第92—101页。

棋有万徒,事须谨审。勿使败军反怒,入围重兴,如斯之徒,非乎一也。或诱征而浪出,或因征而反亡,或倚死而营生,或带危而求劫,交军两竞,停战审观。弱者枚之,赢者先击。强者自备,尚修家业。弱者须侵,侵而有益。已活之辈,不假重营。若死之徒,无劳措手。两生勿断,俱死莫连,连而无益,断即输先。棋有弃一之义,而有寻两之行。入境侵疆,常存先手。凡为之劫,胜者先营形势,输筹弱者,不须为此。如其谋大,方可救之自外;小行之间,理须停手。虽复文词寘拙,物理可依。据斯行者,保全无失。

诱征第二

凡棋有征棋,未须急煞,使令引出,必获利多。既被入征,前锋必引应子,凡有六处:二处当空,四处当实。乌子征白子者,左右二相,各有一角,白子既被入征在中,使为二角。乌子左右二相角外,各有一空角,白子当此角引者,皆得其力。白外引者,全不相应。当此六处引者,道别各有其法。白子当左相空角者,乌子必须在右相当空角去所,引白子畜角对头,上下两道任着之。白子还,入征死。白子当乌子左相角引者,乌子又须在左相对白处角去所,引白子一角对上头道着之,对头而死。白子若引自当左相角,乌子在右相自当其对白自一角着之,还入征死。左右各二相,任引皆准此法。白引子二子,各自当二白角者。乌子在外,皆上押二子,入回征之而死。此乃引征之法,必须详审,思而行之。依法为者,获利不少。

势用篇第三

凡论图者,乃有数篇,欲说势名,寻之难尽。犹生犹死之势,余力之能;或劫或持之,自由之行。胜者便须为劫,而有劫子之心;弱者先持,而有输局之意。直四曲四,便是活棋。花六聚五,恒为死兆。内怀花六,外煞十一行之棋;

第四章 敦煌博弈类游艺

果之聚五，取七行之子。非生非死非劫持，此名两劫之棋，行不离手。角傍曲四，局竟乃亡，两亡相连，虽亡不死。直征反拨，尽可录之。花盘字征，略言取要。坛公覆研，必须布置使然。褚胤悬砲，唯须安稳。直生直死，密行实深。将军生煞之徒，斯当易解。戏中之雅玩，上下之弥佳。妙理无穷，此之谓也。

像名第四

棋子圆以法天，棋局方以类地。棋有三百一十六道，故周天之度数。汉图一十三局，像大吕之朔。将军生煞之法，以类征丘。吴图廿四盘，便依廿四气。雁须蒐屈，神化狼牙。此则四角之能，覆隐之难也。卧龙赌马，豕虫礶枇杞。玉壶神杯，边畔之巧也。子冲征法，褚胤悬砲，车相井兰，中央之善。此皆古贤制作，往代流传。像体之为名，讬形之作号。纵使投壶之戏，未足为欢；抵掌之谈，岂知其妙？所以王朗号为"坐隐"，祖讷称为"手谈"。尔后以来，莫不宣用。

释图势篇第五

依寻略者，指示廓落教人。欲得为能，多修图势。图者，养生之巧，大格之能。喻若人住牢城，贼徒难越。势者，弓刀之用，皆有所宜。破阵攻城，无不伤煞。此则先人之巧，智士之威。遂使似死更生，如生更死。多习有益，教学渐能。不业图势，解而难巧也。譬如温书广涉，自达人才。诸子博通，三隅自返。生而知之者，故不自论；非周孔之才，终须习此。

棋制篇第六

凡论筹者，初捻一子为三筹，后取三子为一筹。积而数之，故名为"筹"。下子之法，不许再移。拈之不举，君子所上。凡获筹有持者，必须先破；求取局者勿论。收子了讫，更欲破取筹不合。棋有停道及两溢者；子多为胜。取局子停，受饶先下者输。纵有多子，理不合计。凡砲棋者，不计外行。有险之处，理须随应所无。不问多少，任下皆得。古人云："炮棋悉君子是以不满其三。"此则缘取人情谓之言也。凡棋开劫者，应所不问。先有契约者勿论。

部褒篇第七

余志修棋法，姓好手谈。薄学之能，微寻之巧。凡名势者，分为四部，部别四篇，而为成帙。乃集汉图一十三势，吴图廿四盘，将军生煞之能，用为一部；乃集杂征持趁，赌马悬炮，像名余死之徒，又一部；非生非死，持劫自活，犹犹生生之徒，又为一部；花六聚五直持，又为一部。依情据理，搜觅所知，使学者可观，寻思易解。虽录古人之巧，不复更寻，依约前贤粗论云尔。未敢用斯为好，唯以自诫于身，岂或流传，以备亡也。

棋病法

棋有"三恶"、"二不祥"。何谓"三恶"？第一傍畔萦角，第二应手鹿鹿，第三断绝不续。若傍畔萦角，他子在内，形势遂大。出境宽假，欲于内下子。敌势已壮，营活山四，急何能破敌也。数行入内，使相连接形势，常令不绝。投计下子，常须两坚：一、自取出境；二、觅敌人便。若应他手，他常得便，自取其宜也。子没即输他局。若其断绝，即为两段，不可并救。何谓"二不祥"？一谓下子无理，任急速。二谓救死形势不足。夫下子皆须思量，有利然后下之。不得虚费棋子，致失方便得作两眼形势。有五三子者，必不可救，慎勿救之。设令方便，待作两眼形势，大境并属敌家。兵书云："全军第一。"棋之大体，本拟全局，审知得局，然后可奇兵异讨，虏掠敌人。局势未分，已救五三死子，覆局倾败，有何疑也。棋有"两存"、"二好"。何谓"两存"？

第四章 敦煌博弈类游艺

一者，入内不绝，远望相连；二者，八通四达，以惑敌人。凡所下子，使内外相应，子相得力。若触处断绝，难以相救。若下子于敌家之内，无得出理。此谓无力掬虎口，自贻伊戚。若发手觅筹者，轻敌多败。此谓王孙龟镜，秦师亡类。夫谓下子，慎勿过深入，使子没于敌人之手，深入无救，必败。若败，深入傍敌，其死交手。此谓秦蹇叔送三子，知亡于崤之类。必须斟酌远近，内外相及，万胜之功全矣。"二好"者：无力不贪为一好；有力怯战必少功，此须斟酌前敌，使子不虚发也。夫棋法本由人心，思虑须精，计算须审。所下之子，必须有意，不得随他下讫遂即下。初下半已前，争取形势。腹内须强，不得傍畔萦角，规觅小利，致失大势。既分，须先看上局周遍，于审最急下处，先手下之，不得输他先手。一两子已下及十子已上，必为救之。致失局势，反被驱逐。至于讫竟虽活，只得三眼，必须斟酌。更有形势道数利胜者，便即弈之。俗语云："棋弃有一义。"又不宜过贪，专规煞他，使棋势多节，反被斫截，分为二处，俱难可救之，又不得过怯，专自保守，径即输局，所谓"怯者少功，贪者多亡"。又棋之体，专任权变，赢兵设伏，以诳敌人。或输其少子，取其多利；或觅便为劫，以惑敌人。不得旬旬，徒为费子之行。为劫之体，须计多少，然后为之。作劫之时，先从大者作之，不得从小，他不应人，若作劫应，自非觅筹不须也。若作劫输，子少得道，利多作之。在局常行，竖一拆一；竖二拆三；竖三拆四；竖四拆五，即得不断。又急□漫角，反破斫眼孔，如此之徒，皆须精熟。

梁武帝棋评要略

棋之大要，当立根源。根源之意，以带生为先。根元既同，引以陵敌，则我意镜而敌人惧也云尔。凡争地校利而年均四等者，应化方彼我所获多少。若我获有益，虽少必取。彼得相匹，虽大可遗。凡略道，依傍将军，又先争彼此所共形处。将军为柱石，又如山岳。是以须先据四道，守角依傍。彼棋虽小，而有活形，得不足以益我，死不足以损我，若营攻击，容或失利云尔。凡行，便既出手而无彼累，弥宜详慎谨录。先行之无可择，又置其尤。宁我薄人，无人薄我，此先行之谓也。凡行，多欲笼罩局上，以为阵势，成败攻也。大行粗遍，当观形势，无使失局也。观察既竟，挥彼孤弱者，当系之；此有孤弱，当先救之；彼见孤弱，我势自强也。

《棋经》一卷。①

由上可知敦煌本《棋经一卷》是一部总结围棋理论的专著，总结了行棋的最基本规律和法则，对各类棋势进行了较为详细的讨论，对围棋棋艺具有总结和开创之功。正是由于该写本的重要性，国内外已有较多研究成果问世，②故此处对《棋经一卷》中的内容不再做具体分析。

除了《棋经一卷》之外，敦煌文献中亦有其他围棋资料。如 P.2718《王梵志诗一卷》云："双陆智人戏，围棋出专能。解时终不恶，久后与仙通。"③ 王梵志诗多流传于民间，反映着中下层人们生活的状态，在诗中把围棋作为"专能"对待，可见敦煌民间对围棋还是持积极态度的。围棋的娱乐功能在敦煌文献中也有

---

① 图版见《英藏敦煌文献》第8卷，四川人民出版社1995年版，第61—64页。
② 成恩元：《敦煌写本〈棋经〉与宋张拟〈棋经〉的比较研究》，《敦煌学辑刊》1989年第2期；李金梅、李重申、马德福：《敦煌〈碁经〉考析》，《社科纵横》1994年第5期；[日]渡部通义：《敦煌〈棋经〉与孙吕遗谱——古代中国围棋源流浅谈》，蒋学松、李行译，《四川文物》1996年第1期；高勇、陈康：《敦煌围棋史料述略》，《西北民族大学学报》2004年第6期。
③ 图版见《法藏敦煌西域文献》第17册，上海古籍出版社2001年版，第349页。

所体现，S.5725《失名类书》云："玉女降，帝与之围棋甚娱。"①不过，佛经中却有对围棋等博弈游艺持否定态度的记载，如S.102《梵网经佛说菩萨心地戒品》中曰："善佛子……不得樗蒲、围棋、波罗塞戏、弹棋、六博、拍鞠、掷石、投壶。"② 敦煌文献中这些围棋材料的存在，说明在古代敦煌地区，围棋游艺具有广泛的基础，流行于社会各阶层人士之中。

第四节 藏钩

藏钩，顾名思义就是把"钩"（通常是一种特制的精巧玉钩）藏在一组人手中，让另一组人来猜的游戏。藏钩中的"钩"又可作"彄"，《荆楚岁时记》中记载："岁前，又为藏彄之戏。……周处、成公绥并作'彄'字。《艺经》、庾阐则作'钩'字，其事同也。"③ 周处《风土记》亦云："进清醇以告蜡，竭恭敬于明祀，乃有藏抠，俗呼为'行彄'。盖因妇人所作金环以镨指而缠者。"④ 通过上述记载我们可知古人在玩藏钩游戏时，所用的"彄"多为妇女戴在手指上的金环、玉环一类的东西，故而藏钩也经常被写为藏讴。从藏钩所用之器为女子手上佩戴之物，也可知藏钩游戏必流行于妇女之中。由于这种游戏玩法简单、趣味性强的特点，使它逐渐成为一种重要的休闲娱乐活动，尤其盛行于宴会之上，成为老少皆宜的酒令游戏。

---

① 图版见《英藏敦煌文献》第9卷，四川人民出版社1995年版，第99页。
② 录文见郝春文《英藏敦煌社会历史文献释录》第1卷，科学出版社2001年版，第172页。
③ 宗懔：《荆楚岁时记》，山西人民出版社1987年版，第55—56页。
④ 欧阳询等撰：《艺文类聚》卷74，中华书局1982年版，第1280页。

一 藏钩的起源及发展

藏钩游戏的起源问题并未类似其他游艺项目存在较大争议，王永平曾提出："藏钩大约就是受到先秦时期就已经出现的这种'投钩'启发而产生的一种游戏"。① 当然，王氏并未对这种说法做出肯定，在其书中随后便提及了有关藏钩起源流传最广的一种说法，即来自汉代的钩弋夫人。成书于东汉时期的《三秦记》中云："昭帝母钩弋夫人，手拳而有国色，先帝宠之，世人藏钩法此也。"②《宋书》卷27《符瑞志上》也记载："武帝赵婕妤，家在河间，生而两手皆拳，不可开。武帝巡狩过河间，望气者言：'此有奇女子气。'召而见之。武帝自披其手，即时申，得一玉钩。由是见幸，号曰'拳夫人'。进为婕妤，居钩弋宫，大有宠。十四月生男，是为昭帝，号曰'钩弋子'。"③ 把藏钩游戏的起源归于一人，这未必准确，但从上述材料中可得知，藏钩游戏应是产生于民间，而赵婕妤在没入宫之前，因擅长藏钩游戏而在民间颇为著名，得到汉武帝的召见，并因其国色天姿为武帝所爱恋，遂带入宫中。可以说，赵婕妤的发迹与藏钩有直接的关系，而藏钩在民间的发展也因赵婕妤而增加了知名度，因此便有了藏钩源于钩弋夫人之说。

藏钩之戏在古代中国颇为流行，甚至成为岁时节日中的一项重要游艺活动。盛翁子在其《藏钩赋》序中云："今以腊之后，因祭祀余胙，要命中外，以行藏钩为戏。"④ 这说明藏钩多在腊八之后、岁末之前进行，此时已无农活，有充裕的时间进行休闲娱乐活动。《采兰杂志》中记载："古人以二十九日为上九，初九日

---

① 王永平：《游戏、竞技与娱乐——中古社会生活透视》，中华书局2010年版，第264页。
② 欧阳询等撰：《艺文类聚》卷74，中华书局1982年版，第1280页。
③ 沈约：《宋书》，中华书局1974年版，第768页。
④ 虞世南：《北堂书钞》，天津古籍出版社1988年版，第707页。

为中九,十九日为下九。每月下九,置酒为妇女之欢,名曰阳会。盖女子阴也,待阳以成。故女子于是夜为藏钩诸戏,以待月明,有忘寝而达曙者。"① 据此可知藏钩游戏成为下九日女子聚会的主要娱乐活动,李白《宫中行乐词》中云:"更怜花月夜,宫女笑藏钩。"② 这都反映出藏钩之戏深受古代女子喜爱,并成为她们主要的消闲游戏。

二 藏钩的游戏规则

藏钩是一种相对简单的游戏,张仁善认为古代藏钩主要有三种游戏形式,其一是一群人分成两组,轮流藏匿猜测"钩"的所在,这也是藏钩最原始的形式;其二是取韵脚字赋诗或取酒令谜面猜谜;其三是猜拳。③ 本文重点讨论的是藏钩的第一种,也是最为普遍的玩法。晋代周处《风土记》中对藏钩最普遍的玩法有所记载:"义阳腊日饮祭之后,叟妪儿童,为藏钩之戏,分为二曹,以效(较)胜负。若人偶则敌对,人奇则奇人为游附;或属上曹,或属下曹,名为'飞鸟',以齐二曹人数。一钩藏在数手中,曹人当射知所在,一藏为一'筹',三筹为一'都'。"④ 从该段文字描述中可知,在藏钩游戏开始之前,参加游戏的人首先要分为两组,并且总人数最好是可以平均的偶数。如果遇到奇数,就让余下的那个人随意加入一组,这个人还有一个称呼,就是"飞鸟"。游戏过程中,其中一组中的某个人将指环(所谓的"钩")藏在手中,让另一组的人猜在哪一个人手中,如若猜中即是获胜,输掉的人就要被罚喝酒。"一筹"指竞猜一次,"一都"指一轮,也就是每轮游戏要猜三次,参加的人数越多竞猜难度就

---

① 徐陵编:《玉台新咏》,上海古籍出版社2007年版,第46页。
② 彭定求等编:《全唐诗》卷164,中华书局1960年版,第1702页。
③ 张仁善:《古代"藏钩"游戏的几种形式》,《文史知识》1995年第9期。
④ 欧阳询等撰:《艺文类聚》卷74,中华书局1982年版,第1280页。

越大。

藏钩游戏虽然简单易行，但是其中也有技巧可言，尤其是游戏者在游戏过程中所表现出来的面部表情和心理状态，往往决定着游戏的输赢与否。晋人庾阐在其《藏钩赋》中生动地描写了游戏者的各种表现："叹近夜之藏钩，复一时之戏望。以道生为元帅，以子仁为佐相。思朦胧而不启，目炯冷而不畅。多取决于公长，乃不咨于大匠。钩运掌而潜流，手乘虚而密放。示微迹于可嫌，露疑似之情状。辄争材以先叩，各锐志于所向。意有往而必乖，策靡陈而不丧。退怨叹于独见，慨相顾于惆怅。夜景焕烂，流光西驿。同朋诲其凤退，对者催其连射。忽攘袂以发奇，探意外而求迹。奇未发而妙待，意愈求而累僻。疑空拳之可取，手含珍而不摘。督猛炬而增明，从因朗而心隔。壮颜变成衰容，神材比为愚策。"① 这首诗赋把藏钩游戏的全过程和所有参与者的神色表情、各种心态、内心活动都活灵活现地表现出来，尤其是对藏钩者那种既要装得若无其事，又不能装得太过分的描述更是非常传神。而当谜底揭晓，分出输赢的时刻，顿时猜中的一方欣喜若狂，被识破的一方垂头丧气，尖叫与欢笑声交织，场面十分壮观。

精于藏钩游戏者，需要较强的心理承受和分析能力，段成式《酉阳杂俎》前集卷6记载："举人高映善意彄，成式尝于荆州藏钩，每曹五十余人，十中其九，同曹钩亦知其处，当时疑有他术，访之。映言：'但意举止辞色，若察囚视盗也'。"② 由此可知，藏钩游戏实际上是一种智力和心理比赛，藏钩高手一是善于观察藏钩人的举止表情，二是精于推测，只有做到这两点，才能每猜必中。

三 敦煌的藏钩游戏

敦煌文献遗存有较为丰富的藏钩材料，这些材料对深入探讨

---

① 欧阳询等撰：《艺文类聚》卷74，中华书局1982年版，第1281页。
② 段成式撰，方南生点校：《酉阳杂俎》，中华书局1981年版，第62页。

第四章 敦煌博弈类游艺

藏钩游艺有着重要的作用，同时也能反映出藏钩游戏在古代敦煌的流行。岑参《敦煌太守后庭歌》描述了唐代敦煌太守藏钩游戏的场景：

> 敦煌太守才且贤，郡中无事高枕眠。太守到来山出泉，黄砂碛里人种田。敦煌耆旧鬓皓然，愿留太守更五年。城头月出星满天，曲房置酒张锦筵。美人红妆色正鲜，侧垂高髻插金钿。醉坐藏钩红烛前，不知钩在若个边。为君手把珊瑚鞭，射得半段黄金钱，此中乐事亦已偏。①

岑参笔下所描写的敦煌太守，到了夜晚时分，卸下了公务，有"红妆正鲜"的盛装女子相陪，置酒张锦筵，酒酣耳热之际，玩起了藏钩游戏，最后猜中了半段黄金钱，增加宴会中欢乐的气氛。

女子一直是藏钩游艺的主力军，这在敦煌文献中也有所体现，S.6171《唐宫词》云：

> 欲得藏钩语少多，嫔妃宫女任相和。每朋一百人为定，遣赌三千尺练罗。两朋高语任争筹，夜半君王与打钩。恐欲天明催促漏，赢朋先起舞缠头。②

这场帝王参加的宫中女子藏钩游戏，人数有二百人之多，通宵达旦，并且以练罗为赌注，由此可见唐代宫女的藏钩游戏规模之大。又如P.2544《藏钩》诗云：

> 初年万物尽迎春，携手□高望早春。五五三三连玉臂，

---

① 彭定求等编：《全唐诗》卷199，中华书局1960年版，第2056页。
② 图版见《英藏敦煌文献》第10卷，四川人民出版社1995年版，第136页。

窗窗歌咏动寮尘。非但□□三两曲，不知藏钩对洛人。闻道相腰（邀）就容观，无防结束逞腰神。林（临）镜更时眉间柳，生开粉下点珠唇。厅前诈作于多步，林（临）街各各敛红襟。红巾敛罢入花堂，意气分朋作两行。断当不如他本藉，今朝睹（赌）一马，会须先琢得筹多。①

这首诗表现的是初春时节女子相邀玩藏钩游戏的场景，说明藏钩游戏已然成为女子生活中重要的休闲娱乐活动。

敦煌佛教文献中也有对藏钩的记载，说明藏钩游戏不仅在世俗生活中开展，也是宗教娱乐的重要手段。BD06412背2《父母恩重经讲经文》云："几度亲情命看花，数遍藏钩夜欢笑。"② 这说明藏钩游戏之盛行，以至于佛教经文中都对此进行劝诫。S.4474《释门杂文》中记载有《藏钩篇》：

公等设名两扇，列位分朋。看上下以探筹，睹（赌）争胜负。或长行而远眺，望绝迹以无纵（踪）；远近劳藏，或度貌而难恻（测）。钩母怕情而战战，把钩者胆碎以兢兢。恐意度心，直擒断行。或因言而□（失）马，或因笑以输筹，或含笑而命钩，或缅鲜（腼腆）而落节。连翩九胜，踯躅十强。叫动天崩，声遥海沸。定强弱于两朋，建清斋于一会。③

此则文书生动表现了把钩者的心理状态，刻画了藏钩游戏者参与游戏的各种状态。另外，文书还把藏钩游戏与佛教斋会联系在一起，反映出藏钩深入到社会生活的方方面面，甚至连宗教生

---

① 图版见《法藏敦煌西域文献》第15册，上海古籍出版社2001年版，第256页；录文参见张锡厚主编《全敦煌诗》卷102，作家出版社2006年版，第4195页。
② 《国家图书馆藏敦煌遗书》第86册，北京图书馆出版社2008年版，第281页。
③ 图版见《英藏敦煌文献》第6卷，四川人民出版社1995年版，第101页。

第四章 敦煌博弈类游艺

活中也有所涉及。吐鲁番阿斯塔那第 193 号唐墓中出土有一件记载藏钩的文书，则更有意思。此文书编号及名称为 73TAM193：11（b）《唐道俗藏钩文书》：

    高五 翟都 高来 郭俨
   道士张潼 僧思惠 □□ 麹质
     右件人今夜藏勾（钩）
    作业。输者朋显出，
    朋子并不知，壹取朋
     显语。典郭俨。
张惠师西南尚尚尚尚尚丨
翟都东南尚尚尚尚尚。①

此文书中的第七行和第八行在原件中为倒写体例，"尚"在这里被用作计算胜负的工具。敦煌变文集中《降魔变文》有云："和尚得胜，击金鼓而下金筹；佛家若强，扣金钟而点尚字。"又云："其时须达长者遂击鸿钟，手执金牌，奏王索其尚字。"② 蒋礼鸿《敦煌变文字义通释》："'尚'字就是'上'字，舍利佛斗法胜了劳度叉以后，须达就请王在金牌上写上'上字'，表明佛家占了上风。"③ 此件文书所记"张惠师"这一方为 5 个"尚"字又一筹，比他的对手"翟都"多一筹，说明前者猜对比后者多，略胜一筹。

由上述材料还可知，处于边陲之地的吐鲁番也开展有藏钩游戏，而文书中所记载的这次藏钩游戏的参与者有道士、和尚和俗

---

① 国家文物局古文献研究室等编：《吐鲁番出土文书》第 8 册，文物出版社 1987 年版，第 503—504 页。
② 项楚：《敦煌变文选注》（增订本），中华书局 2006 年版，第 734 页。
③ 蒋礼鸿：《敦煌变文字义通释》，上海古籍出版社 1981 年版，第 66 页。

人，这也反映出藏钩游戏受到社会各个阶层人士的喜爱。

第五节 小结

博弈类游艺活动，充满了益智雅趣的内涵，娱乐着社会各阶层人士，使他们在枰声局影中，能够忘却世俗的烦恼，神游于尘世之外。敦煌文献和壁画中对博弈类游艺活动的记载图文并存，能使我们对此类游艺活动有进一步的认识。

博戏游艺活动中，因其胜负的偶然性而使参与者倍感刺激，乐此不疲。但长期以来，由于樗蒲、双陆这两项博戏活动的相似性，学界在对它们讨论时大都并列在一起。借助莫高窟壁画中及河西魏晋砖画中的樗蒲、双陆形象，可知两者是存在一定区别的。它们都源自六博之戏，但在后世发展中出现了差异，利用敦煌文献及其他史料，对两者的游戏规则进行讨论，有助于对它们的区别对待。当然，樗蒲、双陆类游艺活动也带有很强的赌性，令人沉迷其中，甚至家破人亡，敦煌文献中有对此的劝诫，值得反思。

以围棋为代表的弈类游戏活动，不仅具有悠久的历史文化，更具有深厚的文化内涵。敦煌文献中所遗存的《棋经》为我们全面认识古代围棋艺术提供了独一无二的材料。透过莫高窟壁画中的围棋形象，可以看到下棋者沉浸在棋艺的世界里，不仅满足参与者斗智的需要，展现思想运筹帷幄的作为外，更可以作为怡情养性、放松娱乐、闲适自由的象征，是具有多功能的游艺活动，深受大众喜爱。

藏钩游戏多在酒筵宴会中进行，具有娱乐休闲放松的作用。敦煌文献中对这种游戏的记载较多，述及了藏钩的游戏规则。更为重要的是，对藏钩参与者的表情和心理描写极为贴切。可以说

第四章 敦煌博弈类游艺

藏钩游戏,既可作为竞赛,让参与者开动脑筋,亦可增加宴会欢乐的气氛,渲染主人与客人间的和乐气氛。

总而言之,通过对敦煌文献和莫高窟壁画中博弈类游艺活动资料的分析,结合其他史料、图像中的记载,对樗蒲、双陆、围棋、藏钩等项目的讨论,使我们对这些活动的起源演变、游戏规则等有了较为清晰的了解。敦煌文献中对此类活动多持反对和劝诫态度,这也能从侧面反映出敦煌地区博弈类游艺活动的流行。

第五章　敦煌儿童类游艺

　　童戏即儿童游戏，是游艺活动中一个重要的组成部分。娱乐游戏是少年儿童的天性所在，王阳明曾说："大抵童子之情，乐嬉游而惮拘检，如草木之始萌芽，舒畅之则条达，摧挠之则衰痿。"① 这说明游戏在儿童的成长过程中发挥着相当重要的作用，是他们认知社会、参与人际交往的有效途径。② 我国古代的儿童游戏源远流长、丰富多彩，主要有智力类游戏、运动型游戏、生活类游戏等形式，深受广大儿童喜爱。③ 以童戏为主题的诗歌、绘画在古代文学作品中也是规模较大的一个种类，这其中尤以不同表现形式的婴戏图最为流行。游戏之于儿童有着重要的意义，它构成了儿童生活的主要内容，弗洛伊德曾说过："对儿童最有吸引力和他们最喜欢的活动是游戏。我们不妨这样说，每一个正在做游戏的儿童的行为，看上去都像是一个正在展开想象的人……他们对自己的游戏十分当真，舍得在这方面花费大量精力和注入自己最真挚

---

① 杨光主编：《王阳明全集》卷1，北京燕山出版社1997年版，第117页。
② 国内外心理学家大都认为儿童在游戏中过程中能够了解与人相处的社会规则，提高生活技能，发展心理特征，参见刘梅主编《儿童发展心理学》，清华大学出版社2010年版，第194—198页。另外，王小英对儿童游戏的意义也有比较深入地探讨，参见王小英《儿童游戏意义的多维视角解析》，博士学位论文，吉林大学，2003年。
③ 吕逸对中国古代不同历史时期的儿童游戏进行了分类研究，参见吕逸《中国古代儿童游戏研究》，硕士学位论文，陕西师范大学，2006年。

第五章　敦煌儿童类游艺

的感情。"① 毫不夸张地说，游戏可以启发儿童的智力和创造力，并能够促进他们运动神经的发育，甚至在某种程度上使儿童在游戏中成长、独立，养成守法的性格及创造、自主、自强的精神。中国古代的教育家们早就认识到儿童游戏的重要作用，《礼记·学记》云："藏焉修焉，息焉游焉。"② 也就是把游戏当成学习之余最佳的休闲放松的方式。崔学古在《幼训》中亦云："优而游之，使自得之，自然慧性日开，生机日活。"③ 这句话明确指出了游戏在儿童发展中所起到的作用，时至今日仍能令人深省。

正是因为游戏在儿童生活中不可或缺，使得中国古代产生了丰富多彩的儿童游戏活动。古代敦煌地区的儿童游戏亦是多种多样，敦煌的儿童游戏也有着繁多的种类，并且得到了学界的较多关注，前文绪论研究史回顾部分简要提及了敦煌儿童游戏的已有成果，本文主要对骑竹马、脱塔印沙、弹弓等进行讨论。这在敦煌文献和莫高窟壁画中都有所记载，下文将对敦煌具有代表性的儿童游戏进行探讨，以期能感受古代敦煌儿童之欢乐。

第一节　骑竹马

骑竹马，是风靡于中古社会的儿童游戏。张华《博物志》中云："小儿五岁曰鸠车之戏，七岁曰竹马之戏。"④ 竹马的具体玩法是把一根短竹竿放在两腿之间，一手握住竿头，竿尾则拖曳于地，另一只手则作扬鞭状，儿童奔走如骑马奔驰，发展到后来，凡是胯下带着东西做骑马状的游戏，均可称为骑竹马或跑竹马。

---

① ［奥］弗洛伊德（S. Freud）：《性爱与文明》，滕守尧等译，安徽文艺出版社1996年版，第143—144页。
② 刘宝楠编：《论语正义》，中华书局1990年版，第257页。
③ 徐梓、王雪梅编：《蒙学要义》，山西教育出版社1991年版，第74页。
④ 张华撰，范宁校证：《博物志校证》，中华书局1980年版，第129页。

提及竹马，人们耳熟能详的便是唐代诗人李白《长干行》中的名句："妾发初覆额，折花门前剧。郎骑竹马来，绕床弄青梅。"①这首吟唱至今的诗歌，渲染出童年的天真无邪，而诗中的"青梅竹马"更是成为两小无猜的爱情象征。当然，竹马更多的是代表着儿时的友情，《世说新语·方正》云："(诸葛靓)与武帝有旧，帝欲见之而无由，乃请诸葛妃呼靓。既来，帝就太妃间相见。礼毕，酒酣，帝曰：'卿故复忆竹马之好不？'"②晋武帝与诸葛靓酒酣耳熟之际，想起了童年骑竹马的往事，这也说明竹马作为童年的游乐活动给人带来美好回忆。

一 竹马游戏的演变与发展

竹马这一古老游戏的起源，就现有材料来讲难以考证。李晖曾提出骑竹马或源于新石器时期至西汉时期的北方游牧民族，东汉以后正式成为一种游戏方式得到推广，并在民俗意象中融入不少人情内容和政治色彩。③不过，骑竹马见诸于史料之中，当应始于东汉。《后汉书》卷31《郭伋传》记载："始至行部，到西河美稷，有童儿数百，各骑竹马，道次迎拜。"④由此可知郭伋回并州时，出现了数百名儿童骑竹马迎接的场面，这件事成为一个经典的历史故事，从此以后，人们就常用儿童骑竹马相迎来称颂地方官。《后汉书》卷73《陶谦传》引《吴书》亦记载："谦少孤，始以不羁闻于县中。年十四，犹缀帛为幡，乘竹马而戏，邑中儿童皆随之。故仓梧太守同县甘公出遇之，见其容貌，异而呼之，与语甚悦，许妻以女。甘夫人怒曰：'陶家儿游戏无度，于

---

① 李白：《李太白全集》，中华书局1977年版，第256页。
② 刘义庆撰，刘孝标注：《世说新语》，上海古籍出版社1982年版，第169页。
③ 李晖：《论"竹马"——唐诗民俗文化探源之十》，《合肥教育学院学报》2000年第3期。
④ 范晔：《后汉书》卷31，中华书局1965年版，第1093页。

何以女许之?'甘公曰:'彼有奇表,长必大成。'遂与之。"① 前云七岁竹马之戏,陶谦十四岁还玩骑竹马的游戏,可见其童心未泯,并成为其异于常人的表现。

到了唐代,竹马游戏更为广泛流行于儿童之中,这在唐代的诗歌和史料中多有体现。李贺《唐儿诗》写道:"头玉硗硗眉刷翠,杜郎生得真男子。骨重神寒天庙器,一双瞳人剪秋水。竹马梢梢摇绿尾,银鸾睒光踏半臂。东家娇娘求对值,浓笑书空作唐字。眼大心雄知所以,莫忘作歌人姓李。"② 从这首诗中我们可以看到,竹马不仅在平民儿童间,即使贵族子弟中同样盛行,这位"唐儿",是国公的儿子,黄夫人则是唐朝公主,竹马之戏的"马"用的是带绿叶的青竹竿。白居易《观儿戏》曰:"髫龀七八岁,绮纨三四儿。弄尘复斗草,尽日乐嬉嬉。堂上长年客,鬓间新有丝。一看竹马戏,每忆童骏时。童骏饶戏乐,老大多忧悲。静念彼与此,不知谁是痴。"③ 白诗中,竹马成了儿童时代的象征。观过儿戏,"静念"起在"玩竹马"和"观竹马"之中,究竟谁是痴的问题来,妙言妙语,耐人寻味。杜牧《冬至日寄小侄阿宜诗》云:"小侄名阿宜,未得三尺长。头圆筋骨紧,两脸明且光。去年学官人,竹马绕四廊。指挥群儿辈,意气何坚刚。"④ 诗中的阿宜小侄,以"竹马"之戏学着官人样子,指挥"群儿辈",作战军阵,显示出意气和坚刚的不凡。可以说,拥有开放气势的唐王朝,具有开拓精神的唐代文人,让属于儿童的竹马之戏登上诗坛,进入诗境,也为后人了解唐代的竹马之戏提供了丰硕的资料。

宋代时"竹马"之戏,除了原始的那种胯下一根竹竿或木棍

---

① 范晔:《后汉书》卷73,中华书局1965年版,第2366页。
② 彭定求等编:《全唐诗》卷390,中华书局1960年版,第4396页。
③ 彭定求等编:《全唐诗》卷433,中华书局1960年版,第4784页。
④ 彭定求等编:《全唐诗》卷520,中华书局1960年版,第5941页。

的形式外,已经出现以竹篾制扎,以纸糊成的"马头",有鼻有眼、有耳有鬃,但没有马身。周密的《武林旧事》里,说当年临安(今浙江杭州市)元夕舞队中,已出现"男女竹马"。① 苏轼在《元日过丹阳,明日立春,寄鲁元翰》写道:"堆盘缸楼细菌陈,巧与椒花两斗新。竹马异时宁信老,土牛明日莫辞春。白发苍颜谁肯记,晓来频嚏为何人?"② 到了宋元时期,竹马戏又登上戏剧的舞台,成为百姓喜闻乐见的节目了,元杂剧中竹马更是以战争为题材的戏剧所不可缺少的道具,并最终形成一种独立的剧种——竹马戏,这种竹马戏至今仍在大陆南方及台湾地区流行。③

二 敦煌的竹马之戏

通过前文有关竹马游戏的大量史料和诗歌记载,显而易见竹马之戏可谓风靡于古代儿童之中,明清时期的婴戏图中也能见到儿童骑竹马的画面,但唐以前的绘画艺术中却鲜有表现儿童骑马之戏的主题出现。值得庆幸的是,敦煌地区出土画像砖和莫高窟壁画中为我们提供了罕见的较为早期的竹马戏图像资料。

敦煌佛爷庙湾魏晋墓葬第 36 号墓西壁南侧下层,有一幅描绘儿童骑竹马的砖画。画面中共出现有 3 个人物,中间的是一个有着明显男性特征的孩童形象,他头上留有两个小辫子,上身穿着圆领短袖衣,下身全裸,右手扶着一根竹马并放于胯下,两腿弯曲呈骑马状站立。或许是看着男童跑得太快,母亲试图用右手去拉住他的左手,男童微笑着挣脱。另有一身穿长袍的男子站于男童右侧,脸上充满笑意看着母子嬉戏,或许是孩童的父亲。

无独有偶,在敦煌莫高窟晚唐第 9 窟东壁门南侧也绘有儿童

---

① 周密:《武林旧事》,浙江人民出版社 1984 年版,第 33 页。
② 苏轼:《苏轼诗集》,中华书局 1982 年版,第 534 页。
③ 洪祯玟:《宗教、传统与艺阵:新营土库"竹马阵"的表演艺术》,硕士学位论文,台南成功大学,2005 年。

第五章 敦煌儿童类游艺

图5.1 骑竹马 敦煌佛爷庙魏晋墓

骑竹马的形象,"画面内容绘的是晚唐时期一群贵族供养人礼佛的情景,但在供养人行列中,一位贵妇人的右下侧画了一个身穿红色花袍、内着襕裤、足蹬平头履的小顽童,一条弯弯的竹竿放在胯下;其左手握'竹马',右手拿着一根带竹叶的竹梢,作为赶马之鞭。童子抬头向上,调皮地仰望妇人。一群严肃的礼佛贵族妇女行列中,一个可爱的孩子骑着竹马在里面窜来窜去,很是充满了生活气息。"[①] 上述两幅图画为我们了解古代儿童的竹马游戏提供了尤为珍贵的早期图像资料,同时也能使我们更形象地去认识古代敦煌地区儿童所开展的竹马之戏。

除去图像资料外,敦煌文献中也遗存有儿童竹马游戏的文字记载。这些记载有的是通过对儿童骑竹马游戏的描写,标示出儿童的年龄特征,如上海博物馆48(41379)《九想观诗一卷并序》之《第二观》:"作朣朦(童蒙),骑竹马,逐游从。"[②] P.2418《父母恩重经讲经文》云:"婴孩渐长作童儿,两颊桃花色整辉;

[①] 胡同庆、王义芝:《敦煌古代游戏》,甘肃少年儿童出版社2012年版,第116页。
[②] 录文见项楚《敦煌诗歌导论》,第96—97页。

五五相随骑竹马，三三结伴趁猢儿。"① 从这句话中即可看出儿童的一个显著特征便是骑竹马游戏。S.6631《九相观诗一本》之《童子相第二》亦云：

> 状貌随年盛，形躯逐日红。三周离膝下，七载育成童。竹马游间路（巷），纸鹤戏云中。花容艳阳日，绮服弄春风。招花宠爱量（良）难此（比），恩怜靡与同。那堪百年后，长奄（掩）夜台空。②

这里通过"七载育成童"和"竹马游间路"直接指出了七岁正是儿童游玩竹马之戏的年龄。而如果儿童在这个年龄不去进行骑竹马等类似的游戏，则显得与该年龄段应有的行为格格不入，P.2292《维摩诘经讲经文》中即有对这种情况的描写：

> 母闻言道大奇，少年本份（分）正娇痴，却思城外花台礼，不把庭前竹马骑。③

图5.2　骑竹马　莫高窟第9窟

---

① 图版见《法藏敦煌西域文献》第13册，上海古籍出版社2001年版，第307页。
② 图版见《英藏敦煌文献》第11卷，四川人民出版社1995年版，第138页；录文见项楚《敦煌诗歌导论》，第94页。
③ 录文见黄征、张涌泉《敦煌变文校注》，中华书局1997年版，第864页。

第五章　敦煌儿童类游艺

敦煌文献中所记载的竹马游戏不仅能表现出儿童的欢乐之情，同时也寄托着父母对孩子深深的舐犊之情。S.3728v《左街僧录大师压座文》中有云：

> 设使身成童子儿，年登七八岁髻双垂。
> 父怜漏（编）草竹为马，母惜胭腮黛染眉。①

此则材料描述了父亲用草竹为孩子编竹马的场景，浓浓的父爱饱含在这小小的竹马之中。

通过对莫高窟壁画和敦煌文献中骑竹马资料的释读，古代敦煌地区儿童骑竹马玩耍的形象跃然于纸上。从中我们也可以认识到，无论是内陆中原还是边陲之地，骑竹马游戏都深受儿童喜爱，这或许也是儿童的天性所在吧。

第二节　趁猧子

正如美国学者爱德华·谢弗所说："历史隐藏在智力所能启及的范围以外的地方，隐藏在我们无法猜度的物质客体之中。一只西里伯斯的白鹦，一条撒马尔罕的小狗，一本摩揭陀的奇书，一剂占城的烈性药等等——每一种东西都可能以不同的方式引发唐朝人的想象力，从而改变唐朝的生活模式。"② 此处所要讨论的即是于唐代传入中国的一种小狗——猧子。这种小巧可爱的宠物狗从它来华的那一刻起，便得到贵族妇孺的喜爱，并成为诗歌或小

---

① 图版见《英藏敦煌文献》第 5 卷，四川人民出版社 1995 年版，第 154 页。
② Edward H. Schafer, *The Golden Peaches of Samarkand: A Study of T'ang Exotics*, University of California Press, 1963, pp. 2 - 3；[美] 谢弗：《唐代的外来文明》，吴玉贵译，陕西师范大学出版社 2005 年版，第 18—19 页。

说中所表现的主题。可以说，作为唐代中西文化交流的产物，猧子在传入中国后给国人的精神文化和休闲生活带来了新的乐趣。

一 "康猧乱局"与拂菻狗

蔡鸿生认为对猧子的研究"然惜学人少加拂拭，以至于真相晦而不显"，故在其《唐代九姓胡与突厥文化》一书中有所论述；继蔡氏后，国内外学者对猧子的种族属性及传入中原的路线等问题也有所探讨，但所用材料较少，论述稍显单薄。① 下文将通过对传世史籍和画卷、出土文物以及敦煌文献等相关史料的爬梳，力图还原猧子活跃于唐代儿童和贵族仕女生活中的场景，并对猧子在文学作品中所表现的主题进行探究。

唐人段成式所著《酉阳杂俎》中记载有聪明的杨贵妃借助猧子讨唐玄宗欢心的故事：

> 上（玄宗）夏日尝与亲王（哥舒翰）棋，令贺怀智独弹琵琶，贵妃立于局前观之。上数枰子将输，贵妃放康国猧子于坐侧。猧子乃上局，局子乱，上大悦。②

这即是后世所津津乐道的"康猧乱局"。段成式（约公元803—863年）距离唐玄宗、杨贵妃所生活的时间并不久远，而且他的祖父曾在玄宗朝为官，所以这一记载的可信度较高。对这则故事后世文人多有提及：清人吴伟业《观棋和钱牧斋先生·其

---

① 国内外学者研究参见蔡鸿生《唐代九姓胡与突厥文化》，中华书局1998年版，第211—220页；蒋礼鸿主编《敦煌文献语言词典》，杭州大学出版社1994年版，第334页；谭蝉雪《敦煌民俗》，甘肃教育出版社2006年版，第273页；路志峻《论敦煌文献和壁画中的儿童游戏与体育》，《敦煌学辑刊》2006年第4期；王义芝、胡朝阳《敦煌古代儿童游戏初探》，《寻根》2007年第6期；余欣《重绘孩提时代——追寻儿童在中古敦煌历史上的踪迹》（婴戏篇），《敦煌写本研究年报》2009年第三号；[美]谢弗《唐代的外来文明》，吴玉贵译，陕西师范大学出版社2005年版，第114—115页。

② 段成式：《酉阳杂俎》卷1，《忠志》，中华书局1981年版，第2页。

第五章 敦煌儿童类游艺

一》云:"深院无人看剧棋,三郎胜负玉环知。康猧乱局君王笑,一道哥舒布算迟。"① 清梁清标《望江南》词:"将输楸局倩猧儿,芎泽乍闻时。"②《十五家词》卷30《又弈棋》有云:

小院铜镮双扣,何事堪消残?酒漫拂玉纹楸局子,赌个今宵无偶。半局便知郎欲覆,先逐康猧走。

若使白头相守,应似橘中仙叟,一缗态盈娘子袜,输与儿家着否。输罢犹然第二手,好比吴兴柳。③

著名学者陈寅恪在其《无题》诗中亦曾论及道:

世人欲杀一轩渠,弄墨然脂作计疏。猧子(太真外传有康国猧子之记载,即今外人所谓"北京狗",吾国人则呼之为"哈巴狗"。元微之梦游春诗"娇娃睡犹怒"与春晓绝句之"狂儿撼起钟声动"皆指此物,梦游春之"娃"乃"(狂)"字误,浅人所妄改者也。)吠声情可悯,狙公赋芧意何居。早宗小雅能谈梦,未觅名山便着书。回首卅年题尾在,处身夷惠泣枯鱼。(昔年跋春在翁有感诗云:"处身于不夷不惠之间")④

那么"康猧乱局"中的康国猧子究竟为何属种呢?白鸟库吉认为其应属于拂菻狗种。⑤ 蔡鸿生也持相同观点,在其论著中提到猧子的故乡远在东罗马,即拜占庭帝国,在唐代史籍中被称为

---

① 《四库全书》第1312册,上海古籍出版社2003年版,第174页。
② 《四库全书》第1494册,上海古籍出版社2003年版,第26页。
③ 同上书,第410页。
④ 陈寅恪:《陈寅恪集·诗集》,生活·读书·新知三联书店2002年版,第109页。
⑤ Shiratori Kurakichi, *An New Attempt at a Solution of the Fu-lin Problem*, Memoirs of the Research Department of the Toyo Bunko, Vol. 15, Toyo, 1956, p. 254.

"大秦"或"拂菻",因此拂菻狗即是猧子,唐初传入中国后,即成为内府和朱门的"活宝"。① 史籍中对拂菻狗的记载,可见于《旧唐书》卷198《高昌传》:

> (高昌王)文泰又献狗雄雌各一,高六寸,长尺余,性甚慧,能曳马衔烛,云本出拂菻国。中国有拂菻狗,自此始也。②

1972年新疆吐鲁番阿斯塔那古墓群第187号墓出土有一幅唐代《双童图》(图5.3),图中一童子左手怀抱一只黑白相间的卷毛小狗,考上述史料中高昌王进贡拂菻狗的记载,可推测此画中小狗应为拂菻狗无疑。科利尔认为拂菻狗是典型的古代马其他种的犬,即古典时代的叭儿狗。③ 吴芳思在《丝绸之路2000年》中,亦把杨贵妃的康猧叫叭儿狗。④ 凯勒则提出这种面部尖消、毛发茸茸、聪明伶俐的小玩物属于尖嘴丝毛犬系的犬类,它们曾经是希腊妓女和罗马主妇珍爱的宠物。⑤

可见国内外学者大都认为康国猧子与拂菻狗为同一属种,只是称呼的不同。本文借助三幅唐代的名画对此问题做进一步讨论。台北故宫藏有一幅《唐人宫乐图》(图5.4),沈从文认为此画:"其实妇女衣服发式,生活用具,一切都是中晚唐制度。长案上的金银茶酒具和所坐月牙兀子,以至案下所俯卧的猧子狗,无例外均属中唐情形,因此本画即或出于宋人摹本,依旧还是唐人旧稿。"⑥ 中唐画家周昉的经典之作《簪花仕女图》(图5.5)

---

① 蔡鸿生:《唐代九姓胡与突厥文化》,中华书局1998年版,第211—220页。
② 刘昫:《旧唐书》,中华书局1975年版,第3612页。
③ Collier, *Dogs of China and Japan in Nature and Art*, London, 1921, p. 143.
④ Frances Wood, *The Silk Road: Two Thousand Years in the Heart of Asia*, University of California Press, 2002, p. 77;中文翻译见吴芳思《丝绸之路2000年》,山东画报出版社2008年版,第61页。
⑤ Keller, *Die Antike Tierwelt*, Vol. Ⅰ, Leipzig, 1909, p. 94.
⑥ 沈从文:《中国古代服饰研究》,香港商务印书馆1981年版,第350页。

第五章 敦煌儿童类游艺

中有这样的场面:唐朝贵族仕女身披帛薄纱衣团花长裙,微袒丰润的酥胸,高高的云髻和插着金簪子的牡丹花冠,额间点两只蝶翅状倒晕眉,眉间点一颗泥金色花压子,玉手执着拂尘游戏两只褐黑色小狗。相传作者周昉的长兄周浩就曾跟随哥舒翰征讨吐蕃,并建立军功,被封为执金吾。而哥舒翰则是"康猧乱局"中的亲王,所以《簪花仕女图》中的小狗可推测为猧子无疑。①

图5.3 双童图 现藏于新疆维吾尔自治区博物馆

另外,通过《唐人宫乐图》《簪花仕女图》中所描绘的猧子与阿斯塔那《双童图》中儿童所抱拂菻狗的对比,我们可以发现它们非常相似,都是体型娇小,并且毛色呈黑白相间或褐黑色,

---

① 李婷花:《丰颊肥体、盛世风韵——〈簪花仕女图〉赏析》,《时代文学(下半月)》2010年第6期。

图 5.4　唐人宫乐图　现藏于台北故宫

图 5.5　簪花仕女图　现藏于辽宁省博物馆　摹本

并且都有着毛茸茸的尾巴。明初诗人高启《题画犬》有云："猧儿初长尾茸茸，行响金铃细草中。莫向瑶阶吠人影，羊车半夜出深宫。"① 因此，笔者根据这三幅画，以及前辈学者的论述，认为拂菻狗和猧子当属同一种系，并且猧子即为拂菻狗在中唐以后的称呼。

然而，在《旧唐书·高昌传》之后，史籍中对拂菻狗的记载却鲜为所见，直到《清稗类钞》中才得以再现："拂菻狗，较常狗倍小，今为京师土产。"② 但是，此时的拂菻狗已不再是进贡的

---

① 陈田：《明诗纪事》甲签卷7，上海古籍出版社1993年版，第169页。
② 徐珂编撰：《清稗类钞》第12册，中华书局1986年版，第5532页。

第五章 敦煌儿童类游艺

物品,而是摇身一变成为本土出产了。另外,敦煌文献 P.3723《记室备要》下卷进贡物品的细目中有一条"送猧子"[①] 的记载。据此,我们可以大致推测原产于大秦的拂菻狗途经康国或高昌国,然后中转至敦煌,再进贡到中原王朝。在进贡途中,拂菻狗也在各中转站留有后代,因此,其称谓也有了变化,由最初的拂菻狗变为康国猧子,进而统称为猧子了。

二 "三三结伴趁猧儿"——儿童的玩物

由于猧子的聪明可慧,故而儿童对其也是宠爱有加,并把它们作为宠物来玩耍。敦煌文献 P.2418《父母恩重经讲经文》中有儿童玩耍猧子的记载:

捉蝴蝶,趁猧子,弄土拥泥向街里;盖为娇痴正是时,直缘骏小方如此……婴孩渐长作童儿,两颊桃花色整辉;五五相随骑竹马,三三结伴趁猧儿。[②]

"趁"含有追逐和赶的意思,"趁猧子"即是孩子们和猧子狗相互追逐和嬉戏。也有的儿童以牵着猧子作为戏耍的游戏。如上博48(41379)《九想观诗一卷并序》之《第二观》记载:

或聚砂来作米杂,或时觉走趁游风。争能鹦鹉牵猧子,筑城弄土一丛丛。[③]

路德延的《小儿诗》中亦有云:"莺雏金碹系,猧子彩丝

[①] 图版见《法藏敦煌西域文献》第27册,上海古籍出版社2001年版,第135页。
[②] 图版见《法藏敦煌西域文献》第13册,上海古籍出版社2000年版,第307页。
[③] 图版见《上海博物馆藏敦煌吐鲁番文献》第2册,上海古籍出版社1993年版,第42—43页。

牵",① 可见猧子是孩子们所感兴趣的对象,成为他们手中牵引的玩物。

余欣提出以《父母恩重经》为蓝本的敦煌艺术品有 6 幅,不乏嬉戏的画面,可惜的是没有绘出"五五相随骑竹马,三三结伴趁猧儿"这一幕。② 不过,上文提到吐鲁番阿斯塔那出土的绢画《双童图》(图 5.3)中却描绘了儿童玩耍猧子的场面:两个身穿彩条背带长裤,足穿红鞋的儿童,左边的一人右手高举做放飞状,而左手中怀抱的正是一只黑白相间的卷毛猧子。这幅栩栩如生的图画,使儿童玩猧子的情景得以更直观地展现给我们,带给我们更强烈的视觉冲击。当然,从《双童图》中高昌儿童的身着打扮可知显然是富家子弟。因此,猧子恐怕只是世家大族的子弟才有条件玩的宠物,平民百姓的孩子大概是无福享受这种奢侈的乐趣的。

或许正是因为猧子的高贵出身,是达官贵人的宠物,其在文学作品中甚至被赋予权贵爪牙的贬义色彩。P.3808《长兴四年中兴殿应圣节讲经文》中记载有:"可憎猧子色茸茸,抬举何劳矮饲浓。点眼怜伊图守护,谁知反吠主人公。"③ P.101《维摩诘讲经文》中亦有"猧儿乱趁生人咬,奴子频捻野鸽惊"的记载。④

三 "白雪猧儿拂地行"——仕女的宠物

敦煌作为丝绸之路的重镇,是西域向中原王朝进贡的必经之地,因此,猧子在敦煌的出现也是顺理成章的事情,并得到了敦煌大族仕女的宠爱。敦煌文献 P.2828v《云谣集杂曲子》之《倾杯乐》中有云:

---

① 彭定求等编:《全唐诗》卷 803,中华书局 1960 年版,第 3703 页。
② 余欣:《重绘孩提时代——追寻儿童在中古敦煌历史上的踪迹》(婴戏篇),《敦煌写本研究年报》2009 年第 3 号。
③ 图版见《法藏敦煌西域文献》第 28 册,上海古籍出版社 2001 年版,第 126 页。
④ 图版见《俄藏敦煌文献》第 3 册,上海古籍出版社 1997 年版,第 148 页。

第五章 敦煌儿童类游艺

观艳质语软言轻,玉钗坠素绾乌云髻。年二八久镇香闺,爱引猧儿鹦鹉戏。十指如玉如葱,银苏体雪透罗裳里。堪娉与公子王孙,五陵年少风流婿。①

远在西陲之地的敦煌女子对猧子尚且如此之喜爱,可以想象处于封建社会鼎盛时期的中原王朝的贵族仕女们对这种宠物狗的迷恋。

猧子之所以得宠,除了它自身的乖巧可爱,使人消遣娱乐外,恐怕更为重要的是它对人若即若离的依恋之感,能够令独守闺房的贵族仕女乃至文人雅士们牵动思绪,甚至在某种意义上成为她们的心灵寄托。敦煌曲子词《鱼歌子·玉郎至》有云:

绣帘前,美人睡。厅前猧子频频吠。雅奴卜,玉郎至。扶下驿骝沉醉。

出屏帏,正云起。莺啼湿尽相思被。共别人,好说我不是。得莫辜天负地。②

高国藩曾对此首曲子评述道:"'频频吠'三字,打破了沉默的氛围,使词的意境由静化为动,形成转折。在幽静庭院中,一只可爱的小狗的吠声一定非常清脆悦耳,吠声为帘下睡美人的静穆之美,注入了一股跃动的活力,暗示了某种躁动不安的情绪,频频吠不怕吵醒女主人吗?这一悬念就为引出'玉郎'作了合理的铺垫。另外,使心境略带喜悦与环境略带紧张有了对比,这是内外境各自艺术趋向的反差中的一种吻合,它使词境明显地呈现出动态,并由此可窥出美人对恋情盼望的心态。"③ 无独有偶,

---

① 图版见《法藏敦煌西域文献》第19册,上海古籍出版社2001年版,第67页。
② 任半塘:《敦煌歌辞总编》(上册),上海古籍出版社1987年版,第348页。
③ 高国藩:《敦煌曲子词欣赏》,南京大学出版社2001年版,第302页。

《全唐诗》中也有类似的内容，这其中最为著名的当属无名氏所作《醉公子》：

门外猧儿吠，知是萧郎至。划袜下香阶，冤家今夜醉。
扶得入罗帏，不肯脱罗衣。醉则从他醉，还胜独睡时。①

诗中猧子化身为情郎归至的象征物，可以想象出女主人听到猧子的叫声时是多么地兴奋，尽管情郎已是醉得不省人事，但总比自己空守闺房要好。《全唐诗》中亦有很多借猧子表达自己思恋和苦闷之情的诗歌。成彦雄《寒夜吟》中写道："洞房脉脉寒宵永，烛影香消金凤冷。猧儿睡魇唤不醒，满窗扑落银蟾影。"②王涯《宫词》之十三有云："白雪猧儿拂地行，惯眠红毯不曾惊。深宫更有何人到，只晓金阶吠晚萤。"③以艳诗著称的元稹在《春晓》中写道："半欲天明半未明，醉闻花气睡闻莺。猧儿撼起钟声动，二十年前晓寺情。"④此诗描述的是诗人与崔莺莺第一次幽会的情境，所以刻骨铭心，连同当时周围的环境，尤其是猧儿的叫声，都烙印得清清楚楚。身为蜀中名妓的薛涛在《十离诗·犬离主》中写道："驯扰朱门四五年，毛香足净主人怜。无端咬着亲情客，不得红丝毯上眠。"⑤薛涛诗中虽未明确犬为猧子，但"红丝毯"之词似为前文王涯《宫词》中"红毯"之典故，因而可判定作者借着对猧子失宠的描写，抒发自己的郁闷之情。素有大清第一才女之称的顾太清更是在《浣溪沙·咏双鬈猧儿》中抒发了她对猧子的宠爱之情：

---

① 彭定求等编：《全唐诗》卷899，中华书局1960年版，第4536页。
② 彭定求等编：《全唐诗》卷759，中华书局1960年版，第3871页。
③ 彭定求等编：《全唐诗》卷346，中华书局1960年版，第1758页。
④ 彭定求等编：《全唐诗》卷422，中华书局1960年版，第2121页。
⑤ 彭定求等编：《全唐诗》卷803，中华书局1960年版，第4054页。

第五章 敦煌儿童类游艺

怀里温存袖里藏，蒙茸两耳系金铛。双鬟小字最相当。竹叶上窗惊月影，花枝照壁吠灯光。夜深轻睡枕头旁。

两字柔憨作性情，十分妩媚特聪明。得人怜处是天生。睡去拳拳堪入画，戏时小小可奇擎。娇昔学吠未成声。①

或许正是贵族仕女对猧子的宠爱有加，使得主人和宠物狗之间的感情亲密异常。《玄怪录》记载了一则与此相关的故事：

> 洛州刺史卢颋表姨，常畜一猧子，名花子，每加念焉。一旦而失，为人所毙。后数月，卢氏忽亡。冥间见判官姓李，乃谓曰："夫人天命将尽，有人切论，当得重生一十二年。"拜谢而出。行长衢中，逢大宅，有丽人，侍婢十余人，将游门屏，使人呼夫人入，谓曰："夫人相识耶？"曰："不省也。"丽人曰："某即花子也。平生蒙不以兽畜之贱，常加育养。某今为李判官别室，昨所嘱夫人者，即某也。冥司不广其请，只加一纪，某潜以改十二年为二十，以报养育之恩。"……后二十年，夫人乃亡也。②

从中我们可以得知洛州刺史卢颋的表姨因对其所养的一只名为"花子"的猧子着意呵护，后来得到善报，在此则故事中，猧子因为是妇女所宠爱的对象，故而也化身为女子形象出现。

从敦煌文献和其他传世史籍的记载中，我们可以得知猧子在传入中国后，尽管与社稷民生无所相关，但却在当时上层社会生活中扮演着重要的角色，尤其为仕女和儿童所宠爱，给中国人的精神文化和休闲生活带来了新的乐趣，并被文人学者所青睐，成

---

① 顾太清、奕绘著，张璋编校：《顾太清奕绘诗词合集》，上海古籍出版社1998年版，第220页。

② 李昉等：《太平广记》第8册，《玄怪录》，中华书局1961年版，第3082页。

为诗歌和小说等文学作品中所表现的主题。现如今，我们在日常生活中可以看到形形色色的宠物狗，其中不乏名贵品种，甚至成为炫富的资本，但忙碌的现代人似乎没有古人的闲情雅致，"白雪猧儿拂地行，惯眠红毯不曾惊"的诗句，恐怕不会在他们口中吟出，这不得不令我们深思：为什么物质文明高度发达的当代社会，人们还不如古人会品味生活？通过这小小的猧子，我们可以说，国人离真正的休闲生活还很远。

第三节　聚沙成塔

从古至今，玩沙土大概是最为常见，也是最受儿童喜爱的游戏，汉代扬雄《逐贫赋》中即有云："匪惟幼稚，嬉戏土沙。"① 由此可知至迟在汉代，玩沙土已经成为儿童游戏的一种。玩沙土之所以能流行于不同时期的儿童之间，很大程度上在于儿童从这个游戏中，不仅能体会到沙土流动、变化带来的快感，还可以随心所欲地堆出各种造型。可以说，儿童对沙土的热爱不亚于对任何玩具的迷恋，也许在他们看来，玩沙土就是最理想的一种游戏。玩沙土游戏的种类较多、花样频出，其中主要有沙土作画、沙土做饭、聚沙成塔等。如《三国志》卷29《管辂传》注引《管辂别传》中记载："辂年八九岁……与邻比儿共戏土壤中，辄画作天文及日月星辰。"② 这则材料中反映的是管辂年幼时在沙土中画日月星辰的情景，实则为在沙土中作画的儿童游戏。《韩非子·外储说左上》云："夫婴儿相与戏也，以尘为饭，以涂为羹，以木为胾，然至日晚必归馈者，尘饭涂羹可以戏而不可食也。"③

---

① 欧阳询等撰：《艺文类聚》卷35，中华书局1982年版，第629页。
② 陈寿：《三国志》卷29，中华书局1971年版，第811页。
③ 陈奇猷编：《韩非子集释》卷20，中华书局1958年版，第638页。

第五章 敦煌儿童类游艺

此处描写的是类似儿童过家家之类的游戏，其中提到的"以尘为饭"，便是玩沙土游戏的一种，其玩法是用沙土充当作饭的物料。除了上述两种类型之外，玩沙土游戏中还有一种更为常见的类型，也就是本文所要讨论的重点，即聚沙为塔。

一 聚沙成塔的佛教渊源

聚沙成塔，顾名思义就是儿童在游戏过程中把沙土聚拢在一起堆积成佛塔形状。当然，儿童在玩耍中聚沙的行为应当起源较早，而聚沙成塔的出现则不可避免地与佛教联系起来。对此种游戏与佛教相连的较早记载，可见《魏书》卷114《释老志》：

> 苟能诚信，童子聚沙，可遇于道场；纯陀俭设，足荐于双树。何必纵其盗窃，资营寺观。①

通过此则材料，很明显可以看出此时的童子聚沙之戏已被赋予了宗教色彩，成为佛教寓意中的一个典故。自此之后，童子聚沙成塔便在佛经中大量出现，《大方广佛华严经》卷9《入不思议解脱境界普贤行愿品》记载：

> 时虚空中，天龙神等告善财言："善男子，今此童子，在河渚上，与诸童子聚沙为戏。"而时善财闻是语已，即诣其所。见彼童子，十千童子前后围绕，聚沙为戏。②

《经律异相》亦记载："五百幼童相结为伴，日日游戏，俱至江水，聚沙兴塔，各言塔好。"③ 这两则材料虽与佛法有关，但从

---

① 魏收：《魏书》卷114，中华书局1974年版，第3044页。
② 《大正藏》第10册，第704页。
③ 《大正藏》第53册，第28页。

中亦可以得知儿童聚沙娱乐的地点在河渚、江边，这些地方有充足的沙土可供儿童玩耍使用。

当然，在聚沙游戏中，塔的重要性不言而喻，对此《妙法莲华经》卷1《方便品》中有较为详尽的解释：

> 诸佛灭度后，若人善软心，如是诸众生，皆已成佛道，诸佛灭度已，供养舍利者，起万亿种塔，金银及玻璃，砗磲与玛瑙，玫瑰琉璃珠，清净广严饰，庄校于诸塔，或有起石庙，栴檀及沈水，木樒并余材，砖瓦泥土等，若于旷野中，积土成佛庙，乃至童子戏，聚沙为佛塔，如是诸人等，皆已成佛道。①

此处材料给出了聚沙与塔的关联，另外还提及聚沙游戏的地点不是在江河边，而是在旷野中，这就表明聚沙成塔的游戏所受环境、地域限制较少，但凡有沙土的地方，这种游戏都是可以进行的。

除了佛教经文之外，传世文献中亦有一些与佛教相关的材料涉及聚沙成塔游戏。唐代僧人修雅《闻诵〈法华经〉》云："我亦当年狎儿戏，将谓光阴半虚度。今日亲闻诵此经，始觉聚沙非小事。"② 常东名《唐思恒律师志铭》云："律师讳思恒，俗姓顾氏，吴郡人也……越在幼冲，性与道合，儿戏则聚沙为塔，冥感而然指誓心。"③ 这两则材料都明确指出聚沙成塔为儿童游戏，由该游戏上升到自身的修行是佛教教义中重要的环节。白居易的作品中至少有两处提到了聚沙成塔游戏。其一为《书西方帧记》所记载："又范金合土，刻石织文，乃至印水聚沙，童子戏者，莫不

---

① 《大正藏》第9册，第7页。
② 彭定求等编：《全唐诗》卷825，中华书局1960年版，第9298页。
③ 《全唐文》卷396，中华书局1983年版，第4042页。

第五章 敦煌儿童类游艺

率以阿弥陀佛为上首,不知其然而然。"① 所谓安乐世界中,阿弥陀佛为上首,而此处提到聚沙等童戏亦以阿弥陀佛为上首,可知此游戏与佛法联系之紧密。其二为《感悟妄缘,题如上人壁》中有云:"自从为騃童,直至作衰翁。所好随年异,为忙终日同。弄沙成佛塔,锵玉谒王宫。彼此皆儿戏,须臾即色空。"② 白居易的诗风中带有很浓重的佛教禅宗色彩,上述两则材料中对聚沙成塔游戏的运用,恰也说明了他通过禅观所体悟到的世相人生之真谛乃是如儿童之戏一般。

二 敦煌的聚沙成塔之戏

上文述及了聚沙成塔游戏与佛教的渊源,敦煌文献和莫高窟壁画中亦有反映玩沙土,尤其是聚沙之戏的材料,更为重要的是其中有珍贵的图像资料,为我们进一步认识聚沙成塔的儿童游戏提供了丰富的素材。

敦煌文献中对玩沙土游戏有所记载,P.2418《父母恩重经讲经文》载:"弄土拥泥向街里",③ P.3883《孔子项托相问书》中云:"项托有相,随拥土作城,在内而坐。"④ 这里提到的弄土拥泥和拥土作城应是儿童用沙土堆积成城舍的游戏。《摩登伽经》中对此游戏也有叙述:"譬如小儿于路游戏,收聚沙土,以为城舍。"⑤ 上博48(41379)《九想观诗一卷并序》之《第二观》亦云:"或聚沙来作米难,或时觉走趁游风。争能鹦鹉牵猱子,筑城弄土一丛丛。"⑥ 此处提及了玩沙土的两种形式:一种是把沙土

---

① 白居易著,朱金城笺校:《白居易集笺校》卷71,上海古籍出版社1988年版,第3801—3802页。
② 彭定求等编:《全唐诗》卷448,中华书局1960年版,第5037页。
③ 图版见《法藏敦煌西域文献》第13册,上海古籍出版社2001年版,第307页。
④ 图版见《法藏敦煌西域文献》第29册,上海古籍出版社2001年版,第84页。
⑤ 《大正藏》第21册,第402页。
⑥ 图版见《上海博物馆藏敦煌吐鲁番文献》第2册,上海古籍出版社1993年版,第42—43页。

当作米麦来做饭;另一种则是以沙土构筑城堡。上述材料中描述的是用沙土做饭和堆积成城堡的游戏,此两种游戏与聚沙成塔之戏类似,都是儿童玩沙土的娱乐方式。

敦煌文献对聚沙成塔的记载则更为常见,P.4597《九想观诗》之《童子想》中云:

> 日月相催成幼童,五五三三作一聚。
> 虽解聚沙为佛塔,心中仍未辨西东。①

由此可知三五孩童聚集在一起,把沙土堆积成佛塔形状是聚沙成塔游戏的主要玩法。S.2832《愿文等范本》之三三《妹三(亡)日》:

> 惟孩子禀乾坤而为质,承山岳已(以)作灵。惠和也,而(如)春花秀林;聪敏也,则秋霜并操。将谓宗枝永茂,冠盖重荣;岂期珠欲圆而忽碎,花正芳而降霜。致使聚沙之处,命伴无声;桃李园中,招花绝影。或者池边救蚁,或者林下聚砂。游戏寻常,不逾咫尺。岂谓春花芳果,横被霜霰之涧;掌上明珠,忽碎虎狼之口。嗟孩子八岁之容华,变作九泉之灰;艳比红莲白玉,[化]作荒交(郊)之土。②

这是一篇兄长悼念早亡妹妹的发愿文,文中包含招花、救蚁、聚沙等好几种儿童游戏。聚沙游戏被提及了两次,地点是在树林之下,此愿文的对象是女孩子,由此可见聚沙之戏不只是男孩子的专利,而且得到女孩子的喜爱。另外,文中提到女孩早亡

---

① 图版见《法藏敦煌西域文献》第32册,上海古籍出版社2001年版,第135页。
② 图版见《英藏敦煌文献》第4卷,四川人民出版社1995年版,第244—245页。

第五章 敦煌儿童类游艺

的年龄为"八岁之容华",这也从侧面说明了儿童聚沙成塔游戏的年龄。于志宁《大唐西域记·序》载:"聚沙之年,兰薰桂馥。"① 孟浩然《登总持寺浮图》云:"累劫从初地,为童忆聚沙。"② 齐己《寄怀江西僧达禅翁》亦云:"长忆旧山日,与君同聚沙。"③ 由此可知儿童时期玩弄沙土堆积成塔的游戏,同竹马之戏一样,都被指代为童年时期。

上文探讨了敦煌文献中对聚沙成塔游戏的记载,在莫高窟壁画中更有一幅童子聚沙图值得关注(图5.6)。此图绘于莫高窟第23窟北壁《法华经变》"药草喻品"的下部,画面中四个孩童在田间正聚精会神地玩聚沙成塔的游戏,"四童子已堆了一个比他们还高的沙塔,可他们还在兴致勃勃地往上堆沙。其中有两童子坐于地上,双手尽量伸长往塔上堆沙,一童子两腿叉开,双手用劲往上堆沙,还有一围绿色'围嘴'的童子一腿站立,另一腿翘起,以使自己更高一些,双手同时往沙塔上堆沙。"④ 正如佛经所云:"彩画作佛像,百福庄严相,自作若使人,皆已成佛道,乃至童子戏,若草木及笔,或以指爪甲,而画作佛像,如是诸人等,渐渐积功德,具足大悲心,皆已成佛道,但化诸菩萨,度脱无量众。"⑤ 这幅画虽然是为了表现《方便品》的情节而绘,但其素材显然取自现实生活中敦煌儿童聚沙之戏的真实场景,为文献记载提供了一幅生动的写照,尤为珍贵。画家生动形象地描画出四个孩童堆沙子时的专注神情,努力表现出孩子们天真烂漫、活泼调皮和逗人喜爱的性格,整幅画面细致入微,栩栩如生,聚沙成塔的场面也富有浓重的童趣。

---

① 玄奘、辩机著,季羡林等校注:《大唐西域记校注》,中华书局2000年版,第16页。
② 彭定求等编:《全唐诗》卷160,中华书局1960年版,第1662页。
③ 彭定求等编:《全唐诗》卷839,中华书局1960年版,第9469页。
④ 胡同庆、王义芝:《敦煌古代游戏》,甘肃少年儿童出版社2012年版,第129页。
⑤ 《大正藏》第9册,第7页。

图 5.6　童子聚沙图　莫高窟第 25 窟

　　沙要聚，然后才能成塔，塔由聚沙而成，聚沙为塔的本意，在于修善积德。儿童聚沙这小小的游戏里，包含着深刻的道理，后世也常以"聚沙成塔"来比喻积少成多、集众人之力共同完成一件事情，并与"集腋成裘"合用。聚沙成塔之戏具有顽强的生命力，至今，在我国信奉南传佛教的傣族地区还流行着，每逢"泼水节"时候，人们都涌入寺庙，浴佛听经，聚沙成塔。

第四节　打弹弓、木偶戏、翻筋斗

　　敦煌文献和莫高窟壁画中所记载的儿童游艺项目种类繁多，除去上文述及的骑竹马、趁猧子、聚沙之戏外，还有玩弹弓、木偶戏及翻筋斗等活动。这些娱乐项目都是儿童生活中重要的组成部分，下文将逐一讨论。

第五章　敦煌儿童类游艺

一　打弹弓

每个男孩在孩童时期都有一个武侠梦，渴望能拥有高强的武艺，因此他们自小都酷爱行军打仗、舞枪弄棒的游戏。在这其中，打弹弓就是他们乐此不疲的游戏之一。

弹弓是由中国古代的射箭技术在后世演化出来的一种游戏形式。弹弓的起源较早，在春秋时期就能寻觅到其踪迹，《吴越春秋》中记载有神射手陈音与越王的对话，其中就提及了弹弓的起源：

> 音："臣闻弩生于弓，弓生于弹，弹起古之孝子。"越王曰："孝子弹者奈何？"音曰："古者人民朴质，饥食鸟兽，渴饮雾露，死则裹以白茅，投于中野。孝子不忍见父母为禽兽所食，故作弹以守之，绝鸟兽之害。"故歌曰"断竹续竹，飞土逐肉"之谓也。①

弓，是射箭或打弹的器具。弹弓，则是一种可以发射弹丸的弓，其形态与射箭之弓相仿，《谈薮》有云："弹状如弓，以竹为弦。"② 稍有不同的是弓弦的正中加有一个半圆形的弹槽。古代弹弓多为"丫"形竹子制成，李尤《弹铭》云："昔之造弹，起意弦木。以丸为矢，合竹为朴。漆饰胶治，弗用筋镞。"③ 白居易《和答诗十首·和大觜乌》载："命子削弹弓，弦续会稽竹。"④ 这里提及了古代弹弓的制作方法，并可得知弹弓主要是竹制，精致一点的还要进行修饰。

---

① 赵晔：《吴越春秋》，《丛书集成初编》第 3696 册，中华书局 1985 年版，第 196 页。
② 李昉等撰：《太平御览》卷 755，中华书局 1960 年版，第 3352 页。
③ 李昉等撰：《太平御览》卷 350，中华书局 1960 年版，第 1613 页。
④ 彭定求等编：《全唐诗》卷 425，中华书局 1960 年版，第 4683 页。

弹弓所用的弹丸一般由小石子或泥丸制成，东汉王符《潜夫论》中记载："丁夫不扶犁锄，而怀丸挟弹，携手上山遨游。或取好土作丸卖之，外不足御寇盗，内不足禁鼠雀。或作泥车瓦狗诸戏弄之具，以巧诈小儿，此皆无益也。"① 这说明在汉代就已经出现了用好土制作成弹丸来出售的行业，也从侧面反映了打弹弓游戏的盛行。相比一般土制弹丸而言，有权贵阶层甚至用金子制作弹丸，《西京杂记》卷 4 记载："韩嫣好弹，常以金为丸，所失者日有十余。长安为之语曰'苦饥寒，逐金丸。'京师儿童，每闻嫣出弹，辄随之。望丸之所落，拾取焉。"② 韩嫣用金子制作成弹丸，足见其生活奢侈，但也能说明其对打弹弓的狂热。

打弹弓游戏在不同的历史时期都深受儿童的喜爱，西汉韩婴所著《韩诗外传》卷 10 载："黄雀方欲食螳螂，不知童子挟弹丸在榆下，仰而欲弹之。童子方欲弹黄雀，不知前有深坑，后有掘株也。"③ 这类似于"螳螂捕蝉，黄雀在后"的故事，只不过增加了儿童打弹弓的情节。《谈薮》记载："齐萧遥欣为童子时，见一小儿左右弹飞禽，未有不应弦而落者……时少年士庶，竞为此戏。"④ 萧遥欣为南朝齐梁人，由"少年士庶，竞为此戏"可知打弹弓游戏在南朝时期受到儿童的广泛欢迎。唐代儿童少年打弹弓的游戏则更为普遍，李白《少年子》云："青云少年子，挟弹章台左。鞍马四边开，突如流星过。金丸落飞鸟，夜入琼楼卧。"⑤ 此处不仅记载了少年儿童打弹弓的游戏，而且描述了打弹弓的动作和场面，突出了少年打弹弓技巧的高超。

---

① 范晔：《后汉书》卷 49，中华书局 1965 年版，第 1634 页。
② 葛洪：《西京杂记》，《汉魏六朝笔记小说大观》，上海古籍出版社 1999 年版，第 103 页。
③ 韩婴：《韩诗外传》，《丛书集成初编》第 525 册，中华书局 1985 年版，第 134 页。
④ 李昉等撰：《太平御览》卷 755，中华书局 1960 年版，第 3352 页。
⑤ 彭定求等编：《全唐诗》卷 24，中华书局 1960 年版，第 323 页。

第五章　敦煌儿童类游艺

敦煌地区儿童对打弹弓的游戏也是非常喜爱，在敦煌文献中能找到与此相应的直接材料。晚唐时期敦煌归义军政权曾颁发的一份榜文，亦即 P.2598v《天复二年（902）正月廿一日使都尚书御史大夫张榜稿》：

> 常年正月廿三日，为城隍攘灾却贼，于城四面，安置白伞，法事道场者。右敦煌一郡，本以护法拥护人民。访问安伞之日，多有无知小儿，把弹弓打运花，不放师僧法事，兼打师僧及众人，眼目伤损。今周晓示，切令禁断。仍仰都虞候及乡司，街子捉获，抄名申上。若有此色人，便罚白羊两，充供使容者。
>
> 正月廿一日榜。使都尚书御史大夫张榜。①

安伞旋城是非常庄严、肃穆的场合，但却因儿童们打弹弓，扰乱了道场秩序，甚至打伤了参与者的眼目，以致堂堂归义军节度使竟然不得不屈尊为此事专门发一个榜示。由此可见在道场打弹弓绝不仅仅是个别儿童的行为，而是有众多的孩子参与，这也恰巧说明了儿童打弹弓的游戏在当时的敦煌时非常流行的。

二　木偶戏

如果说打弹弓游戏是儿童，尤其是男孩子喜欢的刺激性游戏，那么木偶戏则是深受儿童们欢迎的表演性、欣赏性游戏。

木偶戏，也成傀儡戏，通常是以木制成傀儡形状，由人牵引，使之手舞足蹈，活动如生，并伴以歌唱。木偶戏起源甚早，是我国古代社会重要的文化、艺术表演形式之一，与古代戏曲有着密切的联系。因此，有关木偶戏的起源及演变发展等问题得到

---

① 图版见《法藏敦煌西域文献》第 16 册，上海古籍出版社 2001 年版，第 187 页。

学界较多关注，并取得了丰硕的研究成果。① 关于木偶戏起源多以汉高祖白登之围、陈平造木偶人以退兵的说法为主，敦煌文献中对此也有记载，BD14666《李陵变文》载："文（闻）高文皇帝亲御卅万众，北征意（塞）上，用（困）于平城……赖得陈平克（刻）木女谁（诳）他，幸而获勉（免）。"② 此观点为后人所广泛沿用，也说明傀儡戏在汉代已经开始出现。

敦煌文献和莫高窟壁画中也有对傀儡戏的记载。Дх.02822《杂集时要用字》中记载有："龙笛、凤管、蓁筝、琵琶、弦管、声律、双韵、嵇琴、茟篥、云箫、箜篌、七星、影戏、杂剧、傀儡、舞绾、柘枝、官商、丈鼓、水盏、相扑、曲破、把色、笙簧、散唱、遏云、合格、角徵、欣悦、和众、雅奏、八佾、拍板、三弦、六弦、勒波、笛子"，③ 此处将"影戏""杂剧""傀儡"等并列排放，说明傀儡戏同影戏、杂剧一样具有很强的表演性和娱乐性。

傀儡戏所使用的道具，在敦煌文献中也有体现，P.3833《王梵志诗卷第三》有云：

造化成为我，如人弄郭郎。魂魄似绳子，形骸若柳木。掣取细腰枝，抽牵动眉目。绳子作断去，即是乾柳模。④

此处提及的郭郎，在《颜氏家训》中有所记载：

---

① 孙楷第：《傀儡戏考原》，上杂出版社1952年版；俞为民：《傀儡戏起源小考》，《南京大学学报》1980年第3期；廖奔：《傀儡戏略史》，《民族艺术》1996年第4期；康保成：《佛教与中国傀儡戏的发展》，《民族艺术》2003年第3期；侯莉：《中国古代木偶戏史考述》，硕士学位论文，中国艺术研究院，2005年；刘琳琳：《宋代傀儡戏研究》，博士学位论文，首都师范大学，2007年；邱雅芬：《中日傀儡戏因缘研究》，博士学位论文，中山大学，2007年。
② 《国家图书馆藏敦煌遗书》第131册，北京图书馆出版社2008年版，第246页。
③ 图版见《俄藏敦煌文献》第10册，上海古籍出版社1997年版，第62页。
④ 图版见《法藏敦煌西域文献》第28册，上海古籍出版社2001年版，第282—283页。

第五章 敦煌儿童类游艺

或问:"俗名傀儡子为郭秃,有故实乎?"答曰:"风俗通云:'诸郭皆讳秃。'当是前代人有姓郭而病秃者,滑稽戏调,故后人为其象,呼为郭秃,犹文康象庾亮耳。"①

《乐府杂录·傀儡子》亦有云:"尔后乐家翻为戏,其引歌舞,有郭郎者发正秃,善优笑闾里呼为郭郎,凡戏场必在俳儿之首也。"② 由此可知郭郎是古代傀儡戏中的滑稽人物,因其头顶秃发而特征鲜明,并成为傀儡戏的代称。

木偶戏的表演方式主要有两种,一种是提线木偶(也称悬丝木偶),另一种为布袋木偶(也称手托木偶)。据 S.3872《维摩诘经讲经文(三)》记载:

也似机关傀儡,皆因绳索抽牵,或舞或歌,或行或走,曲罢事毕,抛向一边。直绕万劫驱遣,不肯行得时,转动皆是之缘,共助便被幻惑人情。若夜断却诸缘,甚处有傀儡各□。所以玄宗皇帝……乃裁诗自喻甚遂:"克(刻)木牵线作老翁,鸡皮鹤发与真同,须臾曲罢还无事,也似人生一世中。"③

此处形象逼真地描绘出了提线木偶的演出形式,控制木偶的关键在于表演者手中所持的绳索。这种表演的也分为两种模式,一种是演员藏身于幕后,一面操纵它的动作,一面带唱、带说表达情节、情绪;另一种是演员与木偶一起面对观众,当众表演。

民间木偶戏表演最常见的一种形式是布袋木偶,其形制简单,体形较小,一般以演员自身手之大小而定。木偶头部连在布

---

① 颜之推撰,王利器集解:《颜氏家训集解》,上海古籍出版社1980年版,第453—454页。
② 段安节撰:《乐府杂录》,《丛书集成初编》第1659册,中华书局1985年版,第40页。
③ 图版见《英藏敦煌文献》第5卷,四川人民出版社1995年版,第181—182页。

袋样的衣服上,也外加戏装。演员在表演时手伸入布袋,用手指、手掌操纵,因此俗称"掌中戏"。由于其行头简陋,一担即可挑走,故民间又称其为"扁担戏"。

布袋木偶戏深受儿童的喜欢,莫高窟第31窟窟顶东披《法华经·序品》灵鹫会左侧下部就绘有一幅典型的"布袋木偶图"(图5.7)。这幅"玩布偶图"构图简洁,形象生动,画面中一个妇女右臂前伸,右掌托着木偶,正在兴致勃勃地给身边的小孩子表演木偶戏,逗弄女孩玩耍。画面里的女孩迎着妇女的方向,张开双臂作索取状,憨态可掬。妇女手中的木偶色彩鲜明,并且外面明显套有衣服,恰如罗隐《木偶人》中所描绘的那样:"以雕木为戏,丹臒之,衣服之。虽狞□勇态,皆不易其身也。"① 可以说这幅珍贵的布袋木偶图通过妇女与孩子之间的互动玩耍,表现了她们之间深深的感情。同时,也从侧面反映出木偶戏深受欢迎。我们常说艺术来源于现实生活,如此惟妙惟肖的图画,应当是对当时敦煌地区木偶戏的真实写照,能够说明木偶戏在敦煌地区是非常流行的,并且得到孩童们的喜爱。

三　翻筋斗

儿童生性活泼,喜欢在地上摸爬滚打,并能借助身体的平衡做出各种动作,翻筋斗就是他们热衷的游戏之一。翻筋斗,也称翻跟斗、翻跟头,是指徒手在地上做各种滚、翻、转体、卧、跳等动作的运动。

翻筋斗是一项有着悠久历史的游艺项目,在其最初发展阶段亦被称为"翻金斗",《谷山笔麈》一书中记载有翻金斗的词义和起源:

> 齐梁以来,散乐有"倒掷"伎,疑即翻金斗也。翻金斗

---

① 董诰等编:《全唐文》卷896,中华书局1983年版,第4148页。

第五章　敦煌儿童类游艺

图 5.7　布袋木偶图　莫高窟第 31 窟

字义起于赵简子之杀中山王,后之二人以头委地而翻身跳过,谓之"金斗"。①

以头点地而腾身翻过,实际上是筋斗游艺的一种,后世名之为"加官"。按照技巧艺术游艺形体动作的基本规律,一个完整的翻筋斗动作,就必须有倒立、下腰和蹿跳等基本动作。因为它们互相连接,分拆不开。因此,可以说春秋战国之时,较为典型的跟斗——"翻金斗"技巧游艺就已经出现了。翻筋斗在后世与一些杂技项目不断结合,难度增大,刺激性和观赏性更强,《教坊记》中就记载了一个儿童在竿子上翻筋斗的场景:

　　汉武帝时,一小儿翻筋斗绝伦,能缘竿倒立。今时谓之

---

① 于慎行:《谷山笔麈》,《续修四库全书·子部》第 1128 册,第 816 页。

"笃叉子"。①

此处描述了一位儿童将翻筋斗与橦技结合在一起表演的画面,从中也可以看出翻筋斗游戏在少年儿童中是比较常见的娱乐游戏活动。

图 5.8　倒立图　莫高窟第 79 窟

图 5.9　筋斗图　莫高窟第 79 窟

---

① 崔令钦撰,罗济平校点:《教坊记》,辽宁教育出版社 1998 年版,第 8—9 页。

第五章 敦煌儿童类游艺

莫高窟壁画中有多幅儿童翻筋斗的形象，从画面中儿童的动作形态来看，无疑能表现出儿童娱乐玩耍的天性，使得翻筋斗的图像表现出明显的表演性和娱乐性。

上面两幅图描绘的是翻筋斗中的两个基本动作倒立和下腰。图5.8位于莫高窟第79窟窟顶北披，属于盛唐时期的作品，其表现的是童子倒立的场景，画面中有一童子，身体的重心都集中在着地的双掌上，两臂与肩膀齐宽，两腿伸直，是翻筋斗一系列动作中的起步动作。图5.9位于莫高窟第79窟窟顶南披，表现的是翻筋斗中的下腰动作。画面中一童子两腿分开站立与肩同宽，上体后仰并挺髋，直至头朝下、两手掌撑地，整个身体呈拱桥状。下腰动作要求表演者四肢尽量伸直，手脚的距离尽可能地靠近，这与图中童子的动作是非常吻合的。

莫高窟第361窟南壁《阿弥陀经变》中绘有一幅儿童嬉戏的形象，其中就有表现童子倒立、下腰等翻筋斗的动作（图5.10）。整个画面中有6个童子，他们皆赤裸身体，并做出各种杂耍动作。其中位于图像中间的童子向后弯腰成拱桥状，这一动作是翻筋斗中的基本动作，更让人拍手称赞的是还有一位童子单腿站立在这个翻筋斗童子的身上，可以想象这名童子的腰腹力量应该是比较强的。图中最左端和最右端各有一名童子呈倒立状，其中左端童子是双手倒立，而右端童子则是单手倒立。

图5.10 嬉戏图 莫高窟第361窟

由上述三幅图画中的翻筋斗图像可知，翻筋斗游戏在敦煌儿童的生活中应是比较常见的，是儿童喜欢的玩耍活动之一。翻筋斗不仅能激发儿童对自己身体的认识性，还可以丰富儿童的娱乐生活，因此受到儿童的广泛欢迎。

第五节 小结

童年是人一生中最无忧无虑的纯真年代，天真无邪、活泼好动，可以尽情地嬉戏玩乐，丰富多彩的童趣游艺休闲活动，有助于儿童的身心发展。敦煌文献和莫高窟壁画中所记载的儿童游艺活动，为我们获知敦煌及中古时代的儿童游艺活动提供了珍贵的素材。

骑竹马是儿童成长过程中最常玩的游戏之一，它满足了孩童的英雄崇拜，强化身体机能，想象力的发挥与作用，都结合在此项活动中。敦煌材料中的竹马之戏，不仅在文献中有所涉及，更重要的是给出了儿童骑竹马的图像资料，使我们对此项活动有更直观的认识。竹马之戏有着较强的象征意涵，能带给很多成年人许多不同的感受：或想念好友，回忆童年时光，或伤感父母的恩情慈爱，颇具耐人寻味的文化内涵。

猧子是一种流行于古代中国的宠物狗，有关它的族属种姓问题一直为国内外学者所关注。结合传统史料、图像及敦煌材料能理顺这种来自西域的小狗传入中原的路线及其称谓的变化。当然，通过文献和图像记载，也可得知它是儿童最佳的玩伴，并且在妇女生活中也有着重要地位，时至今日，它的后代依然活跃于人们的休闲生活之中。

聚沙成塔的儿童游戏具有浓厚的佛教色彩，却又与沙土息息相关，充满着泥土的气息。敦煌地区有着敬佛、礼佛的传统，加之沙土资源的丰富，这些都为敦煌儿童的聚沙成塔游戏提供了便

第五章　敦煌儿童类游艺

利条件。莫高窟壁画中儿童聚沙的形象，应当是当时敦煌地区儿童玩沙土游戏的真实写照。

　　打弹弓游戏是男童所喜欢的，它能给儿童带来心理上的刺激和成就感，同时也能使他们接受一定程度上的射击训练。敦煌归义军政府颁布的禁止儿童在道场打弹弓的榜文，恰恰反映了打弹弓游戏在敦煌儿童中的流行。木偶戏具有极强的表演性和娱乐性，敦煌壁画中反映的布袋木偶戏因其简单易行而受到家长和孩子的欢迎，有益于他们情感的沟通和增强。翻筋斗也是孩子们所热衷的游戏项目，倒立、下腰等动作有利于提高他们身体的平衡性和协调性，敦煌壁画中的翻筋斗图像也充分说明了此项游戏的娱乐性。

　　总而言之，敦煌文献和壁画中所反映出来的儿童游艺形式多样，这些游艺活动能够提高儿童的认知和思维能力。更为重要的是，在骑竹马、木偶戏等游戏中，儿童家长也能积极参与，与孩子进行良好互动，这对增进亲情、培养儿童的良好习惯都是至关重要的。

第六章　敦煌游艺的特点

敦煌文献和莫高窟壁画中记载的游艺项目丰富多彩，引人入胜。前文把这些游艺项目分为武功技艺类游艺、岁时节日中的游艺、博弈类游艺和儿童游戏四个主要类型，并结合传世文献、图像等资料对其进行了论述。在对这些游艺项目的分析过程中，可以得知敦煌游艺存在较强的娱乐属性、鲜明的儒家特征和中西文化交流三个特点，下文将展开讨论，以期对敦煌游艺文化有更深入探讨。

第一节　敦煌游艺的娱乐属性

敦煌游艺文化的本质属性便是其娱乐性，这主要体现在三个方面：一是人们在参与游艺活动过程中娱乐至上的思想；二是游艺活动参与群体的广泛性；三是人们在游艺活动上的消费巨大。

一　娱乐至上

游艺活动最重要的价值和意义就是为人民提供休闲、娱乐的途径，使他们在游艺活动中放松身心、愉悦精神。这种娱乐至上的精神在岁时节日游艺活动中体现得淋漓尽致，尚秉和在《历代社会风俗事物考》一书中对此论证道：

第六章　敦煌游艺的特点

> 凡历代岁首，皆为令节，士民和会，古今如一。兹编不论，论岁首以外时节之沿革。盖无论士农工商，终岁勤动，无娱乐之时，则精神不活泼，古之人于是假事以为娱乐。原以节民劳，和民气，亦即所谓张弛也，此其义也。乃执者往往以时节酒食欢愉，祭赛迷信，谓为无理而欲删除之。岂知古人用意，乃假时节以为娱乐，非娱乐之义在时节也。时节者乃人为，故自古及今有沿革，有转移，有风俗习惯，习惯既久，便视为当然，不能究其所以然。①

尚氏所言"假时节以为娱乐，非娱乐之义在时节"，一语道出了游艺的娱乐本质，时节只是娱乐的幌子，它真正的内涵在于娱乐，人们借助游艺来调适心情、休养生息，这是人性的自然表现，也是古人在生活上的智慧体现。

敦煌岁时节日中的游艺也具有鲜明的娱乐因素，人们在休闲和游乐活动中追求快乐，享受生活。以敦煌的清明、寒食节为例，这一时节正是春暖花开、大地回暖之时，人们纷纷走出室内，亲近自然，进行诸如春游、宴饮、踏舞、蹴鞠、击鞠、斗鸡等一系列的游艺活动。施萍婷对此曾说："寒食节期间，百姓'踏歌'，军人'蹴球'，敦煌非常热闹。"② 据此可知，敦煌岁时节日游艺项目繁多，极具娱乐精神。

参与者在活动中的全身心投入也是敦煌游艺娱乐性的表现之一。如前文在论述博弈类游艺中提到的 S.4474《藏钩篇》："公等设名两扇，列位分朋。看上下以探筹，睹（赌）争胜负。或长行而远眺，望绝迹以无纵（踪）；远近劳藏，或度貌而难恻（测）。钩母怕情而战战，把钩者胆碎以兢兢。恐意度心，直擒断行。或

---

① 尚秉和：《历代社会风俗事物考》，江苏古籍出版社 2002 年版，第 433 页。
② 施萍婷：《本所藏〈酒帐〉研究》，《敦煌研究》1983 年创刊号。

因言而□（失）马，或因笑以输筹，或含笑而命钩，或缅鲜（腼腆）而落节。连翩九胜，踯躅十强。叫动天崩，声遥海沸。定强弱于两朋，建清斋于一会。"① 这段文字对藏钩游戏者在参与过程中的内在心理和外在表现进行了形象地描述，也反映出他们完全融入了藏钩游戏中角色扮演情境。充分享受游戏带来的乐趣。

总体来说，敦煌游艺无论是博弈、儿童游戏等小规模活动，还是狩猎、观灯等大型活动，都是放松休闲为主要目的，也反映了游艺活动的娱乐属性。

二 全民参与

敦煌游艺活动娱乐属性的另一个表现是参与者的广泛性，上至归义军统治者，下至普通百姓，在游艺活动中都能寻觅到他们的身影。

统治者的支持能够促进游艺活动的开展，归义军上层人物对游艺活动喜爱有加，如 P.2568《南阳张延绶别传》记载张议潮的侄子张延绶："又善击球，邻帅莫敌。"② 张淮深之女与沙州衙内都押衙索公的次子索富通还担任过都鹰坊使的职务，专门负责管理狩猎用的猎鹰，并把优良猎鹰作为上供中央政权的物品。

通正所谓上行下效，统治者身体力行，也激发了敦煌百姓参与游艺活动的热情，连女子也加入到游艺的狂欢中。S.5448《敦煌录》中记载了端午节女子滑沙的场面："端午日，城中士女，皆跻高峰，一齐蹙下，其沙声吼如雷。"③ 此外，清明、寒食节踏青、七夕节乞巧等游艺活动，都能得到女子的积极响应。儿童也是游艺活动的主要参加者，P.2418《父母恩重经讲经文》记载："捉蝴蝶，趁猧子，弄土拥泥向街里；盖为娇痴正是时，直缘骏

---

① 图版见《英藏敦煌文献》第6卷，四川人民出版社1995年版，第101页。
② 图版见《法藏敦煌西域文献》第16册，上海古籍出版社2001年版，第27页。
③ 图版见《英藏敦煌文献》第7卷，四川人民出版社1995年版，第93页。

第六章　敦煌游艺的特点

小方如此……婴孩渐长作童儿,两颊桃花色整辉;五五相随骑竹马,三三结伴趁猸儿。"① 这段经文提及了捉蝴蝶、趁猸子、玩沙土、骑竹马等儿童所喜闻乐见的游戏。据上述两则材料可知妇女、儿童是游艺活动的重要参与者。

三　消费较大

从事某些大型的游艺活动是需要一定的物质消费和经济基础的,在这方面敦煌游艺的投入力度也是较大的。马燕云曾从竞技消费、游戏消费、舞蹈消费三个方面对敦煌的娱乐消费进行了讨论。②

以上元节燃灯、观灯活动为例,P.3434v《社司转帖》记载了燃灯活动的消费情况:"右缘年支正月燃灯,人各油半升,幸请诸公等,帖至,限今月二十日卯时,于官楼兰若门前取齐。捉二人后到者,罚酒一角,全不来者,罚酒一瓮。"③ 据此可知正月燃灯需要每个人支付油半升,并且是强制性的。由于消费较大,非个体所能承受,敦煌民间还成了燃灯社,BD14682《博望坊巷女社规约》载:"丙申年四月廿日,博望坊巷女人因为上窟燃灯,众坐商仪(议)。"除此之外,归义军政权、寺院在燃灯活动时都积极出资,可见类似燃灯、观灯等大型游艺活动需要消耗大量的人力、物力,需要政府和民间的共同协作才能顺利进行。

第二节　敦煌游艺的儒家特征

儒家思想对游艺活动最为深远的影响,便是其谨慎克制的嬉

---

① 图版见《法藏敦煌西域文献》第13册,上海古籍出版社2001年版,第307页。
② 马燕云:《唐五代宋初敦煌社会消费问题研究》,硕士学位论文,西北师范大学,2007年,第27—34页。
③ 图版见《法藏敦煌西域文献》第24册,上海古籍出版社2001年版,第192页。

戏观和森严等级制度下的礼乐观,这两种观念是中国传统文化精神的派生物,他们将游艺活动纳入道德教化和抚顺民心的轨迹中,使得人们在参加游艺活动时显得小心翼翼,无时无刻不受到"礼"的节制。除此之外,利用游艺达到社交目的和放松身心亦是儒家对游艺活动的影响所在,而这四种特征在敦煌游艺中都有明显体现。

一 谨慎克制的娱乐观

中国古代社会奉行"学而优则仕"的人生价值观,勤奋上进的标准是"两耳不闻窗外事,一心只读圣贤书",因此,无论是皇家贵族还是平民百姓,从事游艺活动都被认为是玩物丧志的表现。韩愈在《进学解》中就曾告诫人们:"业精于勤而荒于嬉,行成于思毁于随。"[1] 众多的历史记载和现实生活中,也往往把许多一事无成、甚至败家丧国者与随心所欲、毫无节制地沉溺于嬉戏娱乐相联系,这些反面"典型"再经过"层层累加"地无限放大,最终成为教育和警示后人的生动样板。与此相反,那些"不好戏弄"者,总是被作为特殊例子来说明,成为歌颂的榜样。这些人中,既有帝王贵族,如《旧五代史》卷99《高祖纪》上:"帝弱不好弄,严重寡言",[2] 又有贫寒之士,如《后汉书》卷82《公沙穆传》载:"家贫贱,自为儿童不好戏弄。"[3] 类似的事例在正史、笔记小说、墓志等史料中亦有相当多的记载。[4] 可见,在儒家的传统思想中刻苦读书被视为美德,游戏娱乐则被视为劣

---

[1] 韩愈撰,马其昶校注,马茂元整理:《韩昌黎文集校注》卷1,上海古籍出版社1986年版,第45页。
[2] 薛居正等:《旧五代史》卷99,中华书局1976年版,第1322页。
[3] 范晔:《后汉书》,中华书局1965年版,第2730页。
[4] 类似的事例,参见余欣《重绘孩提时代——追寻儿童在中古敦煌历史上的踪迹》,《敦煌写本研究年报》2009年第3号;王永平《游戏、竞技与娱乐——中古社会生活透视》,中华书局2010年版,第353—355页。

第六章 敦煌游艺的特点

行,并且这种思想一直到现在依然在很大程度上影响着中国人的游艺观念。

敦煌文献中有对谨慎克制的娱乐观的直接记载,P.3883《孔子项托相问书》中便是假借孩童项托之口,对游艺活动进行了批判:

> 昔者夫子东游,行至荆山之下,路逢三个小儿。二小儿作戏,一小儿不作戏。夫子怪而问曰:"何不戏乎?"小儿答曰:"大戏相煞,小戏相伤,戏而无功,衣破里空。相随掷石,不(如)归春。上至父母,下及兄弟,只欲不报,恐受无礼。善思此事,是以不戏,何谓怪乎?"……夫子曰:"吾车中有双陆局,共汝博戏如何?"小儿答曰:"吾不博戏也。天子好博,风雨无期;诸侯好博,国事不治;吏人好博,文案稽迟;农人好博,耕种失时;学生好博,忘读书诗;小儿好博,苔挞及之。此是无益之事,何用学之!"①

文书中,项托讲的这番大道理,貌似义正词严,把孔夫子驳斥得无言以对。当然,我们很容易看出,这只不过是所谓的儒家正统者假借孩童之口,表达出他们对游艺活动的不满。更有甚者,直接把游艺活动当成恶习,P.3266《王梵志诗残卷》载:"男年十七八,莫遣倚街,若不行奸道,相构即樗蒲","饮酒妨生计,樗蒲必破家。但看此等色,不久作穷查"。②樗蒲本为博戏的一种,用于赌博当然应该禁止,但从这几句诗词中,却能明显使人感觉对游艺活动的攻击性。

其实孔子对游艺的态度,也就是"礼乐"二字,诚如徐复观

---

① 图版见《法藏敦煌西域文献》第29册,上海古籍出版社2001年版,第84页。
② 图版见《法藏敦煌西域文献》第22册,上海古籍出版社2001年版,第327、328页。

先生所言:"礼乐并重,把乐安放在礼的上位,认定乐才是一个人格完成的境界,这是孔子立教的宗旨。所以他说出了'兴于诗,立于礼,成于乐'的话。"① 也就是说,表面看起来,孔子提倡游艺的目的在于教化百姓,有工具论之嫌疑,而实则孔子将其以仁的哲学理念融于快乐的生活之中,既成就了审美的生活,亦使仁落到了实处,可谓圆融大智慧。遗憾的是,后世当权者和儒家正统们仅将之(如礼、乐)作为驯化百姓的工具。

二 等级森严的程式观

儒家之"礼",大凡有三种意涵:一是作为祭祀仪式,二是作为一种制度风俗,三是一种准则规范。② 可以说,"礼"作为儒家伦理的一个核心思想,突出地表现在社会生活中的各个方面,而游艺活动也不例外。在游艺活动的开始、进行和结束阶段,都有一个程式或规范来体现"礼"的特征。而在这"礼"的特征中,体现出来的是森严的等级制度。

以打马球为例,《宋史》卷121《礼二十四》载:"打球,本军中戏。太宗令有司详定其仪……教坊设龟兹部鼓乐于两廊,鼓各五。又于东西球门旗下各设鼓五……帝乘马出,教坊大合《凉州曲》,诸司使以下前导,从臣奉迎。既御殿,群臣谢,宣召以次上马,马皆结尾,分朋自两厢入,序立于西厢。帝乘马当庭西南驻。内侍发金合,出朱漆球掷殿前。通事舍人奏云:御朋打东门。帝击球,教坊作乐奏鼓。"③ 打马球作为游艺活动的一个项目,本应是放松身心、尽情娱乐之事,但在儒家礼仪的影响下,却处处体现着等级制度。有皇帝在场的情况下,皇帝击球之前,别人是不敢击球的,而在其他打马球的场合,只要有贵族或官员

---

① 徐复观:《中国艺术精神》,华东师范大学出版社2001年版,第3页。
② 杨高南:《原始儒家伦理政治引论》,湖南人民出版社2007年版,第227—228页。
③ (元)脱脱等:《宋史》,中华书局1977年版,第2842页。

第六章 敦煌游艺的特点

等高级别的人在场，低级别的人亦是没有权利去尽情享受这项活动所带来的快乐的。P.3691《新集书仪一卷》中的材料体现得更明显：

> 《初入球场辞上马》："厶乙微贱，不敢对厶官同场上马。客将再三屈上马，则然始上马。"《球乐散谢》："厶乙庸贱，伏蒙厶官特赐同场球乐。厶乙下情无任感恩惶惧。"①

打马球本是一项竞技性和对抗性兼具的运动，但是从"不敢同场上马""特赐同场球乐"这样的表述中，可以看出参与双方不具备竞争的对等性和公平性，表现出来的是严格的等级制度，这也是导致中国古代竞技体育一直没有兴盛的主要原因。

在打马球过程中，不但要遵循严格的等级制度，还要严格按照其他礼仪规范进行，音乐伴奏便是其中之一。前引"教坊设龟兹部鼓乐于两廊，鼓各五""帝乘马出，教坊大合《凉州曲》"，说明打马球要在音乐的伴奏下完成各种动作。同中原王朝一样，敦煌地区在打马球的活动中，也伴随有打球乐。P.2842v《归义军乐营都史严某转帖》为我们提供了相应的材料：

> 奉处分，二十九日球乐，切要音声。不准常时，故须鲜净。应来师（狮）子、水出（饰）、零（铃）剑、杂物等，不得缺少一事。帖至，今月二十九日平明于球场门前取齐。如不到者，官有重罚。其帖立递相分付。如违，准上罚。五月二十八日都史严宝□（帖）。
>
> 张苟子、石太平、白德子知、安安子、安和平知、张□□、张禄子、张再子、尹再晟、张再兴知、申骨仑、

---

① 图版见《法藏敦煌西域文献》第 26 册，上海古籍出版社 2001 年版，第 322 页。

□□□、□史老、刘驿驿、曹收收、安藏藏、张安多、谈□□、姚小俊。①

本件文书为归义军乐营都史严某所发转帖,内容是通知乐营音声人张荀子等19人备齐道具,在指定时间、地点集合,前往应役的通知。李正宇把本文书中所提到的球乐认定为散乐,并对其中的狮子、水饰以及铃剑等伎乐进行了阐释。② 姜伯勤认为,文书中"石太平、白德子、安安子、安和平、安藏藏、史老、曹收收等七人为胡姓,其中一人为龟兹白姓,六人为昭武九姓,则打球乐之为胡人好尚,由此又得一明证。"③ 通过姜氏之论以及前文所引"龟兹部""凉州曲"的记载,可以推断出打马球时所伴奏的音乐应为来自西域的龟兹乐。这也充分说明了游艺活动中的礼乐文明受中西文化交流的影响,其内在特质处于不断地发展变化之中,并且成为与礼仪文化、教育和艺术相结合的典范,它的礼仪象征意义远远超过了其本身的竞技属性。

三 社交为主的功能观

中国古代的游艺活动,带有较强的目的性和功利性,具有社交礼仪的功能,甚至在一定场合下成为一种政治手段。敦煌游艺文化中的社交功能,主要表现为接待使臣来访和邀请朋友娱乐。

同样以打马球为例,其是接待使节的重要礼仪活动,《封氏闻见记》卷6《打球》载:"景云中,吐蕃遣使迎金城公主。中宗于梨园亭子赐观打球。"④ 马球活动不仅在唐长安盛行,在吐蕃

---

① 图版见《法藏敦煌西域文献》第19册,上海古籍出版社2001年版,第83页。
② 李正宇把《归义军乐营都史严某转帖》出处误为 P.4055v,据笔者核对应为 P.2842v。参见李正宇《归义军乐营的结构与配置》,《敦煌研究》2000年第3期。
③ 姜伯勤:《敦煌艺术宗教与礼乐文明:敦煌心史散论》,中国社会科学出版社1996年版,第545页。
④ 封演撰,赵贞信校注:《封氏闻见记校注》,中华书局2005年版,第53页。

第六章 敦煌游艺的特点

也很受欢迎，因此成为唐中宗接待使节的活动，也是理所当然的。正所谓上行下效，地方政权同样把打马球当成一种社交手段。日本杏雨书屋藏敦煌本《驿程记》载："二十四日，天德打球设沙州使至。"① 可见在敦煌地区打马球是政治活动的一个重要组成部分，而马球场也成为一个具有象征权利意义的地方。归义军政权接受唐中央的册封活动多在马球场举行，并伴有歌舞等娱乐活动。P.3702《儿郎伟》载："朔方安下总了，沙州善使祇迎。比至正月十五，球场必见喜鼓声。"② P.3451《张淮深变文》载："上下九使，重赍国信，远赴流沙。诏赐尚书，兼加重赐，金银器皿，绵绣琼珍，罗列球场，万人称贺……到日球场宣诏谕，敕书褒奖更丁宁……安下既毕，且置歌筵，球场宴赏，无日不有。"③ 陆庆夫认为此两件文书"情景完全吻合，应属咸通十三年张淮深称户部尚书前后的产物。"④ 这也说明球场在归义军时期的敦煌是重要的政治活动场所。

游艺活动也具有邀请朋友共同娱乐，从而促进感情的作用。敦煌写本书仪中有两篇很明显地反映了这一主题。P.2619《书仪》和 P.3637《书仪一卷》之《召蹴鞠书》载：

阴沉气凉，可以蹴鞠释闷，时哉！时哉！垂情幸降趾。不宣。谨状。

《答书》：雨后微凉，纤尘不起，欲为打戏，能无从乎！苑勒咨迎，枉驾为幸。不宣。谨状。⑤

---

① 高田时雄、池田温编：《敦煌汉文文献》，《东洋史研究》1993 年第 52 卷第 1 号。
② 图版见《法藏敦煌西域文献》第 27 册，上海古籍出版社 2001 年版，第 1 页。
③ 图版见《法藏敦煌西域文献》第 24 册，上海古籍出版社 2001 年版，第 253 页。
④ 郑炳林主编：《敦煌归义军史专题研究》，兰州大学出版社 1997 年版，第 489 页。
⑤ 图版见《法藏敦煌西域文献》第 16 册，上海古籍出版社 2001 年版，第 303 页；《法藏敦煌西域文献》第 26 册，第 181 页。

S.5636《新集书仪》之《打球会》载：

数日方会，群公意集，朋流悦兴，无过击拂。优承戯官，骏卫爽明，每事华饰，终是球伯。美之难及，愿惭指拨，倍（陪）随仁德，便请降至。不宣。谨状。

《答书》：忽奉来书，优承诸贤并至，深谢眷厚。喜得倍（陪）随，便乃奔赴，不敢推延，谨还状不宣。谨状。①

由以上两则书仪可以得知，共同参加游艺活动是朋友之间相互往来和联络情感的重要渠道。但邀请别人进行游艺活动，是有着明确的程式和规范的。无论是相邀蹴鞠抑或打马球都要遵循一定的礼节，亦即先向受邀人发出邀请，并且使用"垂情幸降""便请降至"之类的敬辞，而受邀人在《答书》中通常会欣然地接受邀请，并表达自己的谢意。

四 寄情山水的休闲观

自孔子"智者乐水，仁者乐山"始，中国的知识分子似乎对佳山秀水有一种特别的钟爱，亦即寄情山水，修身养性的"曾点传统"。所谓"曾点传统"，出自《论语·先进》篇："（曾点）曰：'暮春者，春服既成，冠者五六人，童子六七人，浴乎沂，风乎舞雩，咏而归。'夫子喟然叹曰：'吾与点也。'"② 这种思想体现出儒家理念对心性之乐的追求，通过融合大自然的审美情趣，从而达到天人合一的境界。

古代敦煌地区有着美丽的景色，P.2005《沙州都督府图经卷》载："其山流动无定，峰岫不恒，俄然深谷为陵，高崖为谷，

---

① 图版见《英藏敦煌文献》第8卷，四川人民出版社1995年版，第196—197页。
② 杨伯峻译注：《论语译注》，中华书局1980年版，第119页。

第六章 敦煌游艺的特点

或峰危似削，孤岫如画。"① P.2009《西州图经》载：

> 揆巘疏阶雁塔飞空，虹梁饮汉，岩蛮（峦）纷糺，丛薄纤眠，既切烟云，亦亏星月，上则危峰迢遰，下（则）轻溜潺湲，实仙居之胜地，谅楼灵之秘域，见有名额僧徒居焉……峭巘三成，临危而结，极会蛮（峦）四绝架迥而开轩，既庇之以崇岩，亦環之以清濑，云蒸霞郁，草木蒙笼（朦胧）。②

正是因为有着得天独厚的条件，敦煌游艺中有很多亲近大自然的野外出游活动。③ S.5636《新集书仪》之《寒食相迎屈上坟书》载：

> 景色新花，春阳满路。节名寒食，冷饭三晨（辰）。为古人之绝烟，除盛夏之炎障。空携渌酒，野外散烦。愿屈同飨先灵，已假寂寞。不宣。谨状。《答书》：喜逢嘉（佳）节，得遇芳春。路听莺啼，花开似锦。林间百鸟，啭弄新声。渌水游鱼，跃鳞腾鼍。千般景媚，万种芳菲。蕊绽红娇，百花竞发。欲拟游赏，独步悷之。忽奉来书，喜当难述，更不推延。寻当面睹，不宣。谨状。④

这则材料虽以寒食扫墓为名相邀，但实则是以外出春游娱乐为目的，说明了人们亲近自然的精神追求，也反映了敦煌游艺中寄情山水的休闲娱乐功能。

---

① 图版见《法藏敦煌西域文献》第1册，上海古籍出版社2001年版，第43页。
② 同上书，第77页。
③ 高国藩曾撰文对敦煌民间的游览风俗进行了讨论，参见高国藩《敦煌古俗与民俗流变》，河海大学出版社1990年版，第472—489页。
④ 图版见《英藏敦煌文献》第8卷，四川人民出版社1995年版，第197页。

第三节　敦煌游艺中的文化内涵

一　敦煌游艺中的宗教色彩

中古时期的敦煌存在多种不同的宗教信仰，在这其中，释、道两家的思想对敦煌游艺文化的形成起到了不可忽视的作用，使得敦煌游艺文化中带有明显的宗教色彩。

佛、道二教对敦煌游艺文化的作用，主要反映在三个方面：一是佛、道二教中宗教性节日娱乐风俗的盛行，拓展了敦煌游艺活动的视野与领域，如佛教上元灯节（燃灯节）的赏灯活动和道家"降圣节"的作乐歌舞，可以说宗教节日的世俗化，大大丰富了游艺活动的内容；二是宗教活动场所成为敦煌游艺活动开展的最佳地点，尤其是寺观庙会的出现，更是突出了寺院场所的娱乐功能，如"中元节"期间，佛道二教都要在佛寺和道观中举行杂耍、百戏等各种游艺活动；三是宗教对赌博类游艺活动的教化作用，这其中尤以佛教讲经文为代表。如 P.2418《父母恩重经讲经文》载："贪欢逐乐无时歇，打论樗蒲更不休"，又云："伴恶人，为恶迹，饮酒樗蒲难劝激。"[①] 可见佛教认为某些博弈类游艺活动是有危害的，并以讲经文的形式劝诫人们远离这些活动。

宗教对游艺文化的形成发挥着作用，而游艺活动也吸引着一些宗教人士的参加，两者呈互动式发展。如在围棋、藏钩等博弈类游艺活动中就有僧人参与，前文提到的 73TAM193：11（b）《唐道俗藏钩文书》中就有僧人、道士参与藏钩游戏的记载。除

---

① 图版见《法藏敦煌西域文献》第 13 册，上海古籍出版社 2001 年版，第 302、312 页。

第六章 敦煌游艺的特点

此之外,一些武功类游艺也在宗教人士中有开展,如前文对佛教中相扑资料的讨论,说明相扑这种竞技性较强的游艺活动中就受到僧人的欢迎。

二 敦煌游艺中的文化交流

西域与中原的文化交流具有悠久的历史和传统,季羡林先生在《中外文化交流漫谈——从西域文化的传入谈起》中就曾提出:"西域地处欧亚大陆中间偏东的地带,有名的丝绸之路就横贯此地,自古以来就是东西文化交流的地方。"① 文化的碰撞与交流离不开物质载体的支撑,在任何历史时期,外来物种似乎都具有神奇的魅力,并能够引起土著居民近乎狂热地兴趣。以西域物品为例,其深入到中原社会生活的方方面面:从服饰装扮到饮食文化,从歌舞音乐到百戏杂技,从绘画艺术到诗歌风气等,都能寻觅到西域文化的特征。此种特征也得到了国内外学者的较多关注,并取得了较为丰硕的研究成果。②

古代敦煌地区作为中西文化交流的汇集地和中转站,深受两种文化的影响,发展成自己独特的文化模式,这在敦煌游艺文化中也有所体现。最典型的例子当属名为猧子的宠物狗,它的原产地在唐代被称为"大秦"或"拂菻",也就是拜占庭帝国,因此它在唐代也被称为拂菻狗。这种宠物狗深受唐代儿童和妇女的喜爱,但是有关它传入中原的路线和称谓的变化等问题却一直扑朔迷离。敦煌文献中多次出现猧子一词,并且 P.3723《记室备要》进贡物品中记载有"送猧子"。③ 由此可知敦煌应是这种宠物狗从

---

① 季羡林:《季羡林文集》第 14 卷,江西教育出版社 1998 年版,第 403 页。
② 向达:《唐代长安与西域文明》,生活·读书·新知三联书店 1957 年版;Edward H. Schafer, *The Golden Peaches of Samarkand: A Study of T-ang Exotics*, University of California Press, 1963;林梅村:《汉唐西域与中国文明》,文物出版社 1998 年版;荣新江:《中古中国与外来文明》,生活·读书·新知三联书店 2001 年版。
③ 图版见《法藏敦煌西域文献》第 27 册,上海古籍出版社 1994 年版,第 135 页。

西域传入中原的中转站，它不但在中转进贡途中留有后代，而且其称谓也有了变化，由最初的拂菻狗变为康国猧子，进而统称为猧子了。通过这个事例，可以看出敦煌在中西游艺交流中起着中转的重要作用。

类似的情况在博弈类游艺活动中也有出现，樗蒲、双陆这两种博戏游艺的起源与西域胡人有密切关系，而敦煌壁画中所描绘的此类活动的参与者形象有明显的胡人特征。"民族内部的各种文化物象最终都会演化为民族整体文化的不同组成部分相倚相成。"[①] 联系到敦煌在中古时期是宫廷所用棋子的重要产地，说明当时此类游艺活动在敦煌较为流行，并在实践过程中不断创新，挖掘本地资源，成为某些游艺器材活动的来源地。

总之，敦煌的游艺活动之所以能够在当时得到社会各个阶层的广泛关注，或许与此项活动自身的价值高低并没有直接的关系，而是在于这类活动给当时的人们带来了强烈的感官刺激，不断满足着他们的猎奇心理，并由此对他们的思想观念和想象力产生了全方位的影响。这种影响伴随着游艺活动的不断开展而得到强化，并在人们的头脑中留下深刻的印象。即使某些游艺活动的形态慢慢消失，但是其形象却会通过文献记载、绘画作品等媒介而长久地留存下来，从而影响人们当时或后世的生活，并最终融合成为社会文化的一个重要组成部分。

---

① 张兆林、束华娜：《基于文化自觉视角的非物质文化遗产保护与新文化创造》，《美术观察》2017 年第 6 期。

结　语

　　中国古代游艺活动历史悠久、种类繁多，它在一定程度上愉悦了古人的心情，陶冶着古人的情操，增强了古人的体魄，在古代社会生活中占据着重要地位。对于古代游艺的研究已取得较为丰硕的成果，这些研究成果多集中在对传世史料中游艺资料的整理和分析上，游艺图像资料相对薄弱。敦煌文献中记载有较为丰富的游艺文字材料，莫高窟壁画中更是遗存有游艺活动的图像资料，这为补充和完善中国古代游艺史提供了绝佳的材料，同时也在一定程度上发散了敦煌学的研究视角。

　　本研究把敦煌文献和莫高窟壁画中涉及游艺的内容悉数辑出，采用文献与图像相印证的方法，并结合其他史料和今人研究成果，对敦煌游艺按性质的不同分成武功技艺类游艺、岁时节日类游艺、博弈类游艺和儿童类游艺四个主要类型进行讨论：武功技艺类游艺对活动参与者的身体素质有着较高的要求，主要有狩猎、射箭、相扑和橦技四种。岁时节日类游艺论述了上元、上巳、寒食、清明、端午、七夕、重阳、除夕等岁时节日中，人们从事观灯、宴饮、春游、踏歌、蹴鞠、击鞠、斗鸡、赏花、乞巧、登高、驱傩等各式各样的游艺休闲活动。博弈类游艺讨论了樗蒲、双陆、围棋和藏钩四类活动。敦煌文献和莫高窟壁画中所记载的儿童游艺活动，为我们获知敦煌及中古时代的儿童游艺活动提供了珍贵的素材，主要有骑竹马、趁猢子、聚沙成塔、打弹弓、木偶戏和翻筋斗等项目。敦煌文献对游艺项目有翔实的文字记载，而莫高窟壁画中的游艺活动形象，应当是当时游艺活动的真实写照。通过对敦煌游艺项目的讨论，可以得知它们具有强烈的娱乐属性，深受儒家文化影响，并能体现出宗教色彩和中西文化交流等特征。

  本书是建立在前辈学者研究成果的基础之上才得以完成，尤其需要说明的是笔者硕士研究生阶段跟随李重申和李金梅两位老师从事丝绸之路和敦煌古代体育文化的研究，因此本研究中所使用的图像资料多来源于两位恩师的著作当中。敦煌游艺资料内容繁杂，笔者才疏学浅，虽竭尽全力搜集和整理敦煌文献和莫高窟中的游艺材料，但难免有所遗漏，笔者将在本书的后续过程中继续填补新的材料。另外，本书以敦煌文献和莫高窟壁画中的游艺材料为主，结合其他资料来讨论敦煌游艺文化，但是运用其他文字材料较多，而图像资料较少，把敦煌游艺的图像资料与岩画、砖画、古墓壁画、绢画等古代美术作品中的游艺图像进行对比性研究，从图像的角度讨论不同游艺项目的发展、演变，将是本研究需要进一步完成的工作。

主要参考文献

一 传世典籍

陈元靓：《岁时广记》，中华书局 1985 年版。

调露子撰，翁士勋校注：《角力记》，人民体育出版社 1990 年版。

董诰等编：《全唐文》，中华书局 1983 年版。

杜佑撰，王文锦等点校：《通典》，中华书局 1988 年版。

段成式：《酉阳杂俎》，中华书局 1981 年版。

房玄龄等：《晋书》，中华书局 1974 年版。

封演撰，赵贞信校注：《封氏闻见记校注》，中华书局 2005 年版。

葛洪：《西京杂记》，中华书局 1985 年版。

韩鄂：《岁华纪丽》，中华书局 1985 年版。

李昉等编：《太平御览》，中华书局 1985 年版。

李昉等编：《太平广记》，中华书局 1961 年版。

李林甫等撰，陈仲夫点校：《唐六典》，中华书局 1992 年版。

李延寿：《北史》，中华书局 1974 年版。

李延寿：《南史》，中华书局 1975 年版。

李肇撰：《唐国史补》，上海古籍出版社 1979 年版。

刘昫：《旧唐书》，中华书局 1975 年版。

逯钦立辑校：《先秦汉魏晋南北朝诗》，中华书局 1983 年版。

孟元老：《东京梦华录》，中国商业出版社 1982 年版。

欧阳修、宋祁：《新唐书》，中华书局1975年版。

欧阳询撰，汪绍楹校：《艺文类聚》，上海古籍出版社1982年版。

彭定求等编：《全唐诗》，中华书局1960年版。

蒲积中编，徐敏霞校点：《古今岁时杂咏》，辽宁教育出版社1998年版。

上海古籍出版社编：《唐五代笔记小说大观》，上海古籍出版社2000年版。

司马光撰，胡三省注，顾颉刚等点校：《资治通鉴》，中华书局1965年版。

脱脱等撰：《宋史》，中华书局1977年版。

王溥：《唐会要》，中华书局1955年版。

王钦若等编：《册府元龟》，中华书局1989年版。

王仁裕撰，丁如明辑校：《开元天宝遗事十种》，上海古籍出版社1985年版。

王三聘：《古今事物考》，上海书店1987年版。

魏征、令狐德棻：《隋书》，中华书局1973年版。

吴自牧：《梦粱录》，浙江人民出版社1980年版。

徐坚：《初学记》，京华出版社2000年版。

玄奘、辩机著，季羡林等校注：《大唐西域记校注》，中华书局2000年版。

杨衒之撰，范祥雍校注：《洛阳伽蓝记校注》，上海古籍出版社1978年版。

耶律楚材著，向达校注：《西游录》，中华书局2000年版。

义净撰，王邦维校注：《大唐西域求法高僧传校注》，中华书局1988年版。

郑处诲撰，田廷柱点校：《明皇杂录》，中华书局1994年版。

宗懔：《荆楚岁时记》，山西人民出版社1987年版。

二　敦煌文献

段文杰主编：《甘肃藏敦煌文献》，甘肃人民出版社1999年版。

俄罗斯科学院东方研究所圣彼得堡分所、俄罗斯科学出版社东方文学部编：《俄藏敦煌文献》，上海古籍出版社1992—2001年版。

法国国家图书馆编：《法藏敦煌西域文献》，上海古籍出版社1994—2005年版。

樊锦诗主编：《敦煌石窟全集》，香港商务印书馆有限公司1999—2005年版。

郝春文编著：《英藏敦煌社会历史文献释录》卷1，科学出版社2001年版。

郝春文编著：《英藏敦煌社会历史文献释录》卷2—8，社会科学文献出版社2003—2012年版。

黄征、吴伟编校：《敦煌愿文集》，岳麓书社1995年版。

黄征、张涌泉校注：《敦煌变文校注》，中华书局1997年版。

唐耕耦、陆宏基编：《敦煌社会经济文献真迹释录》，全国图书馆文献缩微复制中心1990年版。

任半塘编著：《敦煌歌辞总编》，上海古籍出版社1987年版。

上海博物馆等编：《上海博物馆藏敦煌吐鲁番文献》，上海古籍出版社1993年版。

王重民等：《敦煌变文集》，人民文学出版社1957年版。

徐俊纂辑：《敦煌诗集残卷辑考》，中华书局2000年版。

张锡厚主编：《全敦煌诗》，作家出版社2006年版。

郑炳林：《敦煌碑铭赞辑释》，甘肃教育出版社1992年版。

中国国家图书馆编：《中国国家图书馆藏敦煌遗书》，江苏古籍出版社1999年版。

中国社会科学院历史研究所、中国敦煌吐鲁番学会敦煌古文献编辑委员会、英国国家图书馆、伦敦大学亚非学院合编：《英藏敦煌文献》，四川人民出版社 1995 年版。

三　专著

Stephen F. Teiser, *The Ghost Festival in Medieval China*, Princeton University Press, 1996.

阿里·玛扎海里：《丝绸之路：中国—波斯文化交流史》，中华书局 1993 年版。

蔡丰明：《游戏史》，上海文艺出版社 1997 年版。

常建华：《岁时节日里的中国》，中华书局 2006 年版。

陈康：《敦煌体育研究》，中国社会科学出版社 2012 年版。

陈荫生、陈安槐：《体育大辞典》，上海辞书出版社 2000 年版。

成复旺：《神与物游》，中国人民大学出版社 1992 年版。

崔乐泉：《忘忧清乐——古代游艺文化》，江苏古籍出版社 2002 年版。

高国藩：《敦煌民俗学》，上海文艺出版社 1989 年版。

高国藩：《敦煌古俗与民俗流变》，河海大学出版社 1990 年版。

高国藩：《敦煌俗文化学》，上海三联书店 1999 年版。

谷世权：《中国体育史》，北京体育大学出版社 1997 年版。

郭泮溪：《中国民间游戏与竞技》，上海三联书店 1996 年版。

郭双林：《中华赌博史》，中国社会科学出版社 1995 年版。

郭英德：《世俗的祭礼》，国际文化出版公司 1988 年版。

韩养民、郭兴文：《中国古代节日风俗》，陕西人民出版社 1987 年版。

胡同庆、王义芝：《敦煌古代游戏》，甘肃少年儿童出版社 2012 年版。

黄伟：《中国古代体育习俗》，陕西人民出版社 2004 年版。

姜伯勤：《敦煌艺术宗教与礼乐文明》，中国社会科学出版社 1999

年版。

蒋英炬：《汉代画像石与画像砖》，文物出版社2001年版。

兰州理工大学丝绸之路文史研究所：《丝绸之路体育文化论集》，中华书局2005年版。

兰州理工大学丝绸之路文史研究所：《丝绸之路体育文化论集》（续），甘肃教育出版社2008年版。

李道和：《岁时民俗与古小说研究》，天津古籍出版社2004年版。

李逸民：《忘忧清乐集》，江苏古籍出版社2001年版。

李重申：《敦煌古代体育文化》，甘肃人民出版社2000年版。

李金梅、李重申：《丝绸之路体育图录》，甘肃教育出版社2008年版。

李重申、李金梅、夏阳：《中国马球史》，甘肃教育出版社2009年版。

李重申、李金梅、陈小蓉：《敦煌古代体育图录》，甘肃教育出版社2011年版。

刘秉果：《中国古代体育史话》，文物出版社1987年版。

刘成林：《祭坛与竞技场》，社会科学文献出版社2001年版。

刘骁纯：《从动物的快感到人的美感》，山东文艺出版社1986年版。

罗宗涛：《敦煌变文社会风俗事物考》，台北文史哲出版社1974年版。

马德、王祥伟：《中古敦煌佛教社会化论略》，中国社会科学出版社2010年版。

宁可、郝春文辑校：《敦煌社邑文书辑校》，江苏古籍出版社1997年版。

牛龙菲：《敦煌壁画乐史资料总录与研究》，敦煌文艺出版社1996年版。

尚秉和：《历代社会风俗事物考》，江苏古籍出版社2002年版。

宋兆麟、李露露：《中国古代节日文化》，文物出版社1991年版。

谭蝉雪：《敦煌岁时文化导论》，新文丰出版公司 1991 年版。
谭蝉雪：《敦煌民俗——丝路明珠传风情》，甘肃教育出版社 2006 年版。
王定璋：《中国民间游戏赌博习俗》，四川人民出版社 2003 年版。
王宏凯：《中国古代游艺》，人民教育出版社 1995 年版。
王俊奇：《中国唐宋体育史》，人民出版社 1987 年版。
王克芬：《中国舞蹈发展史》，上海人民出版社 1989 年版。
王永平：《唐代游艺》，西北大学出版社 1995 年版。
王永平：《游戏、竞技与娱乐——中古社会生活透视》，中华书局 2010 年版。
王重民：《敦煌遗书论文集》，中华书局 1984 年版。
翁士勋：《二十五史体育史料汇编》，北京体育大学出版社 1997 年版。
吴玉贵：《中国风俗通史·隋唐五代卷》，上海文艺出版社 2001 年版。
向达：《唐代长安与西域文明》，重庆出版社 2009 年版。
谢生保主编：《敦煌民俗研究》，甘肃人民出版社 1995 年版。
杨荫深：《中国游艺研究》，世界书局 1946 年版。
叶大宾：《中国百戏史话》，浙江人民出版社 1985 年版。
殷伟：《女子游艺》，文物出版社 2003 年版。
余欣：《神道人心：唐宋之际敦煌民生宗教社会史研究》，中华书局 2006 年版。
张勃、荣新：《中国民俗通志·节日志》，山东教育出版社 2007 年版。
张宏梅：《唐代的节日与风俗》，山西人民出版社 2010 年版。
张仁善：《中国古代民间娱乐》，商务印书馆 1996 年版。
郑阿财、朱凤玉：《敦煌蒙书研究》，甘肃教育出版社 2002 年版。
郑重华、刘德增：《中国古代游艺》，山东教育出版社 1997 年版。

钟敬文主编：《民俗学概论》，上海文艺出版社 1998 年版。

祝良文：《红楼游艺》，齐鲁书社 2008 年版。

四　论文

陈德正、胡其柱：《19 世纪来华传教士对西方古典学的引介和传播》，《史学理论研究》2015 年第 3 期。

陈康：《敦煌壁画射箭图像研究》，《西北民族研究》2003 年第 4 期。

陈康：《敦煌民间发现古代围棋子的初步研究》，《敦煌研究》2011 年第 5 期。

陈灵绢：《从敦煌文化看我国古代体育文化》，《黑龙江史志》2008 年第 22 期。

陈正平：《唐诗所见游艺休闲活动之研究》，博士学位论文，台中东海大学，2006 年。

成恩元：《敦煌写本〈棋经〉与宋张拟〈棋经〉的比较研究》，《敦煌学辑刊》1989 年第 2 期。

丛振、李重申：《试论敦煌游艺文化中的儒家特征》，《敦煌研究》2012 年第 4 期。

崔乐泉：《游艺起源的考古学观察》，《体育文化导刊》2003 年第 9 期。

董茜、扬景选：《敦煌体育文化价值的研究》，《河西学院学报》2005 年第 5 期。

段小强、陈康：《从敦煌本〈杖前飞〉谈唐代马球运动》，《敦煌研究》2002 年第 6 期。

段小强、陈康：《敦煌武术史料考略》，《敦煌研究》2004 年第 1 期。

高德祥：《敦煌壁画中的童子伎》，《中国音乐》1991 年第 2 期。

高原：《唐代马球运动考——兼述敦煌文献马球资料》，硕士学位论文，兰州大学，2006 年。

高勇、陈康：《敦煌围棋史料述略》，《西北民族大学学报》2004 年第 6 期。

郝春文、许福谦：《敦煌写本围棋经校释》，《敦煌学辑刊》1987 年第 2 期。

郝招：《敦煌新本〈杂集时要用字〉中"相扑"一词述略》，《体育文化导刊》2003 年第 11 期。

何春环、何尊沛：《论敦煌曲子词的民俗文化特征》，《宁夏大学学报》2007 年第 1 期。

胡朝阳、王义芝：《敦煌壁画中的儿童骑竹马图》，《寻根》2005 年第 4 期。

黄水云：《论唐代诗赋中之球戏题材书写》，《西北师范大学学报》2011 年第 3 期。

黄霞：《北图藏敦煌"女人社"规约一件》，《文献》1996 年第 4 期。

金强：《论敦煌壁画中的西北武术与中国传统文化》，《通化师范学院学报》2010 年第 4 期。

冀志刚：《燃灯与唐五代敦煌民众的佛教信仰》，《首都师范大学学报》2003 年第 5 期。

李重申、韩佐生：《敦煌体育文物概述》，《体育文化导刊》1992 年第 1 期。

李重申、韩佐生：《敦煌佛教文化与体育》，《敦煌研究》1992 年第 2 期。

李金梅、丛振：《敦煌橦伎小考》，《敦煌研究》2010 年第 4 期。

李金梅、李重申：《敦煌文献与体育史研究之关系》，《敦煌研究》2002 年第 2 期。

李金梅、李重申、路志峻：《敦煌古代百戏考述》，《敦煌研究》2001 年第 1 期。

李金梅、李重申、马德福：《敦煌〈碁经〉考析》，《社科纵横》1994年第5期。

李金梅、刘传绪、李重申：《敦煌传统文化与武术》，《敦煌研究》1995年第2期。

李金梅、路志峻：《古代西陲地区的弓箭文化》，《体育文史》1999年第2期。

李建军、司璞：《出土文献与体育史学研究》，《体育文史》2001年第3期。

李建军、张军：《从敦煌壁画看"倒立"运动》，《体育文化导刊》2001年第4期。

黎蔷：《西域敦煌傩戏考》，《敦煌研究》1996年第2期。

李正宇：《敦煌傩散论》，《敦煌研究》1993年第2期。

梁全录：《唐代"丝绸之路"上的围棋》，《体育文化导刊》1988年第4期。

林艳枝：《敦煌文献呈现之社会生活研究》，博士学位论文，台北中国文化大学，1998年。

路志峻：《论敦煌文献贺壁画中的儿童游戏与体育》，《敦煌学辑刊》2006年第4期。

路志峻、张有：《中国角抵戏的本体发展与历史演进》，《敦煌研究》2008年第4期。

马兴胜：《敦煌体育文化的历史成因和社会文化背景分析》，《成都体育学院学报》2005年第4期。

马燕云：《唐五代宋初敦煌社会消费问题研究》，硕士学位论文，西北师范大学，2007年。

民祥：《敦煌写本中的古代体育运动》，《体育与科学》1991年第4期。

倪怡中：《敦煌壁画中的古代摔跤》，《体育文化导刊》1990年第1期。

石江年:《敦煌古代体育文化植根的地域性因素考释》,《南京体育学院学报》2005年第1期。

施萍婷:《本所藏〈酒帐〉研究》,《敦煌研究》1983年创刊号。

石小英:《唐五代宋初敦煌妇女在家庭中的地位研究》,硕士学位论文,西北师范大学,2005年。

汤君:《敦煌燕乐歌舞考略》,《文艺研究》2002年第3期。

王进玉:《敦煌壁画中的军事科技》,《历史大观园》1993年第10期。

王维莉:《唐五代宋初敦煌寺院四时节俗》,硕士学位论文,西北师范大学,2011年。

王文元:《追寻敦煌壁画上的"奥运项目"》,《传承》2008年第8期。

武胜文、于桂梅:《试论唐代节俗仪式——以敦煌写卷P.3608、S.2104为例》,《西北成人教育学报》2012年第1期。

谢生保:《敦煌壁画中的民俗资料概述》,《敦煌研究》1998年第3期。

徐时仪:《敦煌民间体育文化考略》,《喀什师范学院院报》1999年第1期。

杨泓:《古文物图像中的相扑》,《文物》1980年第10期。

易绍武:《敦煌壁画中所见的古代体育》,《敦煌学辑刊》1985年第1期。

余欣:《重绘孩提时代——追寻儿童在中古敦煌历史上的踪迹》,《敦煌写本研究年报》2009年第3号。

张兵、张毓洲:《从敦煌写本〈除夕钟馗驱傩文〉看钟馗故事的发展和演变》,《敦煌研究》2008年第1期。

张弓:《敦煌春月节俗探论》,《中国史研究》1989年第3期。

张士闪:《游艺民俗:当代科际整合研究趋势中一个不可忽视的支点》,《民俗研究》1997年第3期。

张士闪：《游艺民俗与艺术的起源》，《民间文化》1999 年第 2 期。

张耀方：《敦煌文书所见唐代节庆之研究》，硕士学位论文，台湾逢甲大学，2003 年。

张有：《丝绸之路河西地区魏晋墓彩绘砖画——六博新考》，《敦煌研究》2011 年第 2 期。

张有：《甘肃魏晋墓遗存的"博戏"图辨析》，《成都体育学院学报》2011 年第 3 期。

张兆林：《非物质文化遗产保护实践中的商业活动探究——以我国传统木版年画为核心个案》，《艺术百家》2018 年第 1 期。

赵善性：《关于"游艺"的补充》，《体育文史》1993 年第 2 期。

郑炳林：《唐五代敦煌手工业研究》，《敦煌学辑刊》1996 年第 1 期。

朱红：《唐代节日民俗与文学研究》，博士学位论文，复旦大学，2002 年。

图版来源

图 2.1　狩猎图　中国美术全集编辑委员会编：《中国美术全集·绘画编》第 1 册，人民美术出版社 1986 年版，第 16 页，图 16。

图 2.2　战国狩猎纹铜豆　http://baike.baidu.com/view/2258055.htm.

图 2.3　汉代狩猎砖画　李金梅、李重申：《丝绸之路体育图录》，甘肃教育出版社 2008 年版，第 60 页，图 79。

图 2.4　彩绘狩猎砖画　李金梅、李重申：《丝绸之路体育图录》，第 74 页，图 112。

图 2.5　狩猎图　李金梅、李重申：《丝绸之路体育图录》，第 82 页，图 130。

图 2.6　狩猎图　李金梅、李重申：《丝绸之路体育图录》，第 73 页，图 109。

图 2.7　狩猎图　李金梅、李重申：《丝绸之路体育图录》，第 75 页，图 113。

图 2.8　狩猎出行图　李金梅、李重申：《丝绸之路体育图录》，第 90 页，图 148。

图 2.9　狩猎出行图　李金梅、李重申：《丝绸之路体育图录》，第 96 页，图 158。

图 2.10　太子射鼓图　李金梅、李重申：《丝绸之路体育图录》，第 84 页，图 134。

图 2.11　太子射箭图　胡同庆、王义芝：《敦煌古代游戏》，甘肃少年儿童出版社 2012 年版，第 36 页，图 40。

图 2.12　相扑图　李金梅、李重申：《丝绸之路体育图录》，第 124 页，图 203。

图 2.13　相扑图　李金梅、李重申：《丝绸之路体育图录》，第 124 页，图 202。

图 2.14　相扑图　李金梅、李重申：《丝绸之路体育图录》，第 119 页，图 192。

图 2.15　相扑图　李金梅、李重申：《丝绸之路体育图录》，第 123 页，图 200。

图 2.16　橦技图　李金梅、李重申：《丝绸之路体育图录》，第 130 页，图 209。

图 2.17　橦技图　李金梅、李重申：《丝绸之路体育图录》，第 131 页，图 213。

图 2.18　橦技图　李金梅、李重申：《丝绸之路体育图录》，第 132 页，图 214。

图 2.19　橦技图　李金梅、李重申：《丝绸之路体育图录》，第 130 页，图 210。

图 2.20　橦技图　李金梅、李重申：《丝绸之路体育图录》，第 131 页，图 212。

图 2.21　橦技图　李金梅、李重申：《丝绸之路体育图录》，第 133 页，图 215。

图 3.1　燃灯树　向达：《唐代长安与西域文明》，重庆出版社 2009 年版，第 41 页。

图 3.2　燃灯树　敦煌文物研究所编：《中国石窟·敦煌莫高窟》第 3 卷，文物出版社 1987 年版，图 27。

图 3.3　斗鸡图　胡同庆、王义芝：《敦煌古代游戏》，第 28 页，图 31。

图 3.4　斗鸡图　李金梅、李重申：《丝绸之路体育图录》，第 362 页，图 530。

图 3.5　童子采花图　胡同庆、王义芝：《敦煌古代游戏》，第 123 页，图 138。

图 4.1　樗蒲五木　http：//gomalee.tistory.com/155.

图 4.2　樗蒲彩数组和　http：//gomalee.tistory.com/155.

图 4.3　博戏图　李金梅、李重申：《丝绸之路体育图录》，第 261 页，图 397。

图 4.4　博戏图　李金梅、李重申：《丝绸之路体育图录》，第 262 页，图 400。

图 4.5　博戏图　李重申、李金梅、陈小蓉：《敦煌古代体育图录》，甘肃教育出版社 2011 年版，第 164 页，图 193。

图 4.6　博戏图　李重申、李金梅、陈小蓉：《敦煌古代体育图录》，第 164 页，图 194。

图 4.7　唐代双陆棋盘　李金梅、李重申：《丝绸之路体育图录》，第 268 页，图 404。

图 4.8　唐代双陆棋子　李金梅、李重申：《丝绸之路体育图录》，第 266 页，图 402。

图 4.9　双陆图　常任侠著，郭淑芬、沈宁编：《东方艺术丛谈》，安徽教育出版社 2006 年版，第 294 页。

图 4.10　贵妇弈棋图　李金梅、李重申：《丝绸之路体育图录》，第 278 页，图 418。

图 4.11　寿昌出土棋子　胡同庆、王义芝：《敦煌古代游戏》，第 101 页，图 121。

图 4.12　弈棋图　李金梅、李重申：《丝绸之路体育图录》，第 273 页，图 411。

图 4.13　弈棋图　李金梅、李重申：《丝绸之路体育图录》，第 267 页，图 403。

图版来源

图 4.14　弈棋图　李金梅、李重申：《丝绸之路体育图录》，第 276 页，图 416。

图 4.15　弈棋图　李金梅、李重申：《丝绸之路体育图录》，第 277 页，图 417。

图 4.16　弈棋图　李金梅、李重申：《丝绸之路体育图录》，第 274 页，图 412。

图 5.1　骑竹马　胡同庆、王义芝：《敦煌古代游戏》，第 115 页，图 130。

图 5.2　骑竹马　胡同庆、王义芝：《敦煌古代游戏》，第 116 页，图 131。

图 5.3　双童图　新疆维吾尔自治区博物馆编：《新疆出土文物》，文物出版社 1975 年版，第 74 页。

图 5.4　唐人宫乐图　故宫博物院编：《故宫秘笈——名画》（一），台北故宫博物院出版 1996 年版，第 20 页。

图 5.5　簪花仕女图　金维诺主编：《中国美术全集》第 3 册，人民美术出版社 2006 年版，第 59 页。

图 5.6　童子聚沙图　李金梅、李重申：《丝绸之路体育图录》，第 349 页，图 519。

图 5.7　布袋木偶图　胡同庆、王义芝：《敦煌古代游戏》，第 143 页，图 160。

图 5.8　倒立图　李金梅、李重申：《丝绸之路体育图录》，第 136 页，图 221。

图 5.9　筋斗图　李金梅、李重申：《丝绸之路体育图录》，第 136 页，图 222。

图 5.10　嬉戏图　李金梅、李重申：《丝绸之路体育图录》，第 141 页，图 233。

表2.1 莫高窟壁画中的狩猎形象 图版来源

1　李金梅、李重申：《丝绸之路体育图录》，第82页，图130。
2　李金梅、李重申：《丝绸之路体育图录》，第82页，图131。
3　李金梅、李重申：《丝绸之路体育图录》，第83页，图132。
4　李金梅、李重申：《丝绸之路体育图录》，第83页，图133。
5　李金梅、李重申：《丝绸之路体育图录》，第84页，图135。
6　李金梅、李重申：《丝绸之路体育图录》，第85页，图136。
7　李金梅、李重申：《丝绸之路体育图录》，第86页，图139。
8　李金梅、李重申：《丝绸之路体育图录》，第85页，图137。
9　李金梅、李重申：《丝绸之路体育图录》，第87页，图141。
10　李金梅、李重申：《丝绸之路体育图录》，第88页，图144。
11　李金梅、李重申：《丝绸之路体育图录》，第89页，图146。
12　李金梅、李重申：《丝绸之路体育图录》，第90页，图147。
13　李金梅、李重申：《丝绸之路体育图录》，第91页，图149。
14　李金梅、李重申：《丝绸之路体育图录》，第91页，图150。
15　李金梅、李重申：《丝绸之路体育图录》，第97页，图161。
16　李金梅、李重申：《丝绸之路体育图录》，第98页，图162。

后　记

六月的校园里，弥漫着感伤之情。几经彷徨求索，书稿终于得以完成，当敲下这段文字之时，回望自己的心路历程，往日情景一一再现，五味杂陈，百感交集……

"饮其流时思其源，成吾学时念吾师"，我的硕士生导师李重申教授和李金梅教授一直对我关爱有加，正是在他们的引领之下，我才得以走近敦煌学殿堂的大门，才有幸得到柴剑虹先生、郝春文先生、赵和平先生等诸位先生的悉心指导。李重申教授已到古稀之年，仍对我的工作生活十分关心，学生真挚地祝愿他健康长寿。本书在撰写过程中得到了两位老师的诸多指点，很多图像资料都是他们给予的，在此表示诚挚的谢意。

在兰州大学敦煌学研究所求学的三年我受益匪浅，在此谨向我的博士生导师冯培红教授和樊锦诗研究员致以深深的谢意。入学之初，我对自己的研究方向很不自信，冯老师循循善诱，鼓励我深入硕士阶段的研究。我非史学科班出身，文献学功底薄弱，从资料的收集整理到论文的格式规范，冯老师不耐其烦一一指导。对于我的博士论文，冯老师更是逐字修改，并提出了很多好的建议，师恩之情，不胜言表。

郑炳林教授是我们研究所的所长，他给我的学术成长提供了诸多帮助。在他的带领下，敦煌所为我们提供了丰富的图书资料和科研条件，使我们的学术研究得以顺利开展。郑师还经常邀请国内外知名学者到研究所讲学，使我们能够了解到学术界的最新研究动态。感谢研究所的杜斗城教授、王冀青教授、伏俊琏教授、王晶波教授、魏迎春教授及其他诸位老师，他们给了我无价的知识和真诚的关爱，让我一点一滴地积累起学习和生活的经验，三载教诲，师恩难忘。

恍惚间，梦一般，来到聊城大学工作已经五年了。五年里，历史文化与旅游学院的领导和同事一直默默支持、包容我，让我得以安心从事教学和科研。同时感谢人文社会科学处的各位同仁，他们给了我很多的帮助和鼓励。

感谢我的父母丛吉林先生和刘云女士，他们两位下岗职工，为我付出了太多太多。"焉得谖草，言树之背，养育之恩，无以回报"，祝愿父母身体健康，我会用我所有的奋斗和努力，换取他们未来生活的幸福。谢谢我的妻子付超女士对我的理解和支持，还有我可爱的儿子丛启政，每当我感到疲倦时，他是继续奋斗的最大动力。

感谢中国社会科学出版社责任编辑陈肖静女士的认真负责与辛勤付出。

囿于自身学识和能力，书中难免会有诸多不足，还望方家雅正。

丛 振

2018 年 6 月于聊城大学